臺灣歷史與文化 研究輯刊

十六編

第 3 冊

全臺縱橫——
戰後臺灣省營公路客運之變遷

吳宗憲 著

花木蘭文化事業有限公司

國家圖書館出版品預行編目資料

全臺縱橫──戰後臺灣省營公路客運之變遷／吳宗憲 著 — 初版
— 新北市：花木蘭文化事業有限公司，2019〔民 108〕
目 2+180 面；19×26 公分
（臺灣歷史與文化研究輯刊十六編；第 3 冊）
ISBN 978-986-485-847-7（精裝）
1. 公路史 2. 臺灣

733.08   108011618

ISBN-978-986-485-847-7

9 789864 858477

臺灣歷史與文化研究輯刊
十六編 第 三 冊   ISBN：978-986-485-847-7

全臺縱橫──戰後臺灣省營公路客運之變遷

作　　者　吳宗憲
總 編 輯　杜潔祥
副總編輯　楊嘉樂
編　　輯　許郁翎、王筑、張雅淋　美術編輯　陳逸婷
出　　版　花木蘭文化事業有限公司
發 行 人　高小娟
聯絡地址　235 新北市中和區中安街七二號十三樓
　　　　　電話：02-2923-1455／傳真：02-2923-1452
網　　址　http://www.huamulan.tw 信箱 hml 810518@gmail.com
印　　刷　普羅文化出版廣告事業
初　　版　2019 年 9 月
全書字數　152417 字
定　　價　十六編 10 冊（精裝）台幣 20,000 元

全臺縱橫——
戰後臺灣省營公路客運之變遷

吳宗憲　著

作者簡介

吳宗憲，國立政治大學歷史學系、國立中央大學歷史研究所碩士專班畢業，現任基隆市輔大聖
心高級中學歷史科專任教師。父母皆在公路局任職，自幼即搭乘省營客運來往各地，因而對旅
遊及交通史產生濃厚興趣。

提　　要

　　臺灣公營公路客運自日治時期的交通局營巴士營運（1933 年）算起，至臺灣汽車客運股份
有限公司結束客運業務（2001 年）為止，一共歷經了 69 年，為臺灣公路運輸立下汗馬功勞。日
治時期的局營巴士是為了配合鐵路營運之下的產物，在彌補鐵路運輸及收入方面貢獻非常大。
戰後局營巴士被接收成為臺灣的省營公路客運，公路局成立後很明顯地將公路運輸與鐵路運輸
完全分開，本文探討局營巴士與公路局客運，兩者之間營運目的與方式的差異。公路局設立的
目的本為扶持民營客運事業，以及規劃臺灣全島公路運輸政策為「幹線公營、支線民營」的方
式達到偏鄉通市鎮、市鎮通都市的全島運輸網絡。但經濟成長與公路發達，交通運輸卻無法與
之配合，造成的影響就是，西部主要公路於民國 50 年代即顯得壅擠不堪，拓寬與新建公路趕不
上車輛增加的速度。中山高速公路通車後，臺灣南北交通進入了一個新的里程，公營公路客運
獨佔高速公路經營路權，逐漸將營運主力移至高速公路，也使得公營公路客運達到了營運的巔
峰。但運量不足的情況如影隨形，面對野雞車的挑戰卻因政府的錯誤政策造成公營公路客運的
巨大損失，且自用汽車增加的速度造成了高速公路每逢例假日即陷入嚴重堵塞，民眾視高速公
路客運為畏途，轉向航空與鐵路運輸，造成公營公路客運的營收日益漸少，龐大的負債推著公
營客運逐漸進入終章。

第一章 緒 論

一、研究動機與目的

　　交通運輸猶如人體的血液系統，將人員及貨物於各地之間轉運，由遠古時代的人力獸駄到今日的飛機車船，進步的交通縮短了時空的差距，擴大了經濟的領域及規模。而公路運輸是各種交通工具環環相扣的必要連結，因此，無論在政治、社會、軍事、文化、經濟上公路運輸都扮演著極重要的角色。

　　臺灣地形狹長，中央山脈縱貫南北，山地佔全島三分之二，河川短急，缺乏航運價值，陸上交通依賴鐵、公路。〔註1〕在臺灣，若提起縱貫南北，不免讓人聯想到鐵路與高速公路，事實上在高速公路興建之前，臺灣的省道縱貫線客運運輸量早已超越了縱貫鐵路客運運輸量，〔註2〕而主要肩負省道縱貫線客運運輸使命的乃是臺灣省營公路客運。回顧臺灣的道路與公路運輸事業，道路遠在荷西治臺之前即有原住民篳路藍縷，以啓山林。而現代化的公路始建於日治時期，臺灣的公路運輸事業也根基於日治時期，然而，臺灣總督府的交通政策是以鐵路運輸為主，公路運輸為輔，〔註3〕因此，產生了交通局營巴士（以下稱局營巴士），負責經營與鐵路平行線與輔助線的巴士

〔註1〕李汝和，《臺灣省通志》（臺中：臺灣省文獻委員會，1970年），頁13。
〔註2〕交通部統計處，《民國69年交通統計要覽》（臺北：交通部統計處，1981年），頁3-3、4-4。
〔註3〕蔡龍保，《殖民統治之基礎工程——日治時期臺灣道路事業之研究（1895～1945）》，（臺北：國立臺灣師範大學，2008年），頁297。

路線，局營巴士也就成為省營公路客運的前身。

筆者幼時常搭乘父親駕駛的臺灣汽車客運股份有限公司（以下稱臺汽公司）中興號班車，往返於臺北與桃園兩地，而母親總在班車上述說她在公路局當金馬號小姐時，蹬著高跟鞋念著廣播詞的種種風采。其實年幼的筆者弄不清楚公路局與臺汽公司的區別，也分不清楚省營、民營公路客運以及縣市營市區公車之間的差別。及至成年，歷經電視報章媒體整天大幅報導臺汽公司因鉅額虧損而民營化的消息，儘管當時提出許多解決問題並可保留臺汽公司的方案，但政府決意完全民營化。這個規模曾是世界第三大的汽車客運公司，〔註4〕全臺灣各個地方都可以看到臺汽班車的身影，負責鄉間與城際客運，對臺灣的交通有著重大貢獻，從最輝煌到虧損累累成為政府的燙手山芋，不過短短十來年的時間，最後被員工集資買下成為民營的國光客運公司，但營運規模不及臺汽公司時代的五分之一。

讓人唏噓不已之外又產生了種種的疑問，日治時期的局營巴士是為了配合鐵路營運之下的產物，在彌補鐵路運輸及收入方面貢獻非常大，戰後局營巴士如何成為臺灣的省營公路客運？兩者之間的營運方式與目的是否有不同？而公路局成立後很明顯地將公路運輸與鐵路運輸完全分開，公路局設立的目標為何？戰後民營客運因涉及日資與幹線路線的營運，到底公路局接收民營客運的原則為何？實際的情況又是否符合其設定的原則？交通一向被視為有獨佔性，公路局掌管全省的公路運輸，那麼其對於公路運輸有何政策？省營客運本身如何發展？公路運輸部門自鐵路部門脫離後，雙方的客運業務關係是否如同日治時期一般呈現相輔相成，還是處於競爭的狀態？政府部門當時的政策為何？公路局運輸政策的執行亦需要民營客運業的配合，公路局是否有做到扶持民業，進而發達臺灣交通？這些疑問都是推動筆者藉由收集史料找尋答案的原動力，而且，目前學界對戰後省營公路客運這個議題呈現空白，但這些問題都急待釐清。再者，戰後公路局的公路客運運輸政策如何？執行情況又如何？民營客運業與省營客運是競爭還是合作關係？造成臺汽公司大起大落的最根本原因是政策錯誤還是運輸環境改變？這些亦是本文希望能釐清的問題。

〔註4〕 民國72年底臺汽公司擁有營運客車3,604輛，僅次於美國灰狗巴士公司3,800輛及印度客運公司3,700輛。臺灣省政府交通處，《臺灣省交通建設紀要》（南投：臺灣省政府交通處，1984年），頁182。

二、研究回顧

（一）關於臺灣整體交通史的研究有，臺銀出版的《臺灣之交通》〔註5〕、曾汪洋《臺灣交通史》〔註6〕等書，是戰後早期的著作，對日治時期的道路僅有軍方修築幹線道路的描述，地方道路均未提及。公路方面的研究有，陳俊的《臺灣道路發展史》〔註7〕其時間點是從清領時期到現代，對於日治的道路建造敘述大致以臺灣總督府交通局道路港灣課《臺灣の道路》〔註8〕為主要參考資料，內容豐富，資料詳盡，但本書並未深入探討道路的建設對於當時臺灣發展的政治、軍事、經濟與社會等各層面的影響。蔡龍保的《殖民統治之基礎工程——日治時期臺灣道路事業之研究（1895～1945）》探討日治時期的路政制度、舖設道路、道路改良及汽車業的發展其對臺灣政治、經濟、社會、文化面之影響漸進而日益深化。日治初期，臺灣總督府透過修築道路擴張政權至各地方，統治日趨鞏固；人力車、牛馬車等傳統交通工具和軌道、私鐵等近代交通工具也因之有明顯的發展。由傳統道路過渡到「近代舖設道路」、由傳統人力車和牛馬車進步到汽車運輸後，1920年代汽車運輸業迅速發達更帶來二次的交通革命，使得交通體系再行整合。迨至1930年代已形成國鐵、私鐵、汽車、船運、航空相互連結之島內外近代交通網絡，發揮交通設施的綜合性機能，促進地區的發展、人口的流動、資源的開發、產業的興起、物產商品化、資訊的傳遞、文化的傳播，形塑新的生活方式，對臺灣社會、經濟、文化各個層面帶來顯著的發展和變遷，邁向近代化。該書算是目前有關日治時期公路史研究中最具規模與代表性的研究。

（二）臺灣汽車客運業相關探討的研究有：沈方茹〈臺北市公共巴士之發展（1914～1945）〉〔註9〕一文探討日治時期臺北市公共汽車由民營轉變為公營的歷程。許雪姬〈臺灣華僑投資福州復興汽車公司始末，1931～1936〉〔註10〕一文探討臺灣華僑高銘鴻與其宗親在臺北所經營投資的臺北自動車

〔註5〕臺灣銀行經濟研究室，《臺灣之交通》（臺北：臺灣銀行經濟研究室，1958年）。

〔註6〕曾汪洋，《臺灣交通史》臺灣研究叢刊第37種（臺北：臺灣銀行經濟研究室，1955年）。

〔註7〕陳俊，《臺灣道路發展史》（臺北：交通部運輸研究所，1987年）。

〔註8〕臺灣總督府交通局道路港灣課編，《臺灣の道路》（臺北：臺灣總督府交通局道路港灣課，1930年）。

〔註9〕沈方茹，〈臺北市公共巴士之發展（1914～1945）〉，桃園：國立中央大學歷史研究所碩士論文，2003年5月。

〔註10〕許雪姬，〈臺灣華僑投資福州復興汽車公司始末〉，《臺灣史研究》，第2卷第1

株式會社，因臺北市府的強制收買爲市營經營，受到相當大的損失，因而失望地離臺到福州投資汽車（自動車）公司之經驗始末。林文龍〈日治時期臺灣陸路交通建設之研究〉〔註11〕一文主要論點爲汽車運輸業其發展實奠基於日治時期。從道路建設以及鐵路的發展作爲研究開端，繼而對 1930 年以後汽車的發展以及道路建設以至形成環島汽車道路網的形成，做了初步的研究與探討。蔡龍保的《殖民統治之基礎工程——日治時期臺灣道路事業之研究（1895～1945）》汽車營運篇探討日治時期汽車的出現與汽車運輸業的發展，其特色爲汽車運輸業有群小而立的情況，而危及到鐵路其他陸上運輸業的生存。因而出現國營巴士，以橫暴手法收購民營公路客運業者的精華路線，而民營公路客運業者起步之初，汽車工業尚處於幼稚時期，關稅與汽車稅率頗高，機械零件十分昂貴，加上道路欠完備，修理費高昂，技工和司機缺乏經驗，車禍事故甚多，社會大眾對汽車欠缺認識，故發展頗爲緩慢。再者，業者爲取得經營權或擴張路線，必須向官方付出相當大的代價，加上周而復始的道路、橋樑改修，其成本負擔頗大。迨至大正末期到昭初期，由於道路設施的改善、燃料、車輛、其他機械等價格的下降和品質的改良，汽車運輸業才有較好的客觀發展條件。然而，臺灣總督府開始國營計畫的時點，正是許多民營業者揮別艱苦期正要走向營收時，臺灣總督府交通局鐵道部的國營巴士之營運，在一定程度上可謂是跳過汽車運輸業發展的艱苦期，而坐享民業開拓之成果。

（三）研究交通資本方面，陳家豪〈近代臺灣人資本與企業經營：以交通業爲探討中心（1895～1954）〉〔註12〕主張戰後臺灣中小企業仍然是以戰前臺人資本爲基礎。該文第七章第一節描述戰後公營公路運輸事業對民營公路運輸事業的接收，造成臺灣人在交通方面的資本反而擴大。爲少數討論到戰後汽車運輸業的研究，但因其討論主軸爲民間資本，而對戰後省營公路客運事業發展並不做詳細的論述。

（四）針對戰後省營公路客運研究尚停留在運輸科學管理及公共行政層面上，目前史學界尚無相關研究，公路局編印《公路局四十年》〔註13〕一書

期（臺北：中研院臺史所，1995 年 6 月），頁 51～84。

〔註11〕 林文龍，〈臺灣日治時期陸路交通建設之研究〉，桃園：國立中央大學歷史研究所碩士論文，2005 年 7 月。

〔註12〕 陳家豪，〈近代臺灣人資本與企業經營：以交通業爲探討中心（1895～1954）〉，臺北：國立政治大學博士論文，2013 年。

〔註13〕 臺灣省公路局，《公路局四十年》（臺中縣霧峰鄉：臺灣省公路局，1986 年）。

介紹公路局四十年來在公路工程、公路監理與公路運輸三面的成果，屬於官方政績報告書，對於公路局的初期及中期營運路線及車站設置情形頗爲詳盡。林栭顯《臺灣汽車客運公司之營運沿革》〔註 14〕一書書名雖爲營運沿革，實際上僅第二章介紹臺汽公司自日治時期局營巴士以來的公營公路客運的歷史背景，大部分的篇幅爲作者實際走訪臺汽公司各車站，對各車站當時（民國 86 年至 87 年）因應急速變革下所做之多角化經營與營業概況。

　　前面的各項研究主要集中於日治時期的道路與汽車業的成果，儘管有少數提及戰後的路上客運業，也僅限鐵路與民營客運業。歷史學界對於戰後省營公路客運發展之研究，目前尚未有具體的成果，值得探究討論，本文即是第一篇以戰後臺灣省營公路客運爲主題之研究。筆者所要探討的是戰後省營公路客運事業的各項問題，以及臺灣的公路客運政策帶來的衝擊與影響。

三、史料運用與研究方法

　　（一）官方檔案與政府公報：《行政長官公署檔案》提供本文有關公路局成立的背景、組織與接收公營運輸事業方面的資料。《臺灣省級機關檔案》提供本文接收民營客運事業與地方政府創辦公共汽車的資料。《省府委員會議檔案》提供本文臺汽公司成立的過程、租用違規遊覽車及臺汽公司急速變革方面的資料。《行政長官公署公報》及《臺灣省政府公報》主要提供本文交通法規及政府對交通政策與宣導等方面的資料。《立法院公報》提供本文立法委員就臺汽公司民營化向交通部做的質詢，可由此看出國會對臺汽公司的影響。

　　（二）官方調查資料、統計報告：《交通統計要覽》爲交通部針對國內所有的陸海空運輸所做的統計，本文在比較鐵公路、空運的人數及延人公里與全國的公路里程時，皆運用其資料。公路局出版的《公路統計年報》對公路局客運業務歷年營運里程、載客人數、收支等資料有詳細的紀載，可由此得知公路局客運業務歷年發展的狀況。《臺汽統計年報》一共自民國 78 年到民國 90 年一共出版 13 期，內容對臺汽公司的組織、各區運輸處的業務及營收等紀錄詳實，本文從這些資料分析臺汽公司嚴重虧損的因素。

　　（三）省議會史料總庫檔案：《臺灣省參議會議事錄》、《臨時省議會議事

〔註14〕林栭顯，《臺灣汽車客運公司之營運沿革》（南投：臺灣省文獻會，1999 年）。

錄》、《臺灣省議會議事錄》、《臨時省議會公報》、《臺灣省議會公報》等，對於本文討論省營客運與鐵路之間的競爭、與民營客運業之間的關係以及標購車輛等方面提供相當多的資料，臺汽公司成立的背景亦可從省議會中議員們的質詢得知。

（四）政府出版品：《一年來之臺灣公路交通》為公路局於民國 36 年出版，提供本文戰後初期臺灣公民營公路客運的發展概況。《公路局四十年》一書提供本文公路局客運業務的組織沿革、車種說明及站場設置等資料。《臺灣省交通建設》、《臺灣交通回顧與展望》、《臺灣省交通建設紀要》等，本文對於戰後臺灣公路的修建主要來自上述的政府出版品。

（五）報紙：本文參考的報紙報導有《民報》、《民聲日報》、《聯合報》、《民生報》、《經濟日報》等，報紙有別於官方檔案及出版品，較能深入了解當時民意對於事件的看法，本文在討論野雞車亂象與臺汽公司變革及民營化時，大量參考當時的報紙報導，有助於彌補官方檔案之不足，較能呈現上述議題的社會現象與歷程。

（六）前人所做的研究論著。另外本文也因金馬號服務員相關史料不足的情況下，採用口述訪問方式來解決。公路局與臺汽公司內部聯繫均以公文傳遞，〔註 15〕因此，應遺留豐富的檔案資料，但公路局客運業務部分檔案於臺汽公司成立時一併移交給臺汽公司，〔註 16〕而臺汽公司於民國 86 年裁撤各區運輸處時並未保存早期檔案資料，〔註 17〕殊為可惜。

至於在資料的處理上，採用歷史研究法，將所搜羅到的資料，做進一步的分析、比較、歸納，進而解決本文問題。若相關文獻的資料有數據繁雜且分散時，擬用統計表做描述，可以較有系統及條理地呈現文獻的意義與特徵。雖然說在戰後的文獻及官方出版品已經有相當的準確性及完整性，然而由於多為政府所出，觀點及內容上可能多為當政者的觀點，因此，報紙相關的記載及時論或能對政府所言有所修正，希望能依此忠於史料為原則而盡可能避免與實際情況出入太大，另外能表達出當時候非官方學者與民眾的觀點與意見。

〔註 15〕陳武正，《臺灣汽車客運公司有效經營研究》（南投：臺灣省政府研究發展考核委員會，1996 年），頁 65。
〔註 16〕公路總局檔案展，http://history.thb.gov.tw/index.html　2017 年 5 月 30 日下載。
〔註 17〕林栢顯，《臺灣汽車客運公司之營運沿革》，頁 2。

四、研究範圍與時間斷限

　　本文主要討論範圍以戰後公營公路客運事業為主，公營公路客運事業包括省營之公路局與臺汽公司的客運業務，民國 87 年 12 月 21 日起因修憲，臺灣省政府已無〈省縣自治法〉所賦予的地方自治權利，變成行政院的派出機關，組織被大量削減，功能也大幅萎縮，此則所謂「精省」。民國 88 年 7 月 1 日臺汽公司改隸交通部，由省營轉變為國營，因此，國營公路運輸事業亦納入本文的討論範圍。地方政府經營的市區公共汽車亦屬於公營客運的範圍，但本文僅以戰後澎湖縣與嘉義縣公營公共汽車為例，討論其創辦過程與公路局之間的互動關係，其餘地方公營客運部分本文不多加討論，故實際上，本文公營的範圍僅討論省營及國營。

　　日治時期的道路及陸上運輸業已有前人研究，因此，本文僅將日治時期道路修築與汽車客運業發展情況作基本敘述交代公營客運事業的前身。戰後的道路與公路客運關係密不可分，但因筆者力有未逮，無法對戰後道路做通盤的論述與探究，因此，僅將對公營公路運輸有重大影響之公路與橋梁興建做簡述。至於戰後鐵路本文僅討論省營公路客運與之競爭情況及政府當局的政策。戰後民營地方客運方面，本文探究接收的情況以及其與省營客運之間的互動關係。至於貨運方面，雖然公路局曾短暫的經營貨運業務，但本文不將貨運業務列入討論範圍。

　　時間斷限自民國 34 年 11 月汽車處成立，至民國 90 年 7 月臺汽公司停止公路客運業務為止。但由於汽車處接收原臺灣總督府交通局營巴士業務及自動車課業務，為了瞭解戰後省營公路客運經營方針及營運模式，有必要探討日治時期的道路與汽車運輸業發展。

五、章節安排

　　本文除第一章緒論與第六章結論外，正文共計安排四章，關於各章分述如下：

　　第二章公路局的成立與公路客運事業的接收，旨在描繪日治時期道路修築的情況，以及國營、民營公路運輸業發展情況，戰後公路局成立的背景為何，如何接收國營及民營的公路客運事業，公路局的公路客運宗旨及對臺灣整體交通的政策為何，皆在本章討論。

　　第三章公路局組織與業務擴張，主要討論三個問題：首先，公路局的組

織及歷任局長對省營公路客運事業的影響。其次，省營公路客運初期如何奠基，中期發展的情況及戰後重大公路橋梁修建。最後，省營公路客運有哪些車種，其客車標購過程中會受到那些因素的影響。

第四章陸上交通事業的競爭，主要分為四大方面論述：首先，鐵路公路管理單位分家後，勢必會造成競爭的局面，而政府的政策由鐵路為主，公路為輔漸漸轉變為任兩者自由發展，其中，政府轉變的原因為何，鐵路如何面對公路的挑戰。其次，戰後各縣市政府財政困窘，欲創立縣市營公共汽車來充裕財源，其過程有何困難，為何到最後多數的地方政府放棄成立公營公共汽車。再者，地方民營公路客運業與省營公路客運之間的關係為何，公路局在高速公路分段通車後有何經營上的轉變。最後，野雞車興起的背景及對公營公路客運的影響。

第五章從公營到民營，本章討論臺汽公司在甚麼背景下成立，政府如何因應野雞車問題，臺汽公司的財務危機如何產生，臺汽公司如何進行急速變革，而臺汽公司的結局為何。

第二章　公路局的成立與公路客運事業的接收

　　本章討論日治時期初期臺灣道路因軍事目的而開始修建的概況，及至1920年代因汽車興起，為配合車輛行駛，臺灣開始進行道路拓寬及路面鋪設等改良措施。日治時期臺灣汽車運輸業發展之情況，與臺灣總督府對汽車運輸業之政策及影響。戰後局營巴士接收情況與臺灣省公路局成立的背景因素及其組織概況，而後公路局組織越來越龐大的原因。公路局戰後接收民營客運業由公民合營轉變為全部接收或全部民營的原因及過程。

第一節　日治時期臺灣的道路與汽車客運業發展

一、道路的發展

　　公路運輸與道路密不可分，臺灣可行駛汽車之現代化道路修築源於日治時期。日本領臺後，因各地治安不靖，為求軍事上運兵與補給便捷，交通建設實屬必要。首先，加強對西部主要都市的統治，因此，以軍事力量修築道路，截至明治29年（1896）3月止，陸軍工兵隊計修拓完成幹線道路：基隆至新竹、臺南至安平、臺南至臺中、臺南至旗山、高雄經鳳山至東港及臺中至埔里等道路，共計428.6公里，〔註1〕但為求速成，工事簡陋，路寬僅容許野砲通過，路基的穩不穩固、路面的平坦與否以及安全性等就不在其考慮範

〔註1〕陳俊，《臺灣道路發展史》，頁219～220。

圍之內，〔註2〕但這些道路對往後的道路改良成汽車能通行的公路奠定下基礎。

明治29年4月臺灣總督府廢軍政行民政，成立臨時土木部，主管道路橋樑路線勘查規劃事務，以及臺北市內外市街地附近道路改築，而其他道路開鑿則委由工兵隊執行，工兵隊採用的方針跟前期一樣，對於軍用道路優先、一般道路次之，此時期為加強北部及東部的統治，以臺北為中心將道路拓展至近郊及鄰近都市及將道路自北部與南部分別延伸至宜蘭及臺東。截至明治30年（1897）1月止，計修完幹線道路：臺北至基隆、臺北至新店、臺北至淡水、臺北至北投溫泉、基隆至蘇澳、新竹至臺中、東港至恆春、枋寮至臺東及臺北市內、芝山岩、新竹舊港、臺北深坑、礁溪小金面山間等道路，總長計920公里。〔註3〕

明治31年（1898）至明治43年（1910）間道路事業漸漸移至地方州廳主管，而地方修築道路的費用由地方稅裡面的土木費來支付，人力則是動員保甲。由於經費不多，因此除了把地基打實及路面舖平之外，只求能夠行人通行的最低基準而已，另外施工的地點也只能在市街庄道路的聯絡道路，以利於各地區政治控制以及軍隊的運行，這些道路故多稱為「保甲路」。〔註4〕幹線道路在此12年間僅僅修築旗山至楠梓間與其他道路共計220公里，或許因為在此同時臺灣正在修築縱貫鐵路及基隆港、高雄港的改築工程，而使國庫對於臺灣幹線道路的預算遭到壓縮。但地方道路（市街庄道路或稱保甲道路）修築到明治43年止增加到12,131公里，使道路交通逐漸普及於都市村落。〔註5〕明治37年（1904）臺灣總督府為方便重要道路管理設立道路臺帳制度，道路臺帳將臺灣總督府所指定的道路一一詳載道路名稱、起點終點、開鑿改築年月、工程費等諸多重要訊息，而臺帳上所記載的道路即是指定道路，相當於日本國內的國道、府縣道。因此，臺灣的道路分為指定道路及市街庄道路兩種。〔註6〕

〔註2〕黃玉齋，《臺灣年鑑》（臺北市：海峽學術出版社，2001年），頁856。

〔註3〕臺灣總督府交通局道路港灣課編，《臺灣の道路》（臺北：臺灣總督府交通局道路港灣課，1930年），頁5～6。

〔註4〕曾汪洋，《臺灣交通史》臺灣研究叢刊第37種，頁72。

〔註5〕蔡龍保，《殖民統治之基礎工程——日治時期臺灣道路事業之研究（1895～1945）》，頁146～148。

〔註6〕陳俊，《臺灣道路發展史》，頁262。

　　明治44年（1911）至大正14年（1925）間爲配合佐久間左馬太（1844～1915）總督推行「五年理蕃計畫」，修築主要幹道有：桃園・宜蘭道（122.8公里）、蘇澳・花蓮港道（121.9公里）。〔註7〕以及新化・玉井道（24.2公里）及縱貫道路（基隆屏東間）的新設、改建工程；同時，地方道路則增加到14,778公里。〔註8〕縱貫道路原爲日治初期工兵隊修築的簡陋軍路，但爲了配合產業的發展，實有改築拓寬的必要。由此可知，此時，臺灣總督府在臺灣開闢或改築道路除了軍事政治的考量外，也加入了經濟因素。

　　1920年以來隨著臺灣交通事業越來越蓬勃發展，因此臺灣總督府爲了統合交通事業的規劃與管理，於大正13年（1924）成立交通局，其下管理國有鐵道、港灣、道路橋樑、郵政、電信、私設鐵道、軌道航路、船舶、電氣事業等相關各種事項管理。臺灣總督府的道路事務，亦由以往臺灣總督府土木局土木課中提調出來，並將其與港灣事務合併成一課。〔註9〕大正13年4月以後，臺灣總督府指示各州廳，凡具備以下條件的路線編入指定道路：（一）由臺北市至各州廳所在地或至主要港口要津之路線，（二）以軍事或警察所需之路線，（三）由州廳所在地至其鄰州廳所在地之路線，（四）由州廳所在地至州廳內郡市役所或支廳所在地之路線，（五）由郡市役所或支廳所在地接鄰郡市役所或支廳所在地之路線，（六）由州廳所在地至州廳內主要地、港口或鐵路停車站路線，（七）由州廳內主要地起與之有密切關係之樞要地、港津或鐵路停車站路線，（八）由州廳內樞要港津與之有密切關係或鐵路停車站路線，（九）州廳內樞要鐵路停車站與之密切關係主要地或港津路線，（十）連接數鄉鎮之重要幹線且與其沿線地方有重要關係、港津或鐵路停車站路線，（十一）樞要港津或與鐵路停車站有密切關係指定道路連接路線，（十二）爲開發地方之需要且將來與前各項路線有相當之關係的路線。依據前述條件指定道路路線甚廣，就連人行便道亦列入。〔註10〕

　　大正年間因汽車運輸業興起，而原先臺灣修築的傳統道路路幅多在5.45公尺以下，無法滿足汽車通行的需求，故臺灣總督府於大正15年（1926）推動縱貫道路改良工程，到昭和10年（1935）底，除了濁水溪、下淡水溪尚無

〔註7〕陳俊，《臺灣道路發展史》，頁218。
〔註8〕蔡龍保，《殖民統治之基礎工程——日治時期臺灣道路事業之研究（1895～1945）》，頁150～152。
〔註9〕陳俊，《臺灣道路發展史》，頁217。
〔註10〕陳俊，《臺灣道路發展史》，頁262～263。

橋梁可供行駛之外，全線可通行汽車。昭和 5 年（1930）進一步推出 10 年指定道路改修計畫，使路幅 5.45 公尺以上道路大幅增加至 8,543 公里。〔註 11〕

　　昭和 12 年（1937）至昭和 20 年（1945）間臺灣臺灣總督府主要完成臺北至基隆間道路瀝青鋪設、楓港至呂家溪汽車道（完工後，高雄至臺東車程由 8 小時減至 5 小時）、新店至礁溪間道路（此道路完成使臺北至花蓮港間 226 公里的區間能通行汽車）、中部橫貫公路（未完成）等。〔註 12〕日本投降時臺灣公路（含澎湖廳）移交計有：指定道路 3,689.742 公里，市街庄道 13,994.65 公里，合計 17,684.392 公里。〔註 13〕

二、公路客運業興盛

　　隨著道路的發展，臺北市區內的道路亦較臺灣其他地區完善，臺灣第一輛汽車於大正元年（1912）由臺北日之丸旅館主人杉森與吉進口一輛福特汽車，但其並非用以營利，而是做為旅館接送住宿客人之用。大正 2 年（1913）臺北出現營業用汽車客運業，由高松豐次進口 5 輛小汽車，經營臺北市內至郊區路線（臺北至北投、水源地至北投）。當時係以一般小型車充當客運使用，因雖有道路但狀況不良，加上一般人對汽車不太了解，而事故頻繁，大正 4 年（1915）高松氏便結束客運營業。大正 8 年（1919）臺灣自動車株式會社引進 5 輛 15 至 18 人座客車用以行駛臺北市區內公車，這可說是臺灣公車營運的濫觴。〔註 14〕第一次世界大戰後，隨著臺灣道路品質持續提升，臺灣公路運輸業有驚人的成長，至昭和 6 年（1931）為止已有企業數 168 家、營業路線 325 條、營業里程 4,417 公里（參見表 2-1-1）。〔註 15〕由以上數據來看，平均每家僅經營 1.9 條路線，平均營業里程 26.3 公里，各家企業的經營規模並不算大，有些企業僅有 1 輛車，業主即是司機，以此降低成本，造成臺灣公路運輸業發展初期以小型企業為主。而臺灣臺灣總督府此時對於公

〔註 11〕蔡龍保，《殖民統治之基礎工程──日治時期臺灣道路事業之研究（1895～1945）》，頁 164～177。

〔註 12〕蔡龍保，《殖民統治之基礎工程──日治時期臺灣道路事業之研究（1895～1945）》，頁 214～216。

〔註 13〕陳俊，《臺灣道路發展史》，頁 265。

〔註 14〕臺灣總督府交通局總務課，《自動車に關する調查》（臺北：臺灣總督府交通局總務課，1932 年），頁 3～18。

〔註 15〕臺灣總督府交通局總務課，《自動車に關する調查》，頁 137。

路運輸業並沒有研擬一套相關的規範，因此，只要業者向地方州知事或廳長提出申請，往往就能獲得營業許可及路線經營權（以下簡稱路權）。〔註16〕當時，臺灣本島汽車營業管理與監理等事項，爲求便利起見，初期是置於警察行政工作範疇內，並以臺灣總督府警務局來擔任主管陸上運輸的管理權及監督權等相關事務。〔註17〕

表 2-1-1　大正元年至昭和 6 年度臺灣公車發展概況表

項別 年度	經營者數 （家）	路線數 （條）	路線總里程 （公里）
大正元年	1	6	17
大正 4 年	1	6	17
大正 8 年	2	4	39
大正 11 年	8	12	158
大正 14 年	49	39	652
昭和 3 年	128	235	3,224
昭和 6 年	168	325	4,417

資料來源：臺灣總督府交通局總務課，《自動車に關する調查》，頁 22～23。

那麼多家汽車客運企業存在的結果難免會造成惡性競爭，在運量過度膨脹的情形下，財務體質不良的小型企業率先受到嚴重的打擊，根據陳家豪的研究指出在昭和 6 年的 168 家汽車客運業中有半數處於虧損的狀態，有些業者短短二年即宣告停業。〔註18〕即便如此，業者對於汽車客運的投資仍趨之若鶩，隨著新道路的修築或改良成汽車道，業者亦會立刻申請路權經營，例如昭和 7 年花蓮港至蘇澳段全程改良工程完成時，東海自動車株式會社立即申請經營蘇澳至花蓮港的運輸工作，每天 2 班行駛，由於開路困難，只有單行道；〔註19〕前述的楓港到呂家溪汽車道於昭和 14 年（1939）完成，成爲南部貫通東部的幹道，臺東自動車株式會社及高雄自動車株式會社馬上申請

〔註16〕陳家豪，〈近代臺灣人資本與企業經營：以交通業爲探討中心（1895～1954）〉，頁 159。
〔註17〕沈方茹，〈臺北市公共巴士之發展（1914～1945）〉，頁 141。
〔註18〕陳家豪，〈近代臺灣人資本與企業經營：以交通業爲探討中心（1895～1954）〉，頁 161。
〔註19〕陳俊，《臺灣道路發展史》，頁 234～240。

經營此路線。〔註20〕有限的交通需求提供過多的運輸供給，不僅使汽車客運業者陷入經營困境，亦使得原有的陸上交通運輸受到嚴重的衝擊。

三、公路輔助鐵路政策的執行

　　隨著臺灣公路運輸業的蓬勃發展，必然會影響國有鐵道的營收，造成臺灣總督府的收入銳減，不僅在臺灣甚至在日本國內公路運輸也影響了鐵道的營收。因此，日本政府開始對公路汽車運輸業重視起來，並於昭和6年公布〈自動車交通事業法〉，明定公路運輸一路線一經營之原則。在日本國內大幅度的緊縮公路運輸業者對路權的申請，很快的臺灣總督府也在臺灣執行此政策。〔註21〕主管公路運輸機關於昭和7年由臺灣總督府警務局移歸交通局鐵道部監督課管轄。〔註22〕目的是讓鐵道部能夠整頓公路運輸，使公路運輸能配合鐵道營運，避免無益之競爭。此外，在昭和5年臺灣總督府召開臨時產業調查會決議參考日本國內鐵道省營巴士，計畫在臺灣成立局營巴士，此次會議主張：應考量鐵路和汽車之特質，避免彼此間無謂的投資和無意義的競爭，樹立適當的監督、促進方策，且必須考量業者的利益。至於與國有鐵路平行的汽車運輸業者，應停止無益之投資，共同發揮其特質，以增進貨主、公眾之便利。為達成此一目的，將來必須統一經營主體，採取國營之方針。〔註23〕所以局營巴士的經營方針為輔助鐵路事業，避免資源浪費。

　　昭和8年（1933）6月鐵道部設自動車課管理局營巴士業務，希望能夠以公路客運營收彌補鐵道營運上的損失。〔註24〕昭和8年7月臺灣總督府交通局開始收購與國有鐵路平行的汽車客運經營路權（交通局的收購並不包括原經營業者的車輛及站房建築物），一直到昭和11年（1936）完成縱貫鐵路並行線汽車客運路權的收購。

　　局營巴士於昭和8年7月26日正式營運，初期營運以臺北為中心，營運里程約130餘公里，隔年9月局營巴士中部線開始營業，昭和11年9月5日

〔註20〕陳俊，《臺灣道路發展史》，頁250～251。
〔註21〕尾崎正久，《自動車日本史下卷》（東京：株式會社自研社，1955年），頁330。
〔註22〕林栢顯，《臺灣汽車客運公司之營運沿革》，頁6。
〔註23〕臺灣總督府，《臨時產業調查會答申書　臺灣產業計畫要項》（臺北：松浦屋印刷部，1930年11月），頁45～46。轉引自蔡龍保，《殖民統治之基礎工程：日治時期臺灣道路事業之研究（1895～1945）》，頁297。
〔註24〕林文龍，〈臺灣日治時期陸路交通建設之研究〉，頁85～86。

局營巴士南部線開始營運。局營巴士爲了達到輔助鐵路的目的，班次配合火車車班之時刻，且比民營時巴士班次更爲密集，巴士的票價亦比民營時便宜一至二成，而略高於火車票價，〔註25〕因此，局營巴士爲民服務的色彩比民營汽車客運業來得鮮明。局營巴士初期營運成績如表 2-1-2。

表 2-1-2　昭和 11 年度交通局營巴士客運路線人數收入一覽表

路線	項目	營業里程（公里）	客運人次（人）	收入（元）
北部	臺北至基隆	29.8	867,637	156,727.49
	臺北至西淡水	26.3	464,541	72,629.83
	臺北至新竹	75.3	1,489,139	225,640.18
中部	臺中至豐原	14.8	801,892	123,941.38
	臺中至員林	33.5	1,631,865	294,129.10
	員林至二水	18.7	457,843	52,095.85
	南王田至苑里	43.2	929,854	134,435.75
南部	高雄至臺南	52.2	615,983	93,463.56
	嘉義至臺南	69.2	388,991	72.950.99
合　　計		363	7,647,745	1,153,063.14

資料來源：蔡龍保，《殖民統治之基礎工程：日治時期臺灣道路事業之研究（1895～1945）》，頁 322。

除了局營巴士收購與國有鐵路平行的汽車客運經營路權之外，臺灣總督府爲了達成〈自動車交通事業法〉明定公路運輸一路線一經營之原則，鼓勵業者相互兼併。汽車客運業者自昭和 7 年的 142 家減少爲昭和 15 年（1940）的 98 家、昭和 16 年（1941）的 92 家、昭和 17 年（1942）的 26 家。〔註26〕

四、戰時的公民營客運業

昭和 12 年（1937）中日戰爭爆發，臺灣進入戰時統制，臺灣總督府更加緊交通統制的腳步。由於戰爭的影響，臺灣南部與東部對於國防與經濟的重要性愈加顯著，局營巴士於昭和 16 年 7 月收購南部屏東經潮州、恆春至臺東

〔註25〕蔡龍保，《殖民統治之基礎工程——日治時期臺灣道路事業之研究（1895～1945）》，頁 316～318。

〔註26〕陳家豪，〈近代臺灣人資本與企業經營：以交通業爲探討中心（1895～1954）〉，頁 163。

廳大武、臺東的路權，並於昭和16年11月正式營業。至於東部路權的收購則礙於預算不足，遲至昭和18年（1943）才收購原先東海自動車株式會社經營蘇澳至花蓮港線，並於該年10月正式營運。〔註27〕由此可知，局營巴士並非只是收購與鐵路平行的汽車客運經營路權，而是要建構由國家經營的鐵路汽車環島陸上交通網。昭和18年局營巴士最盛時使用客車139輛、使用貨車38輛、各段營業總里程達769.2公里、客運人數8百萬人次、客運收入2百4拾萬元（參閱表2-1-3）。

表2-1-3　昭和18年度交通局營巴士客運路線人數收入一覽表

自動車區	營業路線	營業里程	客運人次	收入（元）
臺北	臺北至基隆	29.8	2,180,880	483,588.72
	臺北至西淡水	26.3		
	臺北至新竹	75.3		
臺中	臺中至豐原	14.8	2,119,140	410,778.36
	臺中至員林	33.5		
	員林至二水	18.7		
	南王田至苑里	43.2		
高雄	高雄至臺南	52.2	2,131,968	440,300.4
	高雄至屏東	22.0		
	高雄至楠梓	11.8		
	嘉義至臺南	69.2		
枋寮	恆春至鵝鑾鼻	18.0	1,303,404	763,831.32
	恆春至楓港	23.0		
	屏東至枋寮	53.5		
	枋寮至臺東	134.0		
	恆春至上響林	18.0		
	車城至四重溪	6.0		
蘇澳	花蓮港至蘇澳	119.9	287,196	301,253.04
合　　計		769.2	8,022,588	2,399,751.84

單位：公里

資料來源：陳雲林編，《館藏民國臺灣史料匯編》，第162冊，頁100～103。

〔註27〕蔡龍保，《殖民統治之基礎工程——日治時期臺灣道路事業之研究（1895～1945）》，頁339。

　　昭和 14 年（1939）起，臺灣總督府以〈自動車交通事業法〉公路運輸一路線一經營原則，由官方主導以州爲單位讓民營汽車業者相互兼併，以便臺灣總督府能夠爲戰爭而全面掌控臺灣的交通，〔註 28〕至日本投降時、計有民營汽車業者 20 家、貨運業者 7 家（參見表 2-1-4）。

表 2-1-4　戰後初期臺灣汽車客貨運會社一覽表

類別	公司名稱	性質	資本額	日　資		臺　資	
				金額	%	金額	%
貨運	新竹州自動車運輸株式會社	日臺合資	500,000	293,425	58.68	206,575	41.32
	高雄州自動車運輸株式會社	日臺合資	500,000	464,575	92.15	35,425	7.085
	臺南州自動車運輸株式會社	日臺合資	1,200,000	897,500	74.74	302,500	25.26
	臺東廳自動車運輸株式會社	日臺合資	150,000	138,750	92.50	11,250	7.5
	花蓮港自動車運輸株式會社	日臺合資	525,000	523,500	99.71	1,500	0.29
	臺中州自動車運輸株式會社	日臺合資	1,400,000	970,375	69.31	429,625	30.69
	臺北州自動車運輸株式會社	日臺合資	1,500,000	1,014,750	67.65	485,250	32.35
客運	新港自動車商會	全部日資	87,500	87,500	100.00	0	0
	花蓮港乘合自動車株式會社	全部日資	225,000	223,500	99.33	1,500	0.67
	臺灣軌道株式會社	日臺合資	600,000	460,080	76.68	139,920	23.32
	臺灣交通株式會社	日臺合資	1,428,000	1,256,650	88.00	171,350	12.00
	臺北近郊乘合自動車株式會社	日臺合資	650,000	332,800	51.2	317,200	48.8
	基隆南邦交通株式會社	日臺合資	600,000	203,300	33.72	397,700	66.28

〔註 28〕林繼文，《日本據臺末期（1930～1945）戰爭動員體系之研究》（臺北：稻鄉出版社，1996 年），頁 153。

豐原乘合自動車株式會社	日臺合資	700,000	494,500	70.64	205,500	29.36
蘭陽乘合自動車株式會社	日臺合資	500,000	131,500	26.30	368,500	73.20
臺南乘合自動車株式會社	日臺合資	195,000	44,320	22.73	150,680	77.27
嘉義乘合自動車株式會社	日臺合資	1,000,000	140,350	14.04	859,650	85.96
桃園交通株式會社	日臺合資	375,000	46,500	12.40	328,500	87.60
臺西乘合自動車株式會社	日臺合資	500,000	15,000	3.00	485,000	97.00
高雄乘合自動車株式會社	日臺合資	800,000	21,000	3.63	779,000	96.37
新營乘合自動車株式會社	日臺合資	350,000	6,100	1.75	343,900	98.25
興南乘合自動車株式會社	日臺合資	600,000	56,000	9.34	544,000	90.66
屏東乘合自動車株式會社	日臺合資	600,000	6,250	1.42	593,750	98.58
彰化乘合自動車株式會社	日臺合資	750,000	66,000	8.80	684,000	91.20
員林乘合自動車株式會社	日臺合資	850,000	850	0.10	849,150	99.90
澎湖交通株式會社	全部臺資	100,000	0	0	100,000	100.00
日新乘合自動車株式會社	全部臺資	850,000	0	0	850,000	100.00

單位：舊臺幣／元

資料來源：「爲奉警備總部電令接管各縣市境內公共汽車經擬訂接收原則」，〈公路局接收案〉，《行政長官公署檔案》，國家發展委員會檔案管理局藏，典藏號：A375000100E/0036/266/21/1/035，1947 年。

　　昭和 19 年（1944）鐵道部監督課併入自動車課，於是自動車課成爲日治時期臺灣公路行政的主管部門，下設營運、監理、整備三係（見圖 2-1-1），營運係掌理局營巴士營運、監理係負責管理民營運輸業但駕駛的考驗及執照發

放與車輛行照發放仍歸各州廳辦理、整備係負責機料配給事宜。自動車課在臺北設有自動車修理工廠，負責修理局營客貨車輛，並在臺北、臺中、高雄、枋寮及蘇澳設立自動車區，辦理有關營運修理事宜。〔註29〕

<h3 style="text-align:center">圖 2-1-1　昭和 19 年鐵道部自動車課組織圖</h3>

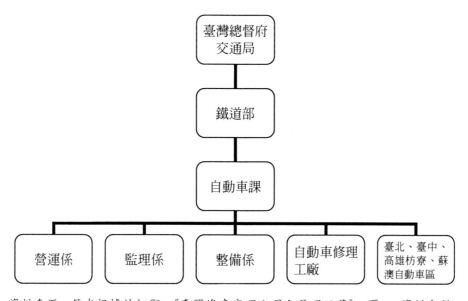

資料來源：筆者根據林㭎顯，《臺灣汽車客運公司之營運沿革》，頁 6，資料自製。

　　昭和 19 年 10 月起臺灣受到美軍猛烈的轟炸，交通設施亦受到破壞，就公路運輸部分而言，縱貫公路及其他指定公路被炸受損 68 處，相關橋樑 7 處；〔註30〕至昭和 20 年（1945）9 月為止公營客貨運汽車原有 153 輛合計被炸損毀 59 輛，只剩 20 輛車可動，其餘車輛缺料待修；民營客貨運汽車原有 1,303 輛合計被炸損毀 188 輛，只有 511 輛可動，其餘車輛缺料待修。〔註31〕再者，受到美軍對臺灣實施海空封鎖，臺灣要取得車輛維修替換的料件與輪胎日益困難，使得戰爭結束時臺灣全島的公路客貨運輸業呈現全面癱瘓的情況。〔註32〕

<hr />

〔註29〕林㭎顯，《臺灣汽車客運公司之營運沿革》，頁 6。
〔註30〕臺灣省工業研究所技術室編，《臺灣省經濟調查初稿》（臺北：臺灣省工業研究所，1946 年），頁 61～64。
〔註31〕臺灣總督府防衛本部防空部，《臺灣空襲被害概況》（臺北：臺灣總督府防衛本部防空部，1945 年），頁 38。
〔註32〕臺灣銀行經濟研究室，《臺灣之交通》，頁 107。

第二節　省公路局成立

一、公營客運機構接收

　　昭和 20 年（1945）8 月 15 日日本戰敗投降，10 月 25 日行政長官公署接收臺灣，方式是建立與臺灣總督府對等的機構來進行。日治時期鐵公路事業主管機關為臺灣總督府交通局，因此，行政長官公署設立交通處，以嚴家淦（1905～1993）為處長，下設「鐵路管理委員會」負責接收鐵道部。〔註33〕而原設在鐵道部之下的自動車課則由汽車處接收其組織與臺籍人員，歸鐵道管理委員會管轄，一切措施仍維持舊狀，交通法規亦沿用日治時期法規。〔註34〕原臺灣總督府交通局經營的巴士臺北、臺中、高雄、枋寮及蘇澳各自動車區，分別改為臺北、臺中、高雄、枋寮、花蘇各汽車區，由鐵路管理委員會所屬各辦事處管轄，汽車處組織如圖 2-2-1。若比較圖 2-1-1 與圖 2-2-1 可以發現除了名稱不同之外，其餘機構大致一樣，可以看出汽車處只是一個由日本治權轉換到國民政府治權的過渡機關。

　　汽車處轄下各汽車區車輛計有客車 110 輛、貨車 43 輛，其中勉強能夠行駛僅客車 30 輛、貨車 27 輛。〔註35〕因車輛不足及公路橋梁中斷，汽車處接收之初公營客運營業里程各段總計僅有 374.3 公里，各段路線及營業里程數如下：

　　　臺北汽車區：臺北至塔寮坑（龜山），里程 14.4 公里。
　　　臺中汽車區：臺中至豐原，里程 14.8 公里。
　　　　　　　　　臺中至彰化，里程 18.3 公里。
　　　高雄汽車區：高雄至楠梓，里程 13.4 公里。
　　　枋寮汽車區：枋寮至臺東，里程 134.0 公里。
　　　　　　　　　林邊至枋寮，里程 13.5 公里。
　　　　　　　　　枋寮至恆春，里程 46.0 公里。
　　　花蘇汽車區：花蓮港至蘇澳，里程 119.9 公里。〔註36〕

〔註33〕陳雲林編，《館藏民國臺灣史料匯編》，第 162 冊（北京：九州出版社，2007年），頁 16。

〔註34〕「交通處派員參加整理日治時代鐵路法令案」，〈廢止日人統治下所頒法令〉，《行政長官公署檔案》，國史館臺灣文獻館藏，典藏號：00307100002007，1946 年。

〔註35〕陳雲林編，《館藏民國臺灣史料匯編》，第 162 冊，頁 99。

〔註36〕陳雲林編，《館藏民國臺灣史料匯編》，第 162 冊，頁 100～102。

圖 2-2-1　民國 35 年交通處鐵路管理委員會汽車處組織圖

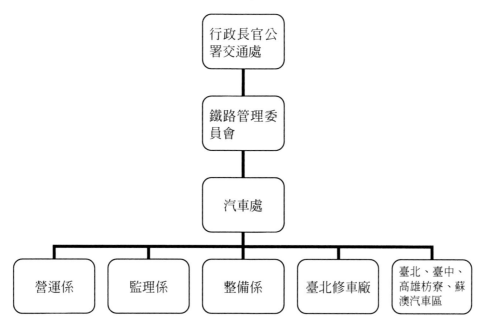

資料來源：根據「鐵路管理委員會組織規程公布案」，〈交通處鐵路委員會組織規程〉，
　　　　《行政長官公署檔案》，國史館臺灣文獻館藏，典藏號：00301240070001，
　　　　1946 年。資料自製。

　　當時民營汽車公司由汽車處繼續監理，由各會社自由發展，貨運公司則
劃歸通運公司接收。〔註 37〕關於汽車、駕駛人及車輛技工則由行政長官公署
授權各縣市管理，並由交通處派員組織汽車檢驗登記督導團，指導各縣市政
府分區辦理汽車及駕駛人總登記，核發國臺字牌照及考驗事宜。〔註 38〕事實
上，與日治時期相同，公路監理工作仍由地方政府管理。

　　民國 35 年 6 月，交通處長任顯群（1912～1975）有鑑於臺灣公路密度高
於全國各省，且公路運輸對國防軍事、民生建設與戰後復原尤其重要，發展
公路業務不能無專任管理機構，因此，特命交通處專門委員錢益（1909～1978）
仿照江蘇、江西、福建及廣東各省籌備公路局。〔註 39〕8 月 1 日公路局成立，
汽車處於 9 月 1 日起撤銷，其業務歸併於公路局。公路局長由交通部材料司

〔註 37〕陳雲林編，《館藏民國臺灣史料匯編》，第 249 冊，頁 29。
〔註 38〕陳雲林編，《館藏民國臺灣史料匯編》，第 249 冊，頁 30。
〔註 39〕「交通處公路局成立案一」，〈公路局組織規程〉，《行政長官公署檔案》，國史
　　　館臺灣文獻館藏，典藏號：00301240108001，1946 年。

司長華壽嵩（1903～1989）出任；錢益與原汽車處處長袁紹昌出任副局長。其餘人事由鐵路管理委員會汽車處、通運公司汽車部份及公路總局訓練所分發來臺之機務人員調整組設。〔註40〕華壽嵩乃交通大學畢業，爲交通管理專門人才，〔註41〕由華氏接掌公路局不外乎是借重其在機料物件方面之長才，希望其能對公路局所屬大批待料修整幾近殘骸之舊車有起死回生的功效。

公路局成立的宗旨，可以透過公路局長華壽嵩於民國35年8月7日舉行的記者招待會中提到的：

（一）公營幹線及指定路線民營因戰後配件輪胎不足，車輛缺乏，停駛里程甚多，且無專責管理機構，業務尚待開展，因此，依交通處組織規定，設立公路局。

（二）本局主要任務爲統一本省公路行政。

（三）關於各汽車運輸機構之管理亦將在增進運輸效率之原則下，加強實施。

（四）省內幹線客運予先增加班次，並以新式客車行駛以便行旅。

（五）南迴線（自高雄至臺東）及東海線（自蘇澳至花蓮）銜接鐵路之公路客運亦當竭力改善。

（六）公路貨運業務仍按原區域予以改善。

（七）市營及支線客運，當分別協助及督促各機構力求進步。

（八）提高修車能力，儲備汽車材料亦爲本局之要務。

（九）公路工程管理係由工礦處之公共工程局主持，此與本局公路運輸關係至切，當與密切聯繫。〔註42〕

以上9點成爲公路局成立之目的，可以歸納爲兩大方針，即是加強公路運輸與統一公路行政與管理。加強公路運輸方面，幹線公營及支線民營進而連結成整個臺灣公路運輸網絡，此即爲公路局對全臺交通運輸的政策，從偏鄉到都市，由民營客運轉公營客運，發達大眾運輸系統，進而提升臺灣整體的社

〔註40〕「交通處公路局成立案一」，〈公路局組織規程〉，《行政長官公署檔案》，國史館臺灣文獻館藏。
〔註41〕龍文出版社編輯，《臺灣時人誌》，下冊（板橋：龍文出版社，2009年），頁127～128。
〔註42〕〈省署記者招待例會〉，《民報》，第395號，1946年8月8日，版3。

會經濟。爲此，增進本身運輸能力與扶助民營客運爲公路局加強公路運輸的必要責任。

統一公路行政與管理方面，由於交通部公路總局未在臺灣設立監理所，而是將監理業務委託公路局辦理，因此，督導、輔導與管理公民營汽車客運業，使其合理經營，配合國家政策，發展公路運輸亦爲公路局的職掌。綜合以上，戰後各公民營汽車客運業，普遍缺乏資金、輪胎料件不足、舊車停駛造成運輸能力不足，急需政府扶持，公路局即在此背景下成立。

公路局與日治時期的鐵道部汽車課兩者設立的目的可說是大不相同，汽車課是爲了使公路運輸能配合鐵道營運，避免無益之競爭。但此時的公路局與鐵路管理委員會已是平行機關，優點是鐵公路可以各自發展，缺點是兩者皆肩負著充實省庫的使命，很難避免日後鐵公路運輸業務之間的惡性競爭，待後文詳述。

關於公路局內部組織方面，公路局內分設業務、監理、技術、材料、總務、會計六處，及秘書、統計二室。各處室職掌如下：業務處掌理客貨運輸行車調度及聯運事宜；監理處掌理換發汽車牌照、考驗駕駛執照、民營機構之督導、交通之管理與稽查等事宜；技術處掌理車輛修造、技工考核及工程設計等事宜；材料處掌理材料採購、供應及儲運等事宜；總務處掌理文書、人事、庶務及現金出納等事宜；會計處掌理帳務、預算、概算及單據稽核等事宜；秘書室掌理核稿及機要事宜；統計室掌理統計編造及調查等事宜。

公路局的組織與日治時期的鐵道部自動車課或鐵管會汽車處相較起來規模龐大許多，因公路局不僅掌理公營客運業務，其監理處亦負責全臺車輛及駕駛的監理業務以及管理民營客貨運業，而自動車課與汽車處的監理係只管理民營客貨運業。再者，設計與材料兩處的設立比自動車課與汽車處的整備係更加注重車輛的車材管理與車輛的修造，蓋因此時車輛取得不易，必須加強車輛的整修、車體與零件的自製能力。公路局成立後，民國 35 年 9 月接收原汽車處所屬臺北汽車區，10 月起陸續接收高雄、枋寮、臺中、花蘇等四個汽車區改爲臺北、臺中、高雄、枋寮、蘇澳五個段，於段轄各線設置車站，管理各線行車業務及調度事宜，〔註43〕公路局內部組織系統如圖 2-2-2。

〔註43〕交通處公路局組織規程等審核案」，〈公路局組織規程〉，《行政長官公署檔案》，國史館臺灣文獻館藏，典藏號：00301240108012，1946 年。

圖 2-2-2　民國 35 年臺灣省公路局組織圖

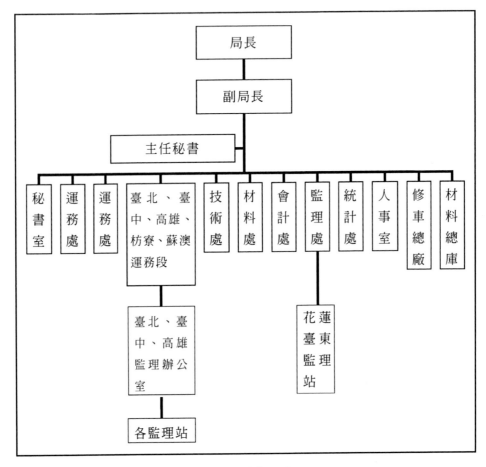

資料來源：臺灣省公路局，《公路局四十年》，頁 130。

說明：民國 36 年 5 月臺灣省行政長官公署改組為臺灣省政府，公路局改隸為臺灣
　　　省政府交通處。

　　公路局局外除段站及保養場外，另設修車總廠負責車輛修造事宜；材料
總庫及分庫負責材料收發保管事宜。〔註 44〕在接收機構同時亦接收車輛 228
輛，又接收航運管理局舊車一輛，大部分為日製五十鈴木造車身客車，但因
缺料嚴重，尤其是缺乏輪胎，實際上東拼西湊的結果只有 32 輛車勉強可以行
駛。〔註 45〕而公路局成立並未編列民國 35 年度之預算，因此將已撤銷之航運

〔註44〕陳雲林編，《館藏民國臺灣史料匯編》，第 222 冊，頁 228～229。
〔註45〕臺灣省公路局編，《一年來之臺灣公路交通》（臺北：臺灣省公路局，1947 年），
　　　　頁 3。

管理局民國 35 年度 8 至 12 月的預算 180 餘萬元挪做公路局之預算，〔註46〕並以公路局預算擔保支付爲條件陸續向臺灣銀行貸款 2 億餘元，〔註47〕購得福特貨車底盤新車輛238輛（實際上僅撥給公路局224輛使用），〔註48〕作爲省營公路客運營運的基礎。

　　臺灣省公路局掌理的業務爲公路運輸與受公路總局委託辦理公路監理業務，與同時期大陸各省公路局隸屬於建設廳，掌管公路修築與公路運輸略有不同。〔註49〕此時，臺灣公路工程仍與日治時期相同歸工礦處公共工程局管理，顯示即便臺灣省公路局成立，仍然未完全將大陸制度延伸過來。

二、運務與監理業務的分合

　　公路局監理事務由監理處派駐臺北、臺中及高雄各段辦公處及基隆、羅東、新竹、桃園、彰化、嘉義、臺南、屏東、臺東、花蓮等 10 站，以司其事。其中花蓮、臺東站因距離各段辦公室較遠，故直隸監理處管轄；基隆、羅東、新竹、桃園等站，隸屬於臺北段監理辦公室管轄；彰化、嘉義隸屬於臺中段監理辦公室管轄；臺南、屏東隸屬於高雄段監理辦公室管轄。〔註50〕

　　自民國 36 年 1 月 1 日起，公路局監理處接受交通部公路總局委託，將各縣市政府代辦之汽車及駕駛人管理業務撥歸省公路局各監理單位辦理，建立臺灣省公路監理制度的基礎。亦即廢除日治時期分別由各地方政府辦理考照及行照發放，戰後，公路行政管理已歸公路局統一管轄。民國 38 年間，由於政府財政困難，將臺北、臺中及高雄 3 個監理段辦公室及 10 個監理站撤銷，業務及人員併入運輸單位辦理。因此，各運輸段增設監理科，並在臺北、臺中及高雄段各增設副段長一人，協助段長處理監理業務，而原設監理站之各地運輸站，則增設副站長一人，協助站長辦理監理業務。〔註51〕

　　但公路局本身經營汽車運輸業，又握有監理權力，因此，在第一屆省參

〔註46〕「交通處公路局成立案一」，〈公路局組織規程〉，《行政長官公署檔案》，國史館臺灣文獻館藏，典藏號：00301240108001，1946 年。
〔註47〕臺灣省公路局編，《一年來之臺灣公路交通》，頁 44。
〔註48〕臺灣省公路局編，《一年來之臺灣公路交通》，頁 9。
〔註49〕胡美璜等編，《中華公路史》，上部（臺北：臺灣商務印書館，1984 年），頁 362。
〔註50〕陳雲林編，《館藏民國臺灣史料匯編》，第 249 冊，頁 38。
〔註51〕臺灣省公路局，《公路局四十年》，頁 130。

議會第 10 次定期大會上參議員陳文石（1897～1953）就此問題質詢公路局長譚嶽泉（1901～1994），譚氏僅回答：「公路局組織規程經省府核定，轉報行政院核准有案，照現行辦法似無不便，將來如發現有缺點當隨時改善。」〔註52〕但各界的質疑聲浪未曾停止。公路局因而在民國 41 年 2 月 1 日起，將各區運輸處（民國 39 年 11 月各段擴大編制爲運輸區）之監理科及各業務站之副站長均予以撤銷，改設臺北、新竹、臺中、嘉義、高雄等 5 個區監理所，及基隆、羅東、花蓮、桃園、苗栗、員林、臺南、屏東、臺東等 9 個監理站，嗣後因地方人士反應或行政區調整陸續增加監理站或分站。〔註53〕

民國 46 年省議員林全祿（1909～1997）在臨時省議會第 3 屆第 1 次定期大會中質詢公路局應將業務及監理徹底劃分，健全監理機構，使其成爲超然行政單位。〔註54〕而林全祿出身於臺南望族林家，其本身爲興南客運的常務董事，臺南及高雄客運亦爲臺南林家所經營。可見各區監理所、站自脫離運輸單位後，並未改變民營運輸業者與其他各界人士的觀感，〔註55〕但公路局始終以上級核准或是法規規定來回覆，直到民國 69 年 10 月 1 日起公路局經營之客運業務劃出，另成立臺汽公司，前項的爭議才落幕。

三、接管臺灣公路工程

臺灣公路工程在日治時期是由臺灣總督府礦工局土木課主事，民國 34 年 11 月由行政長官公署工礦處接管，並於民國 34 年 11 月 14 日成立公共工程局掌管全省公路工程、河川治理與防洪、上下水道、建築管理都市計畫等範圍，公共工程局設公路工程組全盤負責。〔註56〕民國 36 年 5 月 16 日臺灣省行政長官公署改組爲臺灣省政府，公共工程局改隸臺灣省政府建設廳。民國 38 年 10 月臺灣省主席陳誠（1898～1965）因精簡政府機關下令裁撤建設廳公共工程局，且爲使公路運輸與公路工程相互配合，公路工程業務依照

〔註52〕 臺灣省議會祕書處，《臺灣省參議會第一屆第十次定期大會議事錄》（臺中縣霧峰鄉：臺灣省議會祕書處，1950 年），頁 71～72。

〔註53〕 臺灣省公路局，《公路局四十年》，頁 130～131。

〔註54〕 臺灣省議會祕書處，《臺灣省臨時省議會第三屆第一次定期大議事錄會》下冊（臺中縣霧峰鄉：臺灣省議會祕書處，1957 年），頁 4278。

〔註55〕 臺灣臨時省議會歷屆議員林全祿，http://www.tpa.gov.tw/opencms/digital/area/past02/member0085.html 2017 年 4 月 8 日下載。

〔註56〕 同時期，大陸各省公路工程隸屬於各省公路局管轄。參見胡美璜〈我與臺灣省公路局〉一文，收錄於臺灣省公路局，《公路局四十年》，頁 2。

大陸各省建制由公路局接管，於局內增設工務處；局外劃分為 4 區，於臺北、臺中、潮州、蘇澳 4 地分設區工程處。〔註 57〕於是公路局成為掌管公路運輸、公路監理及公路工程的龐大機構，並使得重大道路橋樑完工後，例如：西螺大橋、中部橫貫公路等，馬上可以行駛公路局班車，達到路通即通車的目標。

第三節　民營客貨運之接收及爭議

一、戰後初期接收

　　戰後全臺汽車客運公司共有 20 家，汽車貨運 7 家，根據〈臺灣省接收日資企業處理實施辦法〉規定「所有企業除事實為不需者外，均應一律使之迅速復工為原則」，〔註 58〕因此，公路局於民國 35 年 9 月召集了 27 家客貨運公司的代表座談，確定了各公司之組織除全係民股或全係官股者外均採取官民合營辦法。〔註 59〕依照這個原則，全部民股的澎湖交通株式會社與日新乘合自動車株式會社令其依〈公司法〉改組成公司制度後，仍由原股東繼續經營。而全部日資的新港自動車商會則併入公路局枋寮段營業；花蓮港乘合自動車株式會社則併入花蘇段營業。〔註 60〕其餘各客運公司則依座談會決議之公設及非公設之董事監察人分配名額，改組成為股份有限公司。而 7 家貨運公司原由通運公司接收，公路局於民國 35 年 11 月奉命接收 7 家貨運公司，〔註 61〕但公路局無意經營貨運業務，所以將 7 家貨運公司清算後將

〔註 57〕 「公共工程局公路工程業務擬增設工務處及各區工程處核復案」，〈公路局組織〉，《臺灣省級機關檔案》，國史館臺灣文獻館藏，典藏號：0040124004704011，1949 年。

〔註 58〕 「臺灣省單行法令匯編」收錄於陳雲林編，《館藏民國臺灣史料匯編》，第 64 冊，頁 254。

〔註 59〕 「臺灣汽車客（貨）運股份公司章程」，〈臺灣汽車客（貨）運股份公司章程及董事名額〉，《行政長官公署檔案》，國史館臺灣文獻館藏，典藏號：0030128007001，1946 年。

〔註 60〕 「新港自動車商會等接收呈報案」，〈接收新港自動會社及花蓮港乘合會社〉，《行政長官公署檔案》，國史館臺灣文獻館藏，典藏號：00326620213001，1946 年。

〔註 61〕 「運通公司接收案」，〈公路局接收案〉，《行政長官公署檔案》，國史館臺灣文獻館藏，典藏號：00326600020004，1947 年。

公股部分讓售民股，使其完全民營。至於公路局爲何無意經營貨運業務，筆者認爲基於下列理由：（一）貨運業與戰略有重要關聯，中日戰爭時期物資輸入仰賴中印及滇緬公路，因此，汽車貨運業應讓民間經營使其快速發展。（二）公路局財政困難，在省方未給予資金的情況下，要兼營貨運業有其難度，不僅車輛不足，就連大維修也只能仰賴臺北修車廠，且將公股讓售後公路局可得到一筆資金，不無小補。（三）長官公署成立初期，米和糖禁止出口。而且，許多工廠還未復工，根本沒有生產，交通也不方便，因此，實際上貨運業並不發達。且主要進出口與配銷都掌握在貿易局手上，而貿易局的貨運主要是依靠港口及鐵路運輸。

公路局成立後首要之務即是恢復環島幹線的客運，實現幹線公營、支線民營的全臺公路交通網絡，〔註 62〕在日治時期，局營巴士營運最盛時路線（1943 年）如表 2-1-3，可以看出當時局營巴士並未完成環島幹線行駛，其中臺東至花蓮港、新竹至苑裡、彰化至嘉義、屏東至枋寮及臺北至蘇澳等線並不在局營巴士的營業範圍內。隨著臺灣戰損道路逐漸修復通車以及車輛購進，公路局一方面復駛原先局營巴士路線，一方面開闢新的營業路線。公路局自信滿滿的將基隆至嘉義及高雄經屏東、枋寮、林邊到臺東及花蓮到蘇澳等路線打通列爲民國 35 年 9 至 12 月的營業計劃，並將環島幹線的完成列爲民國 36 年度計畫。〔註 63〕

但是，因爲戰後交通方面沿用日治時期的法規，亦即承認民營客運業者於日治時期所取得的路線經營權（路權），導致公路局無法任意開闢營運路線。民國 35 年 11 月 19 日起公路局開闢蘇澳至南方澳客運路線，並預計自 12 月起開闢臺北至蘇澳營業路線，且在此路線上增設礁溪、宜蘭、羅東等站，沿路攬客下客。但是礁溪至南方澳的路線與蘭陽乘合自動車株式會社（以下稱蘭陽客運）的營運路線重疊，等於侵害了蘭陽客運的路權。民國 35 年 12 月 2 日蘭陽客運董事長黃再壽（1897～1948）一狀告到臺灣省參議會，12 月 18 日省參議員李友三（1888～1961）質詢對於公路局現所經營之行車路線有無民營公共汽車業者之路線權，若有是否經過業者同意，交通處長任顯群答

〔註 62〕「公路局 36 年度 1 至 3 月政績比較表」，〈經建計畫報告總節〉，《行政長官公署檔案》，國史館臺灣文獻館藏，典藏號：00302500011052，1947 年。

〔註 63〕「各公營機關卅五年度營業計劃及預算報告」，〈營業概算預小節〉，《行政長官公署檔案》，國史館臺灣文獻館藏，典藏號：00328316015029，1947 年。

以「……如原係各公司經營之路線爾（而）運輸力不足，例如蘭陽乘合會社之蘇澳至南方澳線……。」〔註64〕。因此，黃再壽備妥資料於12月19日函寄給議長黃朝琴（1897～1972），信中表示該公司對任顯群的說法感到「莫不驚駭」，〔註65〕並且再三強調該公司雖然戰時受損嚴重，且戰後輪胎、油料取得困難以致經營極其困難，但為完成地方交通使命，雖每日虧損數萬仍然維持營運。且蘇澳至南方澳、羅東至蘇澳、宜蘭至羅東及宜蘭至頭城等四條路線是蘭陽客運的重要命脈，若公路局併行同一路線會使得蘭陽客運「受其影響者不堪設想」。〔註66〕

　　民國36年元月經交通處調查發現蘭陽客運陳述結果屬實，因此，公路局於元月25日起停駛蘇澳至南方澳線班車。但交通處強調是蘭陽客運先前的運輸能力不足，公路局派車行駛蘇澳至南方澳路線是為推進交通力量起見之必要措施。而交通處認為臺北至蘇澳的班車並非區間車而是長途車，似未可認為侵害蘭陽客運之路權，堅持不停止臺北至蘇澳的班車。〔註67〕此次事件，雖然蘭陽客運並未完全將公路局從自己的營運路線擊退，但也讓公路局栽了個大觔斗。公路局意識到要將所有的幹線收歸公營似乎還得採取更一勞永逸的措施。畢竟，此時的公路局必須面對每月數百萬元的貸款利息，且所有零件輪胎必須自外省引進，以致成本較外省高，但客運價格配合政府穩定物價政策，反較外省為低。〔註68〕再者，行政長官公署也要求公路局「應努力經營，樽節開支，增補庫收」。〔註69〕所以，對於能夠有利於營收的路線，公路局必須得想盡辦法取得。

〔註64〕「臺灣省參議會第一屆第二次定期大會」，〈臺灣省參議會議事錄〉，《臺灣省議會史料總庫》，臺灣省諮議會藏，典藏號：001-01-02OA-00-6-7-0-00339，1946年。

〔註65〕「臺灣省參議會第一屆第二次定期大會」，〈臺灣省參議會議事錄〉，《臺灣省議會史料總庫》，臺灣省諮議會藏。

〔註66〕「臺灣省參議會第一屆第二次定期大會」，〈臺灣省參議會議事錄〉，《臺灣省議會史料總庫》。

〔註67〕「交通處兩子艶交路字第09124號電」，〈檔案－經建／交通／公路／運務〉，《臺灣省議會史料總庫》，典藏號：0014420535001，1946年。

〔註68〕臺灣省公路局編，《一年來之臺灣公路交通》，頁44。

〔註69〕「公路局卅五年九至十二月營業計劃表送核案」，〈各公營機關卅五年度營業計劃及預算報告〉，《行政長官公署檔案》，國史館臺灣文獻館藏，典藏號：029300350217，1946年。

二、民營客運接收爭議

民國 36 年 228 事件後，國防部長白崇禧（1893～1966）來臺宣慰，其宣字第一號布告中即有民生工業之公營範圍應儘量縮小。〔註 70〕其後，臺灣省行政長官公署改組為臺灣省政府，由魏道明（1899～1978）出任第一任省主席。魏道明提出：「對於經濟方面，主張在不妨害經濟安定原則之下，推行經濟自由政策，……並酌將省營事業開放民營……。」〔註 71〕省府原則上要將部分公營事業開放民營，以及將公民合營事業的公股部分讓售使之完全民營。因此，公路局與 16 家民營客運合資的情形必須要做個處置。

公路局在民國 36 年 3 月 27 日做出了清算各家民營客運公司的 6 項原則：〔註 72〕

（一）由本局即行派員接收清算後將民股收買公營者。

（二）由本局派員清算後將民股折出另組公司經營者。

（三）由本局派員清算後其路線牽涉省道如路權尚未滿期，由本局受買其價款，以本局應得之公股撥抵者。

（四）由本局派員清算後將公股酌予出讓者。

（五）已經改組之公司公股較少，而路線無局營價值擬將公股價讓者。

（六）純粹民股而路線涉及省道路權未滿擬向其價購路線者。

根據第一項清算原則被併購的客運公司有蘭陽客運、臺北近郊汽車客運公司、基隆交通公司及新竹汽車客運公司。蘭陽客運雖然公股僅占 26.3%，但其營業路線大多為幹線，與公路局的環島公路通車計畫相衝突，因此，全部購歸公營。臺北近郊汽車客運公司其營業路線全在臺北市郊，且公股佔半數以上，因此全部價歸公營。基隆交通公司雖然公股僅佔三分之一，但其營業路線皆在基隆市郊外（含幹線），其公路部分全部收買公營。新竹汽車客運公司（臺灣軌道株式會社）公股佔 76.68%，其路線有公營價值，公路局擬先派副經理一人駐該公司主持業務並收購民股事宜。

〔註 70〕 「國防部宣字第一號布告」，〈民政／總綱／自治／選舉〉，《臺灣省參議會檔案》，省議會史料庫藏，檔案號：0011120536005，1947 年。

〔註 71〕 「魏主席對於本省經濟問題廣播詞」，《臺灣省政府公報》，民國 36 年夏字 54 期，頁 122。

〔註 72〕 「為奉警備總部電令接管各縣市境內公共汽車經擬訂接收原則」，〈公路局接收案〉，《行政長官公署檔案》，國家發展委員會檔案管理局藏，典藏號：A375000100E/0036/266/21/1/035，1947 年。

根據第二項清算原則整併改組的有臺灣交通株式會社及豐原乘合株式會社，民國 36 年 3 月 25 日公路局與兩家客運業者座談確定接收臺灣交通株式會社及合併改組豐原乘合株式會社之實施辦法：

（一）臺灣交通株式會社由公路局接收所有該會之臺股，由政府以豐原乘合株式會社相當數額之日股股權撥抵後，如豐原乘合尚有公股股額，可由民股收買。（由豐原乘合以實物撥抵爲原則，豐原乘合株式會社則全由臺股經營之。）

（二）兩會社之建築物、車輛、工具、生財器具等照價十二倍計算，俟呈報長官公署核定後辦理。

（三）兩會社之日臺股權，指定公路局臺中段段長魯庭樹、監理處派駐臺中段兼主任羅志寶、原兩會社監理員雷震鵬，會同兩會社代表葉世潭、陳新發二人負責審查後，報局核辦，但團體股份應暫列入公股由公路局轉請依法處理。

（四）臺灣交通株式會社員工除經理以上各員併入豐原乘合株式會社，合作經營，不列入移交外。其課長以下各員，由公路局接收，統籌分配工作，如有不願意繼續服務者，由該社另發一個月薪津遣送之。

（五）臺灣交通株式會社之營業路線全由公路局接管，豐原乘合株式會社之各路線，除豐原至臺中、大坑至臺中兩線，由公路局查明過去取得路線之經過及代價，予以購歸省營外（以公股抵算爲原則），其餘路線仍歸豐原乘合株式會社經營。

（六）兩會社在未接收及改組之前，仍照常維持行車。

（七）臺灣交通株式會社定同年四月一日由公路局臺中段接收，豐原乘合株式會社亦於是日改組，由公路局派員會同兩會社代表監督移交並辦理清算事宜。另外將臺灣交通株式會社所經營豐原至土牛鐵路線，價撥與農林處接管。〔註73〕

這兩家客運公司均爲公股占多數，但臺灣交通株式會社行駛市區路線且其資

〔註73〕「所報接收臺灣交通株式會社及合併改組豐原乘合株式會社之實施辦法准予照辦等」，〈公路局接收案〉，《行政長官公署檔案》，國家發展委員會檔案管理局藏，典藏號：A375000100E/0036/266/21/1/027，1947 年。

產較豐，因此收爲公營。而豐原乘合株式會社行駛的路線爲臺中市郊爲主，其行駛之幹線僅有豐原至臺中及大坑至臺中兩條，因此將兩條幹線收回公營後，讓豐原乘合株式會社完全民營。根據以上的辦法，臺灣交通株式會社由公路局接收併入臺中段，而臺灣交通株式會社的民股部分由豐原乘合株式會社的公股相撥抵。在公路局的主導下，兩家客運進行了合併改組。

根據第三項清算原則清算的客運公司有員林乘合自動車株式會社、臺西乘合自動車株式會社及嘉義乘合自動車株式會社。此 3 家客運公司皆爲臺股佔絕大多數，但其經營路線有涉及幹線，因此，公路局將公股交換幹線路權後，此 3 家客運公司公股讓售後依〈公司法〉改組完全民營。

根據第四項清算原則清算的客運公司有臺南乘合自動車株式會社、高雄乘合自動車株式會社、新營乘合自動車株式會社、興南乘合自動車株式會社及屏東乘合自動車株式會社。此 5 家客運公司皆爲臺股佔絕大多數，且其經營路線未有涉及幹線，因此，公路局除將臺南乘合自動車株式會社所有之市區內路線收歸局營外，此 5 家客運公司公股讓售後依〈公司法〉改組完全民營。

根據第五項清算原則清算的客運公司有桃園汽車客運公司及彰化汽車客運公司，此兩家公司先前已依〈公司法〉改組，且兩家公股各僅佔 12.4%及 0.88%，且其行車路線無局營價值，因此，公路局將其公股讓售後使其完全民營。

根據第六項清算原則，日新乘合自動車商會雖然純粹民股，但其路線涉及省道，因此，公路局將其涉及省道部分的路權價購。

由以上各項清算原則來看，臺北近郊汽車客運公司與基隆交通公司被價購公營並非是公股佔多數的結果，而是其路線在郊區有局營之價值。豐原乘合株式會社營業路線多位於郊區卻可以民營，而臺灣交通株式會社的路線多位於市區而被收歸公營，爲何有如此大的差異？原因在於公路局設立之初，僅有臺北、基隆及高雄三市府能辦理公營公共汽車業務，〔註74〕因此，臺北、基隆及高雄三市的市區範圍屬於三市公車處的路權，但公路局往往以此爲由禁止其他地方縣市政府自辦客貨運業務，將三市市區以外的其他市區路線經營權視爲公路局的路權，這一點將於後文中詳述。

<hr>

〔註74〕 「公路交通業務劃歸公路局案」，〈臺灣省接收日人財產處理辦法〉，《行政長官公署檔案》，國史館臺灣文獻館藏，典藏號：00307470002042，1946 年。

　　而蘭陽客運其路線雖然以環島幹線爲主（約 40 公里），但其營運路線仍有支線，且臺股占七成之多，卻被公路局整個接收，是否與先前的路線糾紛有關，很難讓人不做此聯想。再者，臺灣交通株式會社與豐原乘合株式會社的業務整併完全是公路局對自身最有利的結果，臺灣交通株式會社的資本額是豐原乘合交通株式會社的兩倍有餘，就利潤而言臺灣交通株式會社營運路線大多是臺中市區，其獲利遠較豐原乘合株式會社爲豐，無怪乎兩公司業務整合後，民國 36 年 6 月 12 日臺灣交通株式會社前（總）經理廖學泉及前監察人紀金欉等人因不甘損失而前往公路局臺中段抗議，臺中段還得請憲兵隊來暫時護衛。〔註 75〕

　　廖學泉抗議不成轉向臺灣省參議會請願，要求拿回臺灣交通株式會社的經營權，廖學泉認爲 228 事件時警備總部要公路局接管各縣市公共汽車，此接管並非接收。況且，民國 36 年 3 月 25 日公路局與兩家客運業者座談，廖學泉認爲「騷亂未清，人心尚惶惶不安，突被召集座談會，並勒令承諾蓋章。」〔註 76〕公路局此係脅迫之行爲，並非眞的由兩家業者協商的結果，如若公司被兼併則「公司之股東將致歷年苦心經營之事業流失埋炭宛若泡影，商人之慘莫甚於虧血本者」〔註 77〕，且 190 餘名員工其失業者宛若洪流，且「現員工薪俸米決定如且不給，皆權以借貸名義借金而度活」〔註 78〕。更何況公司的日股原是日治時代警務部刑事課課長龍澤退職強迫臺胞股東而讓他加入，而公路局以「接管」爲「接收」，「似此無理魚肉人民使商戶倒閉以爲快，實關工商業者生死重大問題」〔註 79〕。

〔註 75〕　「臺灣交通株式會社前經理廖學泉往臺中段搗亂情形呈報案」，〈劃歸合併機關〉，《臺灣省級機關檔案》，國史館臺灣文獻館藏，典藏號：04012000001203，1947 年。

〔註 76〕　「臺灣交通股份公司總經理廖○○請願拯救該公司股東及員工俾免虧本暨失業並呈請標售與舊緣故者經營」，〈檔案－財政／公賣公產／公產／總節〉，《臺灣省議會史料總庫》，臺灣省諮議會藏，典藏號：0012230036007，1947 年。

〔註 77〕　「臺灣交通股份公司總經理廖○○請願拯救該公司股東及員工俾免虧本暨失業並呈請標售與舊緣故者經營」，〈檔案－財政／公賣公產／公產／總節〉，《臺灣省議會史料總庫》。

〔註 78〕　「臺灣交通股份公司總經理廖○○請願拯救該公司股東及員工俾免虧本暨失業並呈請標售與舊緣故者經營」，〈檔案－財政／公賣公產／公產／總節〉，《臺灣省議會史料總庫》。

〔註 79〕　「臺灣交通股份公司總經理廖○○請願拯救該公司股東及員工俾免虧本暨失業並呈請標售　與舊緣故者經營」，〈檔案－財政／公賣公產／公產／總節〉，《臺灣省議會史料總庫》。

　　民國 36 年 6 月 21 日臺灣省政府交通處處長陳清文（1894～1982）親自函覆臺灣省參議會，表示先前行政長官公署指示要公民合營方式辦理汽車客運，而所有日股佔多數之汽車客貨運公司，均已改組竣事，唯獨臺灣交通株式會社，經政府多次催促，仍未改組。該公司股份共計 1 萬 4 千股，公股佔88%，民股佔 12%，其中廖學泉僅有 121 股，且是戰後才得來，原全部股權中不及 1%，根本不具有代表性。〔註 80〕因臺灣交通株式會社再三推諉，公路局長華壽嵩於民國 36 年 2 月 20 日前往臺中召開座談會商討解決之道，與會者有：臺灣交通株式會社董事長蔡先於（1892～1950）、常務董事陳新發（1915～2005）、經理廖學泉、監察人紀金欉及豐原乘合自動車株式會社董事長郭頂順（1905～1979）、經理葉世潭等。當時業者仍不以公民合營為然，要求公股與民股分開，但因民股著實少數，若強要分出，則民股分得的少數房屋車輛，勢必無法經營。於是，公路局建議以豐原乘合自動車株式會社相當數目之公股，與臺灣交通株式會社之民股交換，使豐原乘合自動車株式會社全部民營，臺灣交通株式會社則由政府公營。〔註 81〕

　　陳清文的覆函中又提到根據 3 月 25 日座談會中所擬定的具體交接辦法中關於員工方面經理以上人員併入豐原乘合自動車株式會社，經理以下所有員工由公路局接收分配工作，員工薪水自 4 月 1 日起，即由公路局臺中段照數發給，所謂借支係帳務上之處理名目，實際上並非借支，而係實發之薪水。綜合以上，陳清文歸納出以下三點：

（一）臺灣交通株式會社接收公營，其民股歸納於豐原乘合自動車會社，原係民股方面所發動，政府尊重民意，乃予照辦。

（二）財產金錢清算後按股分攤，民股部分以豐原乘合自動車會社相當數目之公股交換，民股毫無吃虧，且豐原全由民營，民股反可發揮其力量。

（三）員工既全部歸入公路局臺中段繼續工作，照發薪水，無一失業，更無徬徨無法謀生之事。〔註 82〕

〔註 80〕 「臺灣交通股份公司總經理廖○○請願拯救該公司股東及員工俾免虧本暨失業並呈請標售與舊緣故者經營」，〈檔案－財政／公賣公產／公產／總節〉，《臺灣省議會史料總庫》。

〔註 81〕 「臺灣交通股份公司總經理廖○○請願拯救該公司股東及員工俾免虧本暨失業並呈請標售與舊緣故者經營」，〈檔案－財政／公賣公產／公產／總節〉，《臺灣省議會史料總庫》。

〔註 82〕 「臺灣交通股份公司總經理廖○○請願拯救該公司股東及員工俾免虧本暨失

陳清文最後強調廖學泉請願書中的所述各節「歪曲事實，倒果為因」，[註83]
並要求參議員支持政府既定之方針，不該因一人之異議而改變。

　　陳清文的函覆中提到公民分開經營「原係民股方面所發動，政府尊重民
意」，且政府與業者於 228 事變前所議定，這幾句話看似無懈可擊的反駁了
廖學泉，其實是在玩文字遊戲，民股要求的並不是兩間公司的整併，而是將
公股讓售給民股，使臺灣交通株式會社完全民營。而此原係民股方面所發動
這句話容易誤導參議員兩間公司的整併是由於民股的要求，而且在 228 事件
發生之前，根本沒有所謂的「勒令承諾蓋章」一事。所以陳清文在函覆中曖
昧地說「遂建議以豐原乘合自動車株式會社相當數目之公股，與臺灣交通株
式會社之民股交換」，[註84]而不直接說是政府的決定。

　　再者，依陳清文歸納的第二點來看，公路局拿等值的豐原乘合自動車株
式會社公股跟臺灣交通株式會社民股交換，照價 12 倍計算，對臺灣交通株
式會社的民股股東絕不吃虧。其實這兩間公司營收根本不在同一個水準上，
況且豐原乘合最黃金的路線已經被公路局抽走，對臺灣交通株式會社的民股
股東來說無異是拿米換番薯，雖然股價一樣，其附加價值卻大不相同。所以
廖學泉說：「股東將致歷年苦心經營之事業流失埋炭宛若泡影」，並非完全誇
大。

　　比較耐人尋味的是，新竹汽車客運股份有限公司原本根據清算原則第一
項該由公路局完全接收公營，但最後公路局准其公股部分讓售民股，使其完
全民營，為何會有這樣的結果？根據該公司於民國 37 年 4 月 10 日召開之第
58 期股東會會議紀錄：「自去年二二八事變，以往對本公司曾經一度決定由
政府接管，嗣後經數次之協議，政府體念民意收回成命，將所有公股出讓。」
[註85]大概可以知道經過一年的交涉，新竹客運的民股說服了公路局，並以

　　　　業並呈請標售與舊緣故者經營」，〈檔案－財政／公賣公產／公產／總節〉，《臺
　　　　灣省議會史料總庫》。
〔註83〕「臺灣交通股份公司總經理廖○○請願拯救該公司股東及員工俾免虧本暨失
　　　　業並呈請標售與舊緣故者經營」，〈檔案－財政／公賣公產／公產／總節〉，《臺
　　　　灣省議會史料總庫》。
〔註84〕「臺灣交通股份公司總經理廖○○請願拯救該公司股東及員工俾免虧本暨失
　　　　業並呈請標售與舊緣故者經營」，〈檔案－財政／公賣公產／公產／總節〉，《臺
　　　　灣省議會史料總庫》。
〔註85〕「新竹汽車客運公司取銷原設立登記應准批復案」，〈公司登記〉，《臺灣省級
　　　　機關檔案》，國史館臺灣文獻館藏，典藏號：0044820008524012，1949 年。

33 倍之高價收購公股，其中新竹客運與公路局協議之過程因缺乏資料，其內容也就不得而知了。根據陳家豪的研究指出，國民政府爲了拉攏地方派系，穩固其在臺統治基礎，仍會讓部分的地方有力人士掌握或獨佔地方交通事業，〔註86〕這或許可以說明新竹客運未被公路局完全接收的原因。

綜合以上，戰後 27 家客貨運公司在 228 事件後根據 3 月 27 日的清算原則結果如表 2-2-1 所示，公路局已成爲全臺規模最大的汽車客運業者。

表 2-3-1　臺灣省 27 家汽車客貨運公司一覽表

類別	原會社名稱	改組後公司名稱	董事長或經營代表	備　註
貨運	新竹州自動車運輸株式會社	新竹汽車貨運股份有限公司	許金德	清算後公股部分讓售民股使完全民營
	高雄州自動車運輸株式會社	高雄汽車貨運股份有限公司	許清喆	清算後公股部分讓售民股使完全民營
	臺南州自動車運輸株式會社	臺南汽車貨運股份有限公司	辛文炳	清算後公股部分讓售民股使完全民營
	臺東廳自動車運輸株式會社	臺東汽車貨運股份有限公司	—	清算後公股部分讓售民股使完全民營
	花蓮港自動車運輸株式會社	花蓮港汽車貨運股份有限公司	馬有岳	清算後公股部分讓售民股使完全民營
	臺中州自動車運輸株式會社	臺中汽車貨運股份有限公司	呂世明	清算後公股部分讓售民股使完全民營
	臺北州自動車運輸株式會社	臺北汽車貨運股份有限公司	顏欽賢	清算後公股部分讓售民股使完全民營
客運	新港自動車商會	—	—	該會社由本局接收後併入枋寮段營業
	花蓮港乘合自動車株式會社	—	—	該會社由本局接收後併入花蘇段營業
	蘭陽乘合自動車株式會社	—	—	該會社由本局接收後併入花蘇段營業
	臺灣交通株式會社	—	—	該會社由本局接收後併入臺中段營業
	臺北近郊乘合自動車株式會社	—	—	該會社由本局接收後併入臺北段營業

〔註86〕陳家豪，〈近代臺灣人資本與企業經營：以交通業爲探討中心（1895～1954）〉，頁 275。

基隆南邦交通株式會社	─	─	公路部份本局接收後併入臺北段營業
豐原乘合自動車株式會社	豐原汽車客運股份有限公司	郭頂順	清算後公股部分讓售民股使完全民營
臺灣軌道株式會社	新竹汽車客運股份有限公司	陳性	清算後公股部分讓售民股使完全民營
臺南乘合自動車株式會社	臺南汽車客運股份有限公司	林全福	清算後公股部分讓售民股使完全民營
嘉義乘合自動車株式會社	嘉義汽車客運股份有限公司	林抱	清算後公股部分讓售民股使完全民營
桃園交通株式會社	桃園汽車客運股份有限公司	簡朗山	清算後公股部分讓售民股使完全民營
臺西乘合自動車株式會社	臺西汽車客運股份有限公司	黃朝深	清算後公股部分讓售民股使完全民營
高雄乘合自動車株式會社	高雄汽車客運股份有限公司	林水金	清算後公股部分讓售民股使完全民營
新營乘合自動車株式會社	新營汽車客運股份有限公司	沈崑山	清算後公股部分讓售民股使完全民營
興南乘合自動車株式會社	興南汽車客運股份有限公司	辛西淮	清算後公股部分讓售民股使完全民營
屏東乘合自動車株式會社	屏東汽車客運股份有限公司	郭頂順	清算後公股部分讓售民股使完全民營
彰化乘合自動車株式會社	彰化汽車客運股份有限公司	呂世明	清算後公股部分讓售民股使完全民營
員林乘合自動車株式會社	員林汽車客運股份有限公司	陳反	清算後公股部分讓售民股使完全民營
澎湖交通株式會社	澎湖交通有限公司	─	該會社改組後仍由原股東繼續經營〔註87〕
日新乘合自動車株式會社	日新汽車客運社	李萬來	該會社改組後仍由原股東繼續經營

資料來源：臺灣省公路局編，《一年來之臺灣公路交通》，頁5。

〔註87〕澎湖交通株式會社因僅有一輛可動車輛，其所屬營業路線嚴重停駛。隨後被澎湖縣政府接收，改為縣營車船管理處。

第三章　公路局組織與業務擴張

　　本章要探討以下幾個問題，公路局自接收公民營公路客運業後，因業務量大增，其局內外組織如何因應？歷任公路局長的背景以及對公路局的影響。公路局的客運業務經歷奠定其後的發展。公路局的客運營運車輛種類，以其及標購過程有無任何外力因素。

第一節　組織與人事

一、組織與站場擴大

　　戰後初期的公路局組織，已如第二章所述。民國 36 年技術及材料兩處合併爲機料處，民國 39 年材料總庫改成材料廠，嗣後再改爲材料庫，民國 69 年修車廠改爲機料廠，材料庫撤銷併入機料廠。民國 65 年業務處改成運務處。〔註1〕

　　民國 37 年公路局成立印刷所，民國 65 年改稱票證所，專責辦理各項營運票證及報表之印刷事宜。〔註2〕至民國 69 年 10 月 1 日臺汽公司成立前，公路局組織圖如 3-1-1。

〔註1〕　「臺灣省政府交通處公路局組織規程報核案」，〈公路局組織〉，《臺灣省級機關檔案》，國史館臺灣文獻館藏，典藏號：0040124000107001，1947 年。
〔註2〕　臺灣省公路局，《公路局四十年》，頁 234。

圖 3-1-1　民國 69 年 9 月公路局組織圖

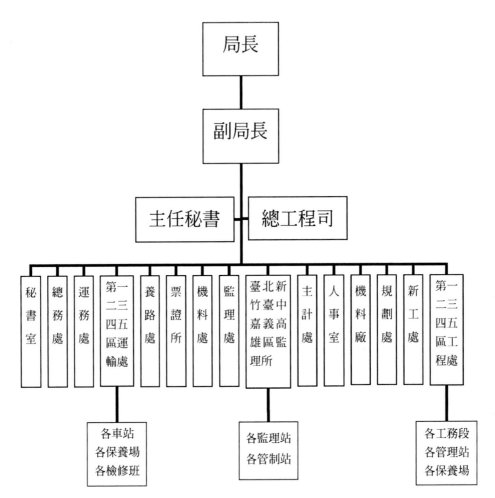

資料來源：胡美璜等，《中華公路史》，下部，頁 131。

　　民國 39 年 11 月原先五個運務段編制擴大，改稱區運輸處，即臺北、臺中、高雄、枋寮、蘇澳等五區運輸處，民國 56 年又分別改稱第一、二、三、四、五區運輸處（如圖 3-1-2）。

圖 3-1-2　民國 56 年公路局各區運輸處分布圖

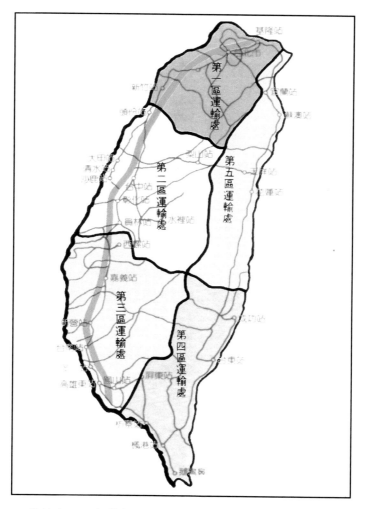

資料來源：臺灣省公路局，《公路局四十年》，頁 235。

　　戰前臺灣公路幹線運輸附屬於鐵路，故所設車站極少，接收初期僅有 18 站，大都因陋就簡，破舊不堪。公路局選擇車次頻繁、旅客往來眾多的地點，自行興建或租賃房屋作為車站，指派人員管理站務，並在次要地點設立停車站或招呼站。停車站或招呼站均有設置站牌，供公路局班車停靠上下客，停車站則設有候車亭及車票代售點，招呼站就僅有路邊的站牌。另外，停車站與招呼站還有一個不同點在於停車站有獨立的票價，招呼站則無，〔註 3〕如

〔註 3〕臺灣省公路局，《公路局四十年》，頁 235。

圖 3-1-3。至民國 36 年 12 月公路局共設有車站 49 站；停車站 109 處；招呼站 451 處，共計 609 處。以當年 12 月公路局客運營業總里程 1,269.9 公里計算，每距離 2 公里即設有供旅客上下車之停車處，可算是相當便利。

圖 3-1-3　臺汽公司區間車車票

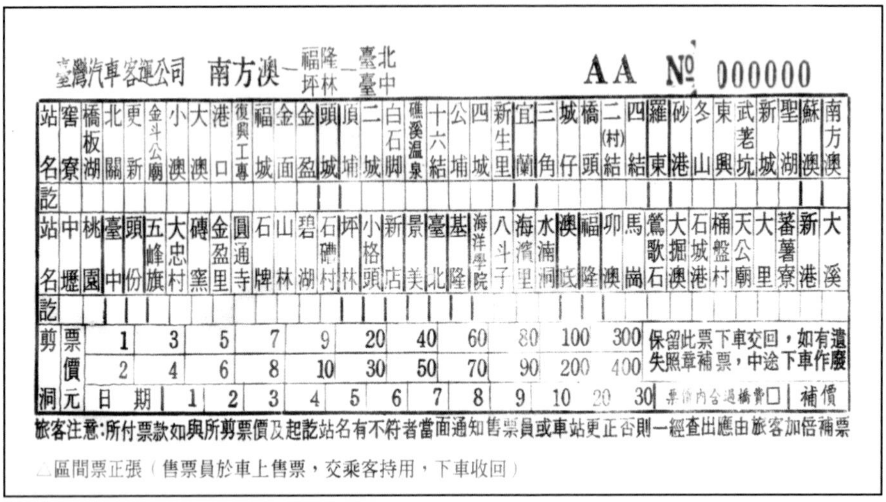
臺灣汽車客運公司　南方澳－福隆 坪林－臺北 臺中　AA №　000000
站名：窨寮 橋板湖 北關 更新 金斗公廟 小澳 大澳 港口 復興工專 福城 金面 金盈 頭城 頂埔 二城 白石腳 礁溪溫泉 十六結 公埔 四城 新生里 宜蘭 三角 城仔 橋頭 二(村)結 四結 羅東 砂港 冬山 東興 武老坑 新城 聖湖 蘇澳 南方澳
訖
站名：中壢 桃園 臺中 頭份 五峰旗 大忠村 磚窯 金盈里 圓通寺 石牌 山林 碧湖 石碇村 坪林 小格頭 新店 景美 臺北 基隆 海洋學院 八斗子 海濱里 水湳洞 澳底 福隆 卯澳 馬崗 鶯歌石 大掘澳 石城港 桶盤村 天公廟 大里 蕃薯寮 新港 大溪
訖
剪洞　票價元　1 3 5 7 9 20 40 60 80 100 300　2 4 6 8 10 30 50 70 90 200 400
保留此票下車交回，如有遺失照章補票，中途下車作廢
日期　1 2 3 4 5 6 7 8 9 10 20 30　票價內含過橋費□　補價
旅客注意：所付票款如與所剪票價及起訖站名有不符者當面通知售票員或車站更正否則一經查出應由旅客加倍補票
△區間票正張（售票員於車上售票，交乘客持用，下車收回）

圖片來源：林栭顯，《臺灣汽車客運公司之營運沿革》，頁 70。

說明：上圖中的站名僅有車站及停車站，招呼站票價的歸入鄰近車站中計算。

公路局營運里程逐年遞增，營運路線遍及全臺，各區運輸處於轄區內陸續增設車站、停車站及招呼站，截至民國 69 年 10 月共有車站 74 處，停車站 982 處，招呼站 1,703 處，各區運輸處之營業區劃分及各站設置如下：

第一區運輸處：處址設於新店，營運路線包括臺北、基隆、桃園、新竹各縣市。設立車站有基隆站、臺北東站、臺北西站、淡水站、三重站、中壢站、桃園站、新竹站、板橋站、新店站、汐止站、中央新村站、土城站、三峽站、瑞芳站、金山站、中和站、中崙站、楊梅站、頭份站、烏來站、大溪站、中正國際機場站、松山站等 24 處，停車站 219 處，招呼站 634 處。

第二區運輸處：處址設於臺中市，營運路線包括臺中、彰化、南投、苗栗各縣市。設立車站有臺中站、埔里站、彰化站、草屯站、清水站、豐原站、沙鹿站、大甲站、北斗站、員林站、中興站、霧社站、南投站、梨山站、日月潭站、臺中南站、通霄站、苗栗站、臺中中途站等 20 處，停車站 108 處，招呼站 298 處。

　　第三區運輸處：處址設於高雄市，營運路線包括高雄、臺南、嘉義、雲林、屏東各縣市。設立車站有嘉義站、高雄北站、高雄東站、臺南站、屏東站、鳳山站、岡山站、新營站、斗六站、西螺站、斗南站等 11 處，停車站 93 處，招呼站 185 處。

　　第四區運輸處：處址設於屏東縣枋寮，營運路線包括屏東、臺東、花蓮各縣市。設立車站有臺東站、潮州站、恆春站、枋寮站、成功站、楓港站、關山站、大武站等 8 處，停車站 204 處，招呼站 316 處。

　　第五區運輸處：處址設於宜蘭縣蘇澳鎮，營運路線包括臺北、基隆、宜蘭、花蓮各縣市。設立車站有宜蘭站、羅東站、花蓮站、蘇澳站、南澳站、和平站、南方澳站、大禹嶺站、天祥站、玉里站、東澳站等 11 處，停車站 285 處，招呼站 280 處。〔註4〕

　　各區運輸處營運路線之銜接點如：第一區與第二區銜接點為頭份、第一區與第五區銜接點為坪林與巴陵、第二區與第三區銜接點為西螺、第二區與第五區銜接點為梨山、第三區與第四區銜接點為屏東市、第四區與第五區銜接點為玉里與靜浦。〔註5〕

二、歷任公路局長

　　臺灣省公路局第一任局長為華壽嵩，江蘇無錫人，交通大學交通管理系畢業，〔註6〕第二章已述華氏因有車材專長，由交通處長任顯群特聘來臺，希望能將日治時期遺留下來的老舊車輛整修，使其能投入營運。

　　第二任局長譚嶽泉（1901～1994），湖南湘潭人，武昌高師（武漢大學前身）數學系肄業，曾於浙贛、湘桂鐵路任職處長及主任秘書，抗戰期間參與滇緬鐵路與中印公路興建工程，因而結識陳誠。爾後，陳誠任第六戰區司令官兼湖北省主席，即命譚氏擔任該省建設廳長。〔註7〕陳誠於民國 38 年 1 月擔任臺灣省主席，乃電召譚氏來臺任職公路局長，借重其公路工程方面的長才，譚氏接任公路局長僅一週，公共工程局即裁撤，原公路工程部門改隸

〔註4〕胡美璜等編，《中華公路史》，下部（臺北：臺灣商務印書館，1984 年），頁 292～295。

〔註5〕臺灣省公路局，《公路局四十年》，頁 234～235。

〔註6〕龍文出版社編輯，《臺灣時人誌》，下冊，頁 127～128。

〔註7〕譚嶽泉，〈從事公路交通工作的回憶〉，《湖南文獻》，第 10 卷第 3 期（臺北：湖南同鄉會 1992 年 8 月），頁 67。

公路局。譚氏於公路局長任內大力充實公路工程人才，林則彬（1901～2003）、林家楣（1902～？）、胡美璜（1912～1999）等公路工程方面的人才即是譚氏延攬進入公路局任職。

譚嶽泉任內因國府遷臺，大批機關與軍公人士湧入臺灣，人口驟增，公路交通需求也越來越大，但當時公路局客車不足 200 輛，實不足應付業務需要。因此，譚氏一面向銀行貸款，一面爭取美援，能購車就購車，不能購車時即補充車材從修復車輛延緩車輛年限著手。另外，對於客運路線的開闢、行車班次的加強譚氏無不悉力以赴，各項業績，逐年進步。

鑑於當時公路局僅有臺北修車廠，公路局全臺需要大修車輛都必須運至臺北修車廠，因此，譚氏擴充臺北修車廠，並在高雄新增修車廠一所，擔任濁水溪以南汽車大修工作。〔註8〕且爲加強車輛保養，自民國 39 年起實施五級保養制。第一級保養：由駕駛員負責每日車輛出場前之經常檢查、安全檢查與車身清潔整理等工作。第二級保養：由各車站檢修組負責車輛潤滑及檢查、校驗與車身設備檢修等工作。第三級保養：由各運輸區保養場負責車輛各部機件之檢查、校正、修理、交換及車身各部檢修補漆等工作。第四級保養：由各運輸區保養場負責車輛各部機件詳細檢查、更換及車身全部油漆等工作。第五級保養：由修車廠負責車輛各部機件之拆卸檢查、大修、更換車身部分骨架、設備全部換修、防鏽噴漆及車身打造等工作。〔註9〕公路局因採購車種繁多，爲使駕駛員對於所開之汽車性能熟悉，愛護周全，則車輛效能可無形提高，故採一人一車制，俾使車輛維護發生極大作用。〔註10〕

公路局客運業務在譚嶽泉任內由虧轉盈，除依規定金額逐月解庫外，其餘盈餘則用於改善路面、擴充設備、增建站屋等用途。〔註11〕譚氏於民國 46 年升任交通處長，其於處長任內對公路局客運業務亦大力支持，後文再做補述。

第三任公路局長爲林則彬，福建林森人，馬尾海軍製造學校畢業，民國 9 年進入鐵路界服務，任工程司、總段長、副處長、總隊長等職 20 餘年；抗戰中協助督修中印公路，嗣任軍委會工程處長，修築機場和公路等工程，配合盟軍作戰。民國 35 年來臺任高雄港務局長，民國 38 年受譚嶽泉邀請擔任公

〔註8〕譚嶽泉，〈從事公路交通工作的回憶〉，《湖南文獻》，頁 71。

〔註9〕臺灣省公路局，《公路局四十年》，頁 264～265。

〔註10〕胡美璜等編，《中華公路史》，下部，頁 48。

〔註11〕譚嶽泉，〈從事公路交通工作的回憶〉，《湖南文獻》，頁 71。

路局副局長兼總工程師。〔註 12〕林氏任職期間最大的治績就是推行觀光措施、中部橫貫公路通車與金馬號對號快車開駛等，推行觀光方面，首創與航空公司合作，在例假日辦理臺北至天祥的「陸空聯運」遊覽之外，平時也開設臺北至石門水庫及高雄至鵝鑾鼻的遊覽專車，〔註 13〕甚至金馬號對號快車也是為了推行觀光與使旅客舒適而創辦。林氏因築中部橫貫公路有功，獲總統頒發五等景星勳章，〔註 14〕且任內每年載客人數、延人里程數及營收均增加 10%以上。〔註 15〕公路局客運業務在歷經華壽嵩篳路藍縷的經營，及譚嶽泉、林則彬的強力發展，達成為民服務與充實省庫的使命。其後公路局歷任局長如表 3-1-1。

表 3-1-1　臺灣省公路局歷任公路局長一覽表（客運業務時期）

姓　　名	省　籍	任職年月 （民國）	任職前職務	任職後職務
華壽嵩	江蘇	35.8〜38.3	交通部材料司長	交通處副處長
譚嶽泉	湖南	38.3〜46.11	湖北省建設廳長	交通處長
林則彬	福建	46.11〜55.5	公路局副局長	鐵路局長
陳聲簧	湖南	55.5〜55.6	交通處長	交通處長
林家樞	福建	55.6〜58.4	公路局副局長	退休
李錫煜	山東	58.4〜63.5	陸軍供應部中將副司令	退休
常撫生	湖北	63.5〜67.1	聯勤中將副司令	交通處長
胡美璜	江西	67.1〜71.9	高速公路工程局長	退休

資料來源：整理自胡美璜等編，《中華公路史》，下部（臺北：臺灣商務印書館，1984年），頁 78；〈林則彬繼掌公路局　莫衡專任鐵路局長〉，《聯合報》，1957年 11 月 21 日，版 3；〈公路局長　明日交接〉，《聯合報》，1966 年 6 月29 日，版 2；〈臺省公路局長　由李錫煜接任〉，《聯合報》，1969 年 3 月9 日，版 2；〈常撫生接任　省公路局長〉，《聯合報》，1974 年 4 月 30 日，版 2；〈新任公路局長　胡美璜就職〉，《經濟日報》，1978 年 1 月 9 日，版 2。

〔註 12〕〈林則彬繼掌公路局　莫衡專任鐵路局長〉，《聯合報》。
〔註 13〕臺灣省議會祕書處，《臺灣省議會公報》，第 12 卷 5、6 期（臺中縣霧峰鄉：臺灣省議會祕書處，1964 年），頁 250。
〔註 14〕〈公路局長林則彬興建公路有功將獲景星勳章〉，《民聲日報》，1960 年 11 月20 日，版 3。
〔註 15〕臺灣省議會祕書處，《臺灣省議會公報》，第 14 卷 9 期（臺中縣霧峰鄉：臺灣省議會祕書處，1965 年），頁 256。

　　分析表 3-1-1，在公路局負責客運業務 30 年又 2 個月的時間內僅更換 8 任公路局長，除陳聲簧（1906～1988）係交通處長兼公路局長僅 1 個月外，華壽嵩任期 2 年 7 個月為最短，譚嶽泉任期 8 年 8 個月為最長，林則彬任期為 8 年 6 個月次之，譚林兩位的任期即佔公路局負責客運業務的時間一半以上，使公路局業務推廣較平穩，不致政策頻頻因人更動。

　　再者，從局長的背景來分析，華壽嵩為交通大學畢業，專長為運輸管理背景，來臺前即在交通部任材料司長。譚嶽泉、林則彬在大陸有任職鐵路部門及修築公路背景，林則彬在臺原任高雄港務局長，因與譚嶽泉曾一同任職於福建省鐵路局，故應譚嶽泉之邀出任公路局副局長兼總工程司。

　　林家楸為交通大學土木科畢業，在大陸時期曾任職浙贛、湘桂等鐵路公路總段長、軍事委員會工程處長，來臺後因曾與譚嶽泉為浙贛、湘桂鐵路的同事亦被延攬至公路局任主任秘書兼副總工程司，〔註 16〕其公路局長任內為提升客運服務效能每年舉辦服務競賽、交通安全競賽，績優給予獎勵，劣者則給予議處。並成立運輸督導組，由局派員每月不定期至各車站督導考核以提高車站人員服務精神。〔註 17〕

　　胡美璜為中央大學土木科畢業，原任職江西省公路局總工程司，民國 38 年帶領江西公路局數十人輾轉來臺，因臺灣省公路局剛接辦公共工程局業務，交通部長俞大維（1897～1993）因而將這批人推薦給公路局譚嶽泉，譚嶽泉毫不遲疑的接納所有原江西公路局人員，胡美璜原欲投靠其中央大學的教授楊家瑜（時任臺灣省建設廳長），於建設廳當技正，譚嶽泉堅持要胡美璜到公路局，還買一棟房子給胡美璜當宿舍。胡氏因而擔任公路局副總工程司一職 20 年，於民國 59 年出任高速公路工程局長，在高速高路通車前夕，調回公路局任局長，在其任內完成公路局客運業務劃分成立臺汽公司。〔註 18〕

　　李錫煜（1913～？）與常撫生（1916～？）兩位雖是退役將領轉任公路局長，但李錫煜曾任補給分區司令、國防部第四廳副廳長及運輸署長、陸軍供應司令部中將副司令等職，〔註 19〕可說與交通不無關係。其任內最大政績為創辦金龍號對號快車，亦是公路局使用冷氣客車，行駛班車的開始。以及

〔註 16〕〈公路局長　明日交接〉，《聯合報》。
〔註 17〕臺灣省議會秘書處，《臺灣省議會第四屆第二次定期大會議事錄》，第二冊（臺中縣霧峰鄉：臺灣省議會秘書處，1968 年），頁 1492。
〔註 18〕臺灣省公路局，《公路局四十年》，頁 2～7。
〔註 19〕〈臺省公路局長　由李錫煜接任〉，《聯合報》。

推動 4 年（民國 62 年至 65 年）購車計畫，預計購買 1,300 輛客車，其任內已購 620 輛客車。〔註 20〕

　　而常撫生是交通大學航空工程學士、美國密西根大學工程學碩士，曾任空軍供應部司令、聯勤總部空軍中將副總司令等職，〔註 21〕與交通亦有密切相關。其任內繼續推動 4 年購車計畫，且將部分一般公路路權開放給民營客運，俾使將營運主力移至高速公路客運，將於後文詳述。

　　公路局長的選擇，透過以上分析可知主要考量點在於有沒有交通相關背景，做到用人唯才。其次，可以看出退役將領轉職交通首長頗為常見，除了公路局長外，歷任交通處長出身軍職的有陸軍供應部司令的陳聲簧、運輸司令的陳來甲、聯勤副總司令的常撫生、陸軍師長的魏巍和陸軍供應司令部副司令林思聰。再者，由省籍方面看出歷任公路局長沒有臺籍人士出任。還有一個現象值得討論，華壽嵩原為交通部材料司長卻來臺擔任公路局長，譚嶽泉原本為湖北省建設廳長來臺擔任公路局長，林則彬為原高雄港務局長之後擔任公路局副局長，胡美璜原為江西省公路局總工程司來臺擔任公路局副總工程司，這些身負專長者均是受故舊的人情請託來臺灣省公路局任職，在國民政府遷臺的混亂時代或許能以自身專長續任公職已是幸運；又或許誠如譚嶽泉所說：「一般人的看法，我做過廳長來幹局長，似乎委屈一點。當此國家危難局勢緊急的時候，我既為做事而來，義無反顧，只有勉力以赴了。」〔註 22〕

　　戰後，政府衡量臺灣情勢，由於社會經濟尚在起步階段，而兩岸對峙，基於國防需要，重要公路路線的客運必須收歸公營。或許這樣的歷史背景造成交通部門有很強烈的軍方色彩，上述的交通處長與公路局長多人出身軍方體系，公路局的維修保養五級系統與軍方如出一轍，〔註 23〕但軍方車輛有些涉及國防機密，自行維修保養無可厚非。公路局的車輛各年標購廠牌不一，

〔註 20〕臺灣省議會祕書處，《臺灣省議會公報》，第 32 卷 7 期（臺中縣霧峰鄉：臺灣省議會祕書處，1975 年），頁 300。

〔註 21〕〈常撫生接任　省公路局長〉，《聯合報》。

〔註 22〕譚嶽泉，〈從事公路交通工作的回憶〉，《湖南文獻》，頁 68。

〔註 23〕軍中的裝備保養可區分成三段五級。三段分別為「單位保養」、「野戰保養」與「基地保養」；五級則是一般連隊進行的所謂「一級保養」，直屬營級單位可以進行「二級保養」，三級保養則需進入師級（精實案後已廢除）保修廠，四級保養在軍團保修廠進行，五級保養屬於基地（兵整中心）保養。資料來源：〈國軍裝備保養修護辦法〉第 3～7 條。

車種品牌複雜，勢必會造成維修上的困難。前述一人一車制即是爲了配合車種繁多，而做的措施，此外，爲了配合車輛維修公路局更必須召募許多維修技工，就公路局基層保養班爲例，每六輛車配一保養班，每班包括工頭1人、技工2人、技助1人及藝徒1人，共5人，〔註24〕省營公路客運最盛時有各式營業車輛3,600輛，編制需要有技術類職工6千人以上。再者，票證所僅印製各項營運票證報表，公路局爲此雇用員工、設置廠房、添購機器設備，都算是長期開銷，其實將四、五級保養及票證委外應該比較符合經濟。這種自行承包相關業務上下游工作的概念亦是來自軍方體系，造成公路局不僅組織龐大，員工日益增多，其歷年員工數如表3-1-2，人事成本亦節節高升，將在臺汽公司時期嘗到惡果。

表3-1-2　民國35年至68年公路局員工人數一覽表

年度（民國）	職員	職工（含警佐）	合計
35	344	623	967
36	756	1184	1940
37	778	1154	1932
38	1103	1491	2594
39	1283	2056	3330
40	1370	2259	3629
41	1549	4467	6016
42	1663	4365	6028
43	1728	4168	5896
44	1968	5617	7585
45	2504	6184	8688
50	2917	9001	11918
55	2943	10705	13956
60	3251	11808	15059
61	3224	11777	15001
62	3141	11855	14996
63	3138	12329	15467
64	3202	12886	16088
65	3302	13564	16866

〔註24〕胡美璜等編，《中華公路史》，下部，頁48。

66	3300	14075	17375
67	3284	14372	17656
68	3379	14909	18288

單位：人

資料來源：公路局，《民國 69 年臺灣省公路統計年報》，頁 2〜3。

第二節　公路局的業務擴張

一、初期客運營運狀況（民 35 年至 36 年）

民國 36 年因陸續接收民營客運、新車購進且加強公路橋梁修復，使得公營客運路線及運量大幅提升，茲將各段分別摘述：

（一）臺北段

公路局於民國 35 年 9 月間，接收鐵路管理委員會汽車處臺北汽車區，乃於 9 月 26 日首先恢復臺北基隆、臺北淡水、臺北新北投、臺北中壢、臺北新莊等線客運，營業里程計 93.3 公里。民國 35 年 12 月增闢臺北蘇澳、臺北塔寮坑（龜山）、臺北新竹、中壢新竹等線，至此臺北幹線交通，業已全部暢通，營業里程增至 237 公里。民國 36 年 3 月接收臺北近郊公司，開辦深坑、新店、成子寮（五股）、鷺洲（蘆洲）、新莊、草山（陽明山）、三峽、板橋等線。同時，因 228 事件警備總部懷疑民眾以公車載運武器，而命公路局接辦基隆與臺北市區公車業務，〔註25〕至 6 月奉命交還各該市府經營。同年 6 月 1 日又接辦基隆交通公司之基隆金山、基隆瑞芳、瑞芳金瓜石、金山淡水、石門、小基隆等線，至民國 36 年 12 月營業里程增至 276.7 公里，平均每日行駛 10,538.1 車公里，並規畫特快車、直達快車、夜班車業務。〔註26〕

（二）臺中段

公路局接收臺中汽車區之始，本段僅有臺中至豐原、臺中至彰化兩線，營業里程為 33.1 公里。民國 35 年 10 月間就原有路線，增加班次，並撥車開闢苑裡至彰化、彰化至員林兩線班車。12 月 1 日起增開員林二水班車。為便

〔註25〕「公路局接收臺北等市區公共汽車案」，〈公路局人員任免〉，《行政長官公署檔案》，國史館臺灣文獻館藏，典藏號：00303234038139，1947 年。
〔註26〕臺灣省公路局編，《一年來之臺灣公路交通》，頁 12。

利各界人士遊覽名勝起見，開辦假日臺中至日月潭遊覽車。民國 35 年 12 月底，臺中段營業里程增至 194.1 公里，平均每日行駛 1,150.6 車公里。民國 36 年 1 月起開闢新竹經苑裡至大甲一線，以貫通中部北部交通，至此中部幹線除二水至嘉義尚待洽購路權，未能通車外，其餘皆已暢通。民國 36 年 4 月接收臺灣交通株式會社，開辦臺中經梧棲至清水、臺中埔里、水里埔里、埔里霧社、臺中西屯、臺中南屯等線。至 12 月份止，營業里程計達 248.6 公里，平均每日行駛 4,188.9 車公里。〔註 27〕

（三）高雄段

本段設立之始，僅有高雄鳳山、高雄屏東兩線通車，營業里程僅 25.5 公里。民國 35 年 12 月開闢臺南高雄直達車，民國 36 年元旦開闢嘉義至臺南路線，同年 2 月增開高雄至楠梓區間。因 228 事件，3 月 24 日本段奉令接辦高雄市區公共汽車，〔註 28〕本段積極增加行車次數，每日市區行駛達 208 次（車次），5 月 10 日起開辦臺南市區公共汽車。6 月高雄市區公共汽車奉命交還市政府接辦。至民國 36 年 12 月本段營業里程為 105.9 公里，平均每日行駛 2,964.2 車公里。〔註 29〕

（四）枋寮段

公路局接收本段之初僅有林邊至枋寮、林邊至恆春兩線，營業里程為 59.5 公里，民國 35 年 10 月撥配新車增開林邊至東港、林邊至臺東兩線，營業里程增至 178.5 公里。12 月增開高雄臺東直達車，可與鐵道夜快車高雄到達時刻相銜接，使臺北至臺東行旅，能於 24 小時內到達。該月本段另開設潮州屏東、林邊屏東、恆春滿洲、恆春四重溪、恆春鵝鑾鼻等線。民國 36 年元月增開臺東新港、新港長濱、新港樟原等區間車。三月份受 228 事件影響，本段各線多陷入停頓，4 月份始恢復常態。6 月份潮州經新埤至枋寮、潮州至萬巒兩線通車，至民國 36 年 12 月本段營業里程達 367 公里，平均每日行駛 2,787 車公里，本段另開辦高雄經四重溪至鵝鑾鼻周末遊覽車。〔註 30〕

〔註 27〕 臺灣省公路局編，《一年來之臺灣公路交通》，頁 13。
〔註 28〕 「公路局接收臺北等市區公共汽車案」，〈公路局人員任免〉，《行政長官公署檔案》，國史館臺灣文獻館藏。
〔註 29〕 臺灣省公路局編，《一年來之臺灣公路交通》，頁 13。
〔註 30〕 臺灣省公路局編，《一年來之臺灣公路交通》，頁 13。

（五）花蘇段

民國 35 年 8 月公路局成立時，本段僅有花蓮港至新城、蘇澳至南澳兩線，營業里程計 55.4 公里。蘇花公路迭遭颱風肆虐，破壞甚鉅，至民國 35 年 12 月部分蘇花公路搶修完工，即行調撥新車，開始花蓮港至蘇澳直達車，與蘇澳臺北客車相銜接，惟大濁水溪橋遭颱風毀壞，短期無法修護，故蘇花客車須在大濁水溪（和平溪）兩岸換車接駁。民國 36 年元月增開花蓮港初音銅門線，4 月間大濁水溪橋修復，蘇花客車可以直達。4 月 12 日起，本段接收蘭陽乘合株式會社，接辦宜蘭至上深溝、宜蘭至頭城、宜蘭至內員山、宜蘭至羅東、羅東至南方澳、羅東至天送埤、羅東至猴猴各線。至民國 36 年 12 月止計本段營業里程 306.1 公里，平均每日行駛 3,416 車公里。〔註 31〕

表 3-2-1　戰後初期公路局客運業務統計比較表

時　間	營業里程（公里）	班車行駛里程（公里）	旅客人數（人）
日治時期最盛昭和 17 年每月平均	769.2	280,923.9	663,549
民國 34 年 11 月	374.3	54,621.8	42,365
民國 35 年 8 月	297.5	37,304.4	47,376
民國 35 年 9 月	367.1	37,752.8	59,173
民國 35 年 10 月	393.0	132,033.2	135,216
民國 35 年 11 月	439.2	222,545.6	136,317
民國 35 年 12 月	869.2	304,700.4	391,846
民國 36 年 1 月	1,111.1	412,269.7	563,478
民國 36 年 2 月	1,190.3	408,889.2	622,469
民國 36 年 3 月	1,280.4	231,898.1	347,514
民國 36 年 4 月	1,467.9	534,426.2	1,020,441
民國 36 年 5 月	1,452.0	670,303.3	1,286,374
民國 36 年 6 月	1,530.2	641,226.7	1,228,909
民國 36 年 7 月	1,529.5	737,246.9	1,140,208
民國 36 年 8 月	1,531.1	763,180.1	1,167,429
民國 36 年 9 月	1,574.7	742,799.4	1,305,432

〔註 31〕臺灣省公路局編，《一年來之臺灣公路交通》，頁 13。

民國 36 年 10 月	1,610.9	772,927.3	1,478,749
民國 36 年 11 月	1,549.5	734,675.7	1,482,159
民國 36 年 12 月	1,269.9	698,781.4	1,142,499

資料來源：胡美璜等編，《中華公路史》，下部，頁 22～28。

　　根據表 3-2-1 臺灣在日治時期公營客運最盛時期，營業里程 769.2 公里，每月平均行駛 28 萬車公里，由於戰時有些道路橋樑遭破壞，且汽油、輪胎及車材料件取得困難，公民營運輸業遭到嚴重影響，公路交通幾陷停頓。民國 34 年 11 月汽車處接收之初公營客運營業里程各段總計僅有 374.3 公里，每月平均行駛 54,621.8 車公里。至公路局成立時，公營公路客運營業里程與每月平均里程都少於戰爭結束時，因此，汽車處對於客運業務可說是甚無建樹，但乘車人數卻未見減少，由此可知，當時民眾對於交通運輸的強烈需求。

　　公路局成立後，一面修舊車，一面撥配新車加強各線班次，由表 3-1-2 可知至民國 35 年 12 月各段營業里程已達到 869.2 公里，每月平均行駛 30 萬車公里，就營業里程而言，已超過日治時期最高紀錄。但就旅客人數而言，民國 35 年 8 月至 12 月每月平均旅客人數為 153,986 人，較之昭和 17 年每月平均旅客人數 663,549 人，僅為其四分之一，公路局的運輸能力仍無法滿足大眾所需。亦可由各汽車段每日班車行駛里程得知，臺北段行車班次最為密集，公路局的資源分配相較之下集中臺北地區。

　　表 3-2-1 顯示，受到 228 事件影響，民國 36 年 3 月份公路局客運班車行駛里程與旅客人數均大為萎縮，但該年 4 月公路局客運業務即恢復正常，旅客人數突破百萬。民國 36 年 7 至 11 月，雖奉命將臺北、基隆、高雄三市區公車交還各該市府經營，而公路局客運業務成績繼續增加，已超出日治時期局營巴士最盛時成績兩倍以上。民國 36 年 12 月公路局奉命停駛與鐵路平行之路線，故客運營業里程較之上月減少 279.6 公里，惟旋因地方人士要求，又先後恢復一部分平行路線。〔註32〕

二、業務擴張階段（民國 37 年至 69 年）

　　隨著臺灣經濟日益發展，公路路線新增、拓寬、改善亦隨之提高，行旅需求亦逐年增加，公路局配合情勢增駛各線班車，營業里程與營業車輛，旅

〔註32〕胡美璜等編，《中華公路史》，下部，頁 33。

客人數均大幅成長，詳細情形如表 3-2-2。

表 3-2-2　民國 37 年至 69 年公路局客運業務統計表

時間 （民國）	營業車 輛（輛）	營業里程 （公里）	旅客人數 （千人）	延人公里 （千人公里）	客運收入 （千元）	盈虧 （千元）
37	274	1,134.6	12,207	166,546	4,768,475	-5,401
38	350	1,208.9	14,827	200,249	6,122	27
39	346	1,504.4	15,680	204,927	27,294	3,099
40	381	1,563.3	22,165	313,247	47,831	4,956
45	677	1,943.7	86,387	1,310,062	209,008	17,386
50	1,110	2,813.5	137,937	2,074,897	463,130	65,791
55	1,496	3,028.8	203,221	3,032,523	682,768	72,284
60	2,012	2,985.3	259,664	3,926,045	1,075,242	115,114
61	1,890	3,091.0	285,568	4,336,131	1,195,182	52,437
62	1,894	3,148.9	308,952	4,999,389	1,355,879	164,803
63	2,082	3,126.6	331,365	5,631,381	1,925,856	201,185
64	2,336	3,104.2	339,731	5,967,053	2,107,384	271,935
65	2,475	3,138.4	350,028	6,664,245	2,403,039	266,997
66	2,565	3,070.7	343,707	7,206,062	2,673,476	230,954
67	2,584	3,059.8	352,642	7,931,887	3,161,264	217,112
68	2,757	3,023.2	343,776	8,843,308	4,469,010	491,626
69	2,860	3,109.9	322,025	9,733,851	6,220,641	668,261

資料來源：公路局，《民國 69 年公路統計年報》，1981 年。
說明：1. 民國 37 年為舊臺幣。2. 民國 61 年盈虧僅為 1～6 月份。3. 延人公里係指在
　　　某一特定期間內，公路客運班車運送旅客之運程總和，即旅客人數與其運程乘
　　　積之和

　　由表 3-2-2 可知公路局客運業務營業里程自民國 55 年後大致維持 3 千公
里，旅客人數成長至民國 67 年達到 3 億 5 千萬人次的高峰，而後逐漸下降，
由旅客人數下降而延人公里數卻不斷上升來看，公路局此時將營運策略由短
程運輸轉為長途運輸，與高速公路通車有關。再者，民國 63 年公路局將次
要路線的路權釋放給民營客運業者經營，釋出的路線因補進高速公路路線，
在整體營業里程中無法顯示出來。也由於高速公路通車，公路局客運業務盈
餘於民國 67 年後呈現大幅攀升。

三、戰後臺灣的公路概況

　　戰後初期臺灣西部平原之公路交通以縱貫公路為主要動脈，因西螺大橋尚未完工（日治時期僅完成橋墩），南北交通受阻於濁水溪，須繞道 40 公里至草屯、集集、斗南等三角地帶方可過濁水溪，交通甚為不便。當時雖然臺灣所有道路里程高達 1 萬 7 千多公里，但受到第二次世界大戰的破壞及實際路幅的限制，勉強可通行汽車者，實際僅約 7 千餘公里，且環島陸上交通，須賴鐵公路相互接駁。茲將戰後臺灣重要公路及橋樑闢建分述如下：

　　（一）西螺大橋：西螺大橋（日治時期稱之為濁水溪大橋）在昭和 13 年（1938）正式動工興建，昭和 15 年（1940）完成 32 座橋墩工程。戰爭爆發後日本急於搜集鋼鐵材料投入戰場，鋼鐵使用受到嚴格管制，50 噸以上的鐵材使用都必需取得特殊的工事許可，橋面工程所需鋼鐵在缺乏建材的情況下，使得後半段的架橋工程全面停工。〔註 33〕戰後，美國杜魯門（1884～1972）總統促成美眾議院通過援助鋼樑及運費共 149.2 萬美元，再由安全分署撥款工程費計新臺幣 1,400 萬元，其中 310 萬元由省府撥付。民國 41 年 5 月復工，民國 42 年 1 月竣工落成通車，西螺大橋北起彰化縣溪州鄉，南迄雲林縣西螺鎮，採華倫氏穿式設計，全長 1939.03 公尺，寬 7.32 公尺，共 31 個孔架，是臺灣南北運輸的交通樞紐。主供行人、汽車通行，左側還設有臺糖鐵道，當時號稱遠東第一長橋，全世界亦僅次於美國的金門大橋。〔註 34〕

　　（二）中部橫貫公路：原名東西橫貫公路，開工於民國 45 年 7 月 7 日，歷經 3 年 9 個月又 18 天，於民國 49 年 5 月 9 日正式完工通車，工程由臺灣省公路局下設「橫貫公路工程總處」專責辦理，總工程費用達 4 億 3 千餘萬元。當時參與工程建設的除了榮民工程總隊為主外，並包括陸軍步兵、軍事監犯、職訓總隊、暑期學生戰鬥訓練之青年工程隊及各公民營廠商等。中部橫貫公路路線分為主線、支線及供應線，主線由東勢經梨山、大禹嶺，再沿立霧溪經關原、慈恩、洛韶、天祥而至太魯閣，全長 190.83 公里，編定為臺8 線公路；支線由梨山北行經武陵而至宜蘭，全長 111.7 公里，編定為臺 7

〔註 33〕蘭文里，〈西螺大橋的故事〉提供單位：中央研究院　數位典藏計畫　出處：中央研究，http://digiarch.sinica.edu.tw/content/subject/resource_content.jsp?oid =16777581　2016 年 4 月 10 日。

〔註 34〕王彥彭，〈我交通建設史輝煌的一頁西螺大橋今通車陳揆揆剪綵吳主席主持盛典彰化豐原間高級路面同舉行通車禮〉，《聯合報》，1953 年 1 月 28 日，版 1。

甲線公路；供應線則由霧社經鳶峰、昆陽接大禹嶺與臺 8 線相接，全長 41.719 公里，編定爲臺 14 甲線公路。中部橫貫公路的完工通車，就道路功能而言，縮短臺灣東西部的運輸路程，同時由於道路的暢通，使中部橫貫公路兼具經濟、國防及觀光等多項意義。〔註 35〕

（三）北部橫貫公路（臺 7 線）：開工於民國 52 年 5 月 1 日，民國 55 年 5 月 28 日正式完工通車，工程歷時三年，耗資新臺幣 7,500 萬元。北部橫貫公路是從桃園縣的復興鄉開始，經一高坡、榮華、萱源、亞村等地而到宜蘭縣棲蘭山，全長 71 公里。該項工程完成後，不但使臺灣北部東西交通完全銜接，而且，該公路沿途森林、礦產甚豐，對北部地區的經濟開發價值頗大。〔註 36〕

（四）南部橫貫公路（臺 20 線）：自中部及北部橫貫公路開通後，臺灣東西間交通已稱便利，但嘉南平原以南之東西向交通仍須迂迴繞道經枋寮、楓港、大武等地始能抵達臺東，因此，有興建南部橫貫公路的必要。本路於民國 57 年 7 月開工，民國 61 年 10 月完成通車，使用經費爲 4 億 9 仟 8 佰多萬元。全長 182.6 公里，西起臺南縣玉井鄉，經高雄縣境的甲仙、寶來、桃源、復興、梅山，跨越大關山埡口，至臺東縣戒茂斯、利稻、霧鹿、嘉寶、新武呂，迄東部海端，與花東公路啣接。〔註 37〕

（五）尖豐公路（臺 13 線）：民國 48 年 4 月動工，民國 50 年 3 月正式通車，總工程費用新臺幣 4,500 萬元。公路局爲了疏導西部幹線交通量的擁擠，配合中部公路線輸運上的需要所興築的一條新公路，北端由尖山開始經苗栗、銅鑼、后里至豐原，全長 57 公里，完工後，由臺北沿西部幹線經尖山豐原至臺中，較原先尖山南王田至臺中計縮短 25 公里之多，不但交通便利，繁榮鄉鎮，且每年可節省汽油千餘萬元臺幣。〔註 38〕

〔註 35〕〈臺 8 線中橫公路簡介〉提供單位：公路總局第四區養護工程處網站 http://thbu4.thb.gov.tw/tour_w/main_03_10.htm 2017 年 4 月 10 日。
〔註 36〕〈胼手胝足‧斬荊披棘 北部橫貫公路通車〉，《聯合報》，1966 年 5 月 28 日，版 2。
〔註 37〕胡泉寅，〈南橫公路通車〉，《經濟日報》，1972 年 11 月 1 日，版 2。
〔註 38〕〈尖豐公路昨日破土興工 衛院新廈落成十班坑公路通車〉，《聯合報》，1959 年 4 月 12 日，版 3。

圖 3-2-1　臺 13 線尖豐公路

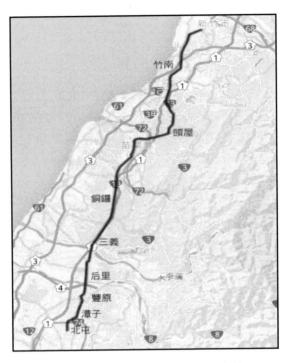

資料來源：筆者以 Google Map 自繪

（六）西部幹線（臺 1 線）改善工程：臺 1 線為日治時期之縱貫道，自臺北經桃園、新竹、彰化、嘉義、臺南、高雄等大都市，向南經屏東而達楓港，全長 455.5 公里。[註39] 而在民國 41 年以前，只有基隆到桃園與臺南到高雄兩個路段有混凝土或瀝青路面，其餘路段仍是碎石路段，民國 41 年到民國 42 年間，則進行改善工程，在桃園到臺南之間鋪設灌入式瀝青路面，並部分整修路基。民國 50 年由美援贈與或貸款補助開始執行臺 1 線道路及橋樑擴寬及加建慢車道工程，至民國 62 年大致完成。因交通量與日俱增，西部幹線擁擠不堪，民國 59 年前後再進行全線四線道拓寬工程，至民國 88 年完工。[註40]

（七）東部幹線（臺 9 線）改善工程：臺 9 線為貫穿臺灣東部之交通幹道，全長 506.5 公里。路線起自臺北市，經宜蘭、蘇澳、花蓮、臺東而達屏東縣楓港與西部幹線相連，構成環島公路網。臺北蘇澳間公路由於有宜蘭線鐵

〔註39〕臺灣省交通處，《臺灣省交通建設》，頁232。
〔註40〕〈尖豐公路昨日破土興工　衛院新廈落成十班坑公路通車〉，《聯合報》。

路，因此運輸量不大，戰前戰後均少受重視，故多便橋便道，遇雨即易阻斷交通。民國 58 年起改善彎道及坡度、改建永久性橋梁、拓寬路基、鋪設瀝青路面，於民國 60 年完成。〔註41〕蘇花公路在北迴鐵路通車前為通往東部唯一孔道，因路線傍山臨海，天候及地質均不佳，原為單車道之碎石道路，南下北上車輛均需在各管制站依管制規定放行，從北往南設有蘇澳、東澳、南澳、谷風、和平和崇德共六處管制站。民國 69 年開始改善工程，包括全線永久性橋梁改建、隧道加寬或重建、改善彎道、逐步拓寬為雙車道，到民國 77 年才開放雙線通車。〔註42〕花東縱谷線於民國 47 年起實施永久性橋梁改建或新設、鋪設瀝青路面、拓寬為雙車道，至民國 76 年全部完工。臺東楓港線沿線地質不良，工程品質甚低，戰後僅可勉為通車。民國 54 年開始全面改善，包括拓寬為雙車道、永久性橋梁改建或新設、鋪設瀝青路面，民國 72 年全部完工。〔註43〕

（八）麥克阿瑟公路（麥帥公路）：於民國 51 年 5 月正式開工，一開始的名稱叫作北基二路，後來又改名北基新路，最後以紀念美國二戰名將道格拉斯‧麥克阿瑟將軍命名為麥克阿瑟公路。該公路從臺北市南京東路羽毛球場（今臺北體育館）開始，經由正氣橋跨越基隆河後，經過內湖、汐止、五堵、六堵、七堵、八堵，迄於基隆市孝二路、忠四路口，全長約 23 公里。興建麥帥公路的用意係為紓解臺北－基隆間交通，並為提升作戰所需，決定比照國外高速公路形式，設計為封閉式的汽車專用公路。該公路是在美援協助之下完成，建設經費共計新臺幣 2 億 6 千多萬元，施工兩年，於民國 53 年 5 月 2 日完工通車，〔註44〕隨後由於十大建設的推動，麥帥公路被劃入中山高速公路的北基段路線。

（九）中山高速公路（國道 1 號）：臺灣地區受中央山脈阻隔，東西兩面社會經濟差距甚大，西部工業佔全臺九成以上，人口佔全臺八成以上，〔註45〕人口與貨物運輸使得臺 1 線省道負荷日益沉重，且沿線房屋林立，拆遷拓寬極為困難，上述四線道擴寬工程竟達 30 年之久，且拓寬後所能提供之交通容量仍十分有限，因此，政府才決定興建貫穿西部的高速公路。中山高速公路

〔註41〕〈省公路局訂定計畫整體改善東部交通〉，《聯合報》，1970 年 11 月 2 日，版 1。
〔註42〕〈蘇花公路行車管制七十七年全面解除〉，《聯合報》，1984 年 3 月 4 日，版 5。
〔註43〕臺灣省公路局，《公路局四十年》，頁 50。
〔註44〕臺灣省政府交通處，《臺灣交通回顧與展望》，頁 172。
〔註45〕臺灣省公路局，《公路局四十年》，頁 21。

－57－

於民國 60 年 8 月 14 日正式動工，民國 63 年起高速公路分段通車，其各段通車後，公路局亦隨即派車行駛（如表 3-2-3）。民國 67 年 10 月 31 日全線（基隆－高雄）通車。中山高速公路北起基隆市，南抵高雄市，全長 373.2 公里，沿途經過新北市、臺北市、桃園縣、新竹縣、新竹市、苗栗縣、臺中市、彰化縣、雲林縣、嘉義縣、嘉義市、臺南市，最後止於高雄市中山路、漁港路口。〔註 46〕

表 3-2-3　中山高速公路分段通車公路局班車行經表

完工地段	時間（民國）	經 由 該 段 行 駛 班 車
三重－中壢	63 年 7 月	臺北至新竹、臺北至臺中金馬號
中壢－楊梅	64 年 12 月	臺北至新竹、臺北至臺中金龍號、金馬號
基隆－內湖	66 年 7 月	臺北至基隆金馬號
臺南－鳳山	66 年 12 月	高雄至臺中中興號
楊梅－新竹	66 年 12 月	臺北至新竹、臺北至臺中中興號、金馬號

資料來源：公路局《公路局四十年》，頁 241。

　　戰後臺灣公路建設因臺灣東西產業發展不均衡及西部交通流量大增，著重於東西向橫貫公路，以及西部幹線的拓寬改善工程，茲因經濟越發達，車輛增加速度越快，民國 43 年至 51 年 8 年間交通量增加一倍，民國 51 年至 56 年僅 5 年交通量又增加一倍，〔註 47〕交通量倍增的時間越來越短，導致西部主要縱貫道路的交通量不足，無法配合國家政策與產業發展，故興建南北高速公路，一則紓解西部縱貫幹線的交通，一則更加促進南北交通的便捷。截至民國 90 年底，全臺國道有 739 公里、省道 4,515 公里、縣道 3,401 公里、鄉道 11,630 公里、專用道路 390 公里、市區道路 15,791 公里，合計 36,466 公里（含澎湖縣）。〔註 48〕

第三節　省營公路客運之車種

　　省公路局經營公路運輸業務，分為客運與貨運兩種，民國 38 年 4 月因大陸撤退來臺物資眾多，港口堆積如山，因此，公路局奉命開辦貨運業務，

〔註 46〕〈南北高速公路　今全線通車〉，《民生報》，1978 年 10 月 31 日，版 6。
〔註 47〕臺灣省公路局，《公路局四十年》，頁 21。
〔註 48〕交通部，《中華民國 90 年交通統計要覽》（臺北：交通部，2001 年），頁 244。

由省政府撥交萬國牌（INTERNATIONAL）卡車 100 輛，承運軍公物資，有餘力則兼運民間商品，至民國 40 年 9 月停辦。〔註49〕故公路局公路運輸業務以客運為主。而公路局為適應行旅需要，辦理公路客運以定線定時客運班車為主要業務，並兼辦遊覽車計時包車業務與行李運送、車廂廣告及郵件運送等附屬業務。客運班車車種為符合社會大眾需求分為普通車與直達車、金馬號對號快車、金龍號對號快車、中興號對號快車及國光號對號快車。

一、普通班車與直達班車

公路局開辦之初僅有普通班車與直達班車兩種，其業務分述如下，普通班車：行車路線上無論車站、停車站或招呼站均有停靠並上下旅客，班車派有隨車售票員，旅客可在車站或車票代售處先行購票，亦可上車後再行購票。乘客多為短程旅客、定期通勤人員及通學學生，因每站皆停，故行車時間較久。〔註50〕直達班車：使用車輛與普通班車相同，但行車路線上僅停靠旅客較多之停車站或招呼站，大多數班車不派隨車售票員，故旅客必須先行購票。直達車行車時間較普通車短，乘客多為主要站間往返之中距離商務旅客。〔註51〕其實，普通班車與直達班車兩者之間除行車時間不同外，使用車種、行車路線甚至票價計算方式都是一樣。

公路局接收自汽車處及民營客運公司之車輛均係逾齡破爛舊車，即使全力拼湊趕修，仍不足以應付全省交通之需。民國 35 年至 36 年間，公路局貸款購得福特汽油引擎 SCHOOL BUS 底盤 224 輛，除 38 輛由美國打造鋁質流線型車身外，其餘均由臺灣汽車公司打造烏心石木質車身。〔註52〕本款車屬於中型大客車，〔註53〕公路局初期營運即靠福特 SCHOOL BUS 奠下根基，而後期逐漸進駐偏遠地區作為預備車輛，一直行駛至 1960 年代初期才退出公路局車隊。

〔註49〕〈省市簡訊〉，《聯合報》，1951 年 10 月 02 日，版 3。
〔註50〕臺灣省公路局，《公路局四十年》，頁 247。
〔註51〕臺灣省公路局，《公路局四十年》，頁 247。
〔註52〕陳雲林編，《館藏民國臺灣史料匯編》，第 249 冊，頁 35。
〔註53〕車體長度 4.7 公尺～7.19 公尺為小型大客車，7.2 公尺～9.69 公尺為中型大客車，9.7 公尺～12.2 公尺為大型大客車。

圖 3-3-1　戰後五十鈴木造客車

圖片來源：運輸檔案，http://atc.archives.gov.tw/transportation/images/3-23/
B03.jpg.html　2017 年 4 月 28 日下載。

圖 3-3-2　福特烏心石木造車身客車

圖片來源：臺灣汽車客運公司，http://www.tmtc.gov.tw:80/car/car1.htm
2017 年 4 月 28 日下載。

　　民國 38 年（1949）至 40 年間，公路局陸續由省府撥交或自行購置萬國牌、雪佛蘭及福特等廠牌各式中型大客車共計 136 輛。民國 41 年以美援購入雪佛蘭 JEA 中型大客車 108 輛，〔註54〕因全係底盤，而並沒有車體，運到臺

〔註54〕臺灣省交通處，《臺灣交通回顧與展望》（南投中興新村：臺灣省政府交通處，1998 年），頁 254。

灣之後，再配裝車體。而公路局所配裝的車體，皆係木質，既不美觀，又不耐用。因此，公路局方面的美籍顧問，為了適合行車的安全及旅客的舒適，要求公路局配裝鋼骨車體。

圖 3-3-3　雪佛蘭客車

圖片來源：省政府公路局歷年採用大客車資料照片，http://www.7car.tw/
articles/read/3410　2017 年 4 月 28 日下載。

　　當時，在臺灣根本就沒有這個技術，因此必須再運往國外配裝，這樣一來，來往運費及所消耗的外匯，也是一個龐大數字。政府在節制外匯，提倡生產的兩大原則之下，公路局決定自行設法製造鋼骨車體。最後由臺灣機械公司承接車體打造，加上臺灣鋼廠供應的糟鋼，鋁廠供應的鋁片及公路局工程師的協助，從研究至成功僅短短一個月的時間。鋼骨車體，有下例的幾項優點：第一、堅固耐用比木質車身壽命長三倍。第二，鋼骨車體，比木骨車體重量較輕 200 公斤，減少的重量，可增乘旅客，增加營業的收入。第三、樣式美觀，全車的門窗縫隙，皆置用橡皮，行車之間，除聽到引擎的發動聲音之外，聽不到一點其它的雜聲。〔註 55〕因此，自民國 41 年起，公路局車隊陸續重新打造鋼骨車身，往後購進的車輛亦打造鋼骨車身。

〔註 55〕〈機械公司的克難成就　自造鋼骨汽車體〉，《聯合報》，1952 年 2 月 18 日，版 3。

圖 3-3-4　公路局全金屬車身之客車

tw.myblog.yahoo.com/ytseng3ford

圖片來源：臺灣汽車客運公司，http://www.tmtc.gov.tw:80/car/car2.htm
2017 年 4 月 28 日下載。

　　民國 43 年公路局以美援購入 50 輛日本日野 BH21 型柴油引擎大客車，此舉不僅打破韓戰結束前公路局清一色採購美國車紀錄，也開啟臺灣使用柴油車的風潮。柴油車車價雖然較汽油車車價昂貴，但柴油車每公里油耗量較汽油車為低，且柴油價格較汽油價格低廉，一般來說，柴油引擎車大修時間較汽油引擎車延長一倍，因此，長期來說使用柴油車比汽油車划算。故自民國 44 年以後，除了因路況特性採購及政策性採購汽油車外，〔註 56〕其餘皆採購柴油車。

　　民國 45 年公路局以美援購入西德朋馳（Mercedes-Benz）OP-311 大型大客車 26 輛，此款車輛是臺灣公路運輸業首次引進平頭式柴油引擎大客車，〔註 57〕此型客車不但車廂載客容量加大，且駕駛員視野良好，此後公路局購車以平頭式客車為多，「狗鼻子」式引擎突出客車則漸漸退出公路局車隊。OP-311 型客車底盤配重均勻，高速行駛時乘客不會覺得劇烈晃動，且堅固耐用，此 26 輛客車在公路局服勤至民國 64 年停駛標售解體，使用近 19年之久，也使公路局高層與員工對朋馳車留下美好的印象，民國 51 年在省

〔註 56〕民國 54 年採購裕隆客車 27 輛是最後一批公路局採購的汽油車。
〔註 57〕臺灣省交通處，《臺灣交通回顧與展望》，頁 254。

議會強力質疑下，〔註58〕公路局仍堅持購進朋馳客車 300 輛。公路局以美援購入日本日野及西德朋馳大客車，可見得即使使用美援也不受限於僅能購買美國車。

圖 3-3-5　朋馳 OP-311 型柴油平頭式大客車

圖片來源：臺灣汽車客運公司，http://www.tmtc.gov.tw:80/car/car4.htm
2017 年 4 月 28 日下載。

此後，公路局陸續購入各廠各式大客車充作普通班車與直達班車，直到民國 87 年 4 月臺汽公司取消行駛普通班車與直達班車。

二、金馬號對號快車

民國 47 年公路局為配合政府發展臺灣觀光事業計畫及提高服務水準，〔註59〕打造金馬號對號特快車（以下稱金馬號），於民國 48 年 2 月 5 日正式加入公路局車隊營運，行駛臺北臺中、臺中到高雄等線，隨著口碑日益廣傳及車輛擴編，增開「高雄到臺東、臺中到花蓮、宜蘭到花蓮、臺北到花蓮等，還有例假日有遊覽專車，到石門水庫、日月潭、天祥太魯閣、野柳、陽明山等。」〔註60〕金門與馬祖是當時反共前哨站，前一年的金門 823 炮戰震

〔註58〕臺灣省議會祕書處，《臺灣省議會公報》，第 8 卷 22 期（臺中縣霧峰鄉：臺灣省議會祕書處，1962 年），頁 689～670。
〔註59〕「發展臺灣省觀光事業三年計畫案。」，〈委員會議〉，《省府委員會議檔案》，國史館臺灣文獻館藏，典藏號：00501049405，1957 年。
〔註60〕金馬號隨車服務員游雅婷訪談提供。訪談時間：2017 年 5 月 30 日。

驚全球，於是以金馬這個名稱來命名，而金馬號側身有個金馬躍中國的圖案，是金馬號最顯著的特徵。

圖 3-3-6　金馬號客車

圖片來源：交通部重要運輸檔案展，http://atc.archives.gov.tw/transportation/
images/c23/328b.jpg　2017 年 6 月 22 日下載。

　　金馬號車上的設施相當高級，「有坐臥兩用座椅，沒冷氣但有電風扇、冰箱、收音機、播音機等，……送毛巾、茶水、發報紙。」〔註61〕並有經過特別訓練的女性服務員（俗稱金馬號小姐）隨車服務。原先普通班車與直達車班車上的車掌所負責的工作為收票與售票。短程客運上下客較為頻繁，因此，車掌的工作量較大。金馬號為長途客運，僅停大站，各地的招呼站及小站皆不停車，旅客必須事先在車站購好票才能上車且每車設客座 28 位，故車掌收票與售票的工作量減少，轉而成為具有服務性質的隨車服務員。

　　由於公路局將金馬號客車不僅高級，隨車服務員的招考資格與招考內容亦比一般車掌來的嚴格許多：

　　　　金馬號小姐的資格比售票員來的高，年齡 18 到 23 歲，未婚，
　　　　要高中學歷，身高要 160 公分以上。……當時考試在臺北考，公路
　　　　局提供免費的車票，我記得要在一個禮堂的講臺上繞場一周，然後
　　　　自我介紹，國語演講題目跟交通有關，臺下大概有十幾個評審，會

<hr />

〔註61〕金馬號隨車服務員游雅婷訪談提供。

問問題，看看你說話流不流暢、口試考英文跟臺語不難。筆試是考作文，題目不太記得了，好像是愛國之類的，還有考智力測驗，就是有很多形狀讓你配對那種。〔註62〕

考試內容每次招考均略有改變，大致上口試為國語及臺語演講及簡單英語，筆試為一篇作文。錄取並無一定的標準，經陳秀曼在其碩士論文〈移動與束縛－臺汽客運車掌小姐的勞動過程〉的研究，金馬號小姐的錄取取決於抽象的儀態、氣質及台風。〔註63〕由於報考者眾多，錄取率僅有3%左右。

錄取之後受訓大概一個月，集訓的時候在佈置成車廂的教室上課，課程很多，有走路跟坐姿儀態，頭頂著書走不可以駝背，連回頭的姿勢都要優美，請中國小姐來教儀態跟化妝，……還有請廣播電臺的人來教用麥克風介紹風景，講話要清楚，語調要平穩。連拿報紙跟雜誌都有規定的姿勢，倒水給旅客也要學。還有舞蹈課，因為有時會請金馬號小姐去勞軍。當時的制服料子很好是進口的，還要穿玻璃絲襪，不是褲襪，是吊帶那種的，很貴所以還找人來教怎麼穿。結訓後會去臺灣繞一圈，看看各地的景點，算是實習吧。〔註64〕

金馬號小姐訓練的項目有：儀態、化妝、跳舞、廣播、英語會話、公路常識及公路局業務等。在佈置成車廂的教室受訓，〔註65〕講師都是當年一時之選，從知名廣播人丁秉燧（1916～1980）、白茜如、教育專家游彌堅（1897～1971）、鮑家驄（1925～1993）到中國小姐劉秀嫚、連方瑀（1943～）等。〔註66〕在嚴格訓練中，她們學習如何服務旅客（在搖晃的車廂中供應茶水）、如何播音、以及少女美妙的坐姿、立姿和走路的時候應保持的體態。儀態老師要求學員每天頭上頂著書走，訓練走路要挺、要穩。訓練完成後，要環島實習一週，了解臺灣各地的風景名勝，以便於日後為乘客做詳細的介紹。

金馬號小姐的薪水真的很多，每月固定底薪1,400元，加上各類獎金常常叫我們去領甚麼里程獎金、績效獎金、福利獎金，搞不

〔註62〕金馬號隨車服務員游雅婷訪談提供。
〔註63〕陳秀曼，〈移動與束縛——臺汽客運車掌小姐的勞動過程〉，臺北：國立臺灣大學建築與城鄉研究所碩士論文，2001年，頁30。
〔註64〕金馬號隨車服務員游雅婷訪談提供。
〔註65〕金馬號隨車服務員游雅婷訪談提供。
〔註66〕〈三十年前領風騷，永不退色的回憶〉，《民生報》，1991年1月3日，版22。

清楚，加上底薪大概會有 2 千元，反正比售票員多兩三倍喔。可是，那時候我們是簽約的，一次兩年，兩年之內不可以結婚、當然也不可以懷孕⋯。

金馬號小姐由於薪資較高（中學初任教師月俸約 900 元）、制服光鮮亮麗在民國 4、50 年代是女性理想的職業，但因為金馬號小姐考試與訓練極為嚴格，錄用後簽約兩年，且禁婚禁孕。金馬號小姐的訓練模式與標準也成為當時其他客運及公車業者訓練隨車服務員的目標，〔註 67〕臺北市公車處為提升服務品質，特地請公路局人員前往指導。相較之下，日後臺汽車公司面臨嚴重虧損，為了自救反過來派員前往臺北市公車處及大有巴士學習，真令人感到唏噓不已。〔註 68〕

圖 3-3-7　金馬號小姐與駕駛員

圖片來源：游雅婷女士提供

〔註 67〕〈公車小姐常微笑　乘客永遠是對的〉，《聯合報》，1960 年 1 月 25 日，版 2。
〔註 68〕〈離別飯　怎吞嚥　臺汽人　心苦楚〉，《民生報》，2000 年 8 月 15 日，版 A3。

　　金馬號小姐由於訓練嚴格，一襲制服、端莊的氣質、清秀的面孔，再加上微笑有禮的服務態度，金馬號小姐曾經是許多人的夢中情人，身價絲毫不比空姐差，「天上飛的是華航，地上跑的是金馬」是當時臺灣運輸界的順口溜，反映當時的少女除了想當空姐，最嚮往的職業就是金馬號小姐。金馬號小姐甚至成為國家的門面，國家若有重大任務、重大節慶或接待重要外賓，要用到客運，一定找公路局，搭配金馬號小姐。

　　由於金馬號最初被定義為長途直達車，因此，除了起迄站之外，僅停留中途休息站。但各地方人士及各級民意代表爭相要求金馬號於各地停站，將金馬號的停靠視為繁榮地方的必要措施。舉新竹市為例，自民國 48 年起省議員即不斷要求臺北至臺中往返之金馬號於新竹設停靠站，公路局曾於 48 年底將北中路線金馬號停靠於新竹，因新竹已有直達車與普通車多班次停靠，金馬號的售票效果未如預期，因此，旋即取消停靠新竹。但新竹地方人士仍不死心，民國 49、54、60、62 年等年份於臺灣省議會公報都可以看出新竹市籍省議員向公路局爭取金馬號班車停靠新竹。最初，公路局據實以新竹已有停靠多班直達車來答覆，後期公路局均以待購車後有餘力再行考慮。〔註 69〕

　　自民國 47 年至民國 69 年公路局陸續購入五十鈴、天馬、裕隆、萬國、朋馳、福特、貝福及日野等廠牌各型大客車充作金馬號與普通班車。民國 69 年最盛時金馬號車輛達 458 輛，〔註 70〕但隨著中興號及國光號等高級車種加入省營客運車隊，性質重複的金馬號數量逐年減少，民國 76 年 3 月臺汽公司為簡化車種將僅有的 20 輛金馬號改裝成普通車，自此，金馬號走入歷史。〔註 71〕

〔註 69〕臺灣省議會祕書處，《臺灣省議會公報》，第 2 卷 16 期（臺中縣霧峰鄉：臺灣省議會祕書處，1959 年），頁 656；臺灣省議會祕書處，《臺灣省議會第二屆第二次大會專輯》，下冊（臺中縣霧峰鄉：臺灣省議會祕書處，1960 年），頁 2030；臺灣省議會祕書處，《臺灣省議會公報》，第 12 卷 24 期（臺中縣霧峰鄉：臺灣省議會祕書處，1965 年），頁 1116；臺灣省議會祕書處，《臺灣省議會公報》，第 13 卷 17 期（臺中縣霧峰鄉：臺灣省議會祕書處，1965 年），頁 875；臺灣省議會祕書處，《臺灣省議會公報》，第 25 卷 23 期（臺中縣霧峰鄉：臺灣省議會祕書處，1971 年），頁 1142；臺灣省議會祕書處，《臺灣省議會公報》，第 28 卷 20 期（臺中縣霧峰鄉：臺灣省議會祕書處，1973 年），頁 867。
〔註 70〕臺灣省交通處，《臺灣交通回顧與展望》，頁 254。
〔註 71〕臺灣省議會祕書處，《臺灣省議會公報》，第 54 卷 10 期（臺中縣霧峰鄉：臺灣省議會祕書處，1987 年），頁 1132。

三、金龍號對號快車

民國 50 年代中期，公路局曾嘗試在金馬號上加裝冷氣空調，但遭到省議會的否決，理由是會造成與鐵路客運的競爭及行車時打開窗戶就會涼，省議會認為金馬號裝冷氣這項花費是沒必要的。〔註 72〕因此，天氣炎熱時金馬號小姐得用泵浦打冷氣，讓旅客一上車覺得涼快，但 20 分鐘後，冷氣沒了，開始熱起來。要不然就是毛巾上放冰塊，讓旅客使用來降低不適感。〔註 73〕如此克難的景象使得公路局決心購買冷氣大客車，因而誕生了金龍號對號客車。公路局為配合再次提升服務品質與觀光發展旅遊需要，向日本進口日野（HINO）原裝柴油引擎冷氣大客車 30 輛，於民國 59 年 6 月 24 日創辦金龍號對號快車。每車 40 個座位，行駛臺北臺中線、臺北中興新村線、臺中高雄線、臺東高雄線及臺中日月潭等重要路線，逢星期例假日增開高雄鵝鑾鼻線遊覽車，各線沿途停靠站大致與金馬號相同，原來的金馬號仍照常行駛。金龍號車內設施比金馬號更為完善，亦派有隨車服務員隨車服務，是公路局使用冷氣客車及行駛班車的開始。〔註 74〕

金龍號的命名是民國 59 年 1 月 8 日時任省議員的吳伯雄（1939～）建議臺灣鐵路局新車以民國 58 年奪得美國威廉波特世界少棒冠軍的金龍少棒隊來命名，結果鐵路局未採納，將新車命名為「莒光號」，但公路局卻採納了吳伯雄的建議，將新成立的冷氣客車命名為金龍號。〔註 75〕

金龍號一成立即深獲民眾喜愛，其票價僅為金馬號票價加一成，算是低廉。因此，就像金馬號成立之初地方議員紛紛要求開設路線或增設停靠站，金龍號班車的行駛也成為民意代表服務選民的必要項目之一。民國 61 年（1972）省議員陳火土（1907～1998）提案要求公路局派金龍號行駛臺北羅東路線，起初公路局回復車輛不足，金龍號車身較大且冷氣機置於車身下方，不適合在宜蘭坪林間的迂迴山路行駛。〔註 76〕民國 62 年公路局為平衡東西部

〔註 72〕臺灣省議會祕書處，《臺灣省議會公報》，第 2 卷 19 期（臺中縣霧峰鄉：臺灣省議會祕書處，1959 年），頁 850～856。

〔註 73〕張典婉，《福爾摩沙的女兒》（臺北：張老師出版社，1993 年），頁 31。

〔註 74〕臺灣省公路局，《公路局四十年》，頁 248。

〔註 75〕臺灣省議會祕書處，《臺灣省議會公報》，第 22 卷 24 期（臺中縣霧峰鄉：臺灣省議會祕書處，1969 年），頁 1132～1133。

〔註 76〕臺灣省議會祕書處，《臺灣省議會公報》，第 27 卷 36 期（臺中縣霧峰鄉：臺灣省議會祕書處，1972 年），頁 1377。

交通，特地將原有的冷氣貴賓車改裝成金龍號，首開臺北羅東、臺北宜蘭金龍號班車，但班次很少，且車輛已經老舊。經過地方人士極力爭取，民國 63 年公路局向路福公司租用朋馳 LP-1113B／517 型柴油冷氣大客車 12 輛（隔年又承租 4 輛），其中 6 輛用來增加臺北至羅東、臺北至宜蘭的班次。〔註77〕

圖 3-3-8　金龍號（朋馳 LP-1113B／517 型）柴油冷氣大客車

圖片來源：聯合新聞網，http://a.udn.com/focus/2015/10/25/13720/index.html#img3
2017 年 4 月 28 日下載。

自 63 年 7 月起中山高速公路各段陸續通車，公路局引進中興號冷氣大客車，金龍號與中興號同質性太高，且金龍號馬力較小，臺汽公司為簡化車種，陸續將金龍號改裝成普通班車或金馬號班車，民國 71 年元月起金龍號停駛；而代金龍號（公路局租用民間違規遊覽車）自 69 年 11 月起租用 99 輛，民國 72 年 1 月及 2 月分兩批完全租斷，改為臺汽公司金馬號（自有車），故自民國 72 年 2 月起金龍號完全消失於臺灣的道路。〔註78〕

〔註77〕錢大群編，《臺灣公路巴士之沿革（1945～2000）》（臺北：錢大群，2001 年），頁 95～97。
〔註78〕臺灣汽車客運股份有限公司，《89 年臺汽客運統計年報》，第 13 期（臺北：臺汽公司，2001 年 4 月），頁 162～167。

四、中興號對號快車

　　公路局為配合高路公路通車旅客需要，自民國 65 年開始打造中興號客車，特別重視安全、舒適及美觀，車身結構力求堅固，以適應高速公路行駛要求。中興號除了具備有大能量冷暖氣機外，座位寬敞，再加上四聲道優美音響，清新脫俗，富麗堂皇，每車有 43 個座位，為當時臺灣最高級的公路客運車輛。自民國 65 年 8 月 1 日正式加入公路局車隊，行駛臺北臺中、臺中高雄等重要都市之間，為公路局成立 30 週年對社會大眾的最佳獻禮，嗣後大量增加車輛，是公路局營運主力。〔註 79〕

圖 3-3-9　朋馳 OF-1417 型中興號

圖片來源：臺灣汽車客運公司，http://www.tmtc.gov.tw:80/car/car8.htm
2017 年 4 月 28 日下載。

　　首批中興號使用西德朋馳 OF-1417 底盤，再由國產汽車公司打造車體，比較特殊的是這批 32 輛中興號並非由公路局自購，而是向路福企業有限公司（以下稱路福公司）承租。路福公司是由公路局職工福利委員會出資 1,820,000 元（佔 91%），公路黨部及公路局工會各出資 90,000 元（各佔 4.5%），資本額共 2,000,000 元整，〔註 80〕於民國 61 年成立財團法人，經內政部核准

〔註 79〕臺灣省公路局，《公路局四十年》，頁 248。
〔註 80〕臺灣省議會祕書處，《臺灣省議會公報》，第 35 卷 15 期（臺中縣霧峰鄉：臺灣省議會祕書處，1976 年），頁 899。

辦理。民國 62 年呈報經濟部核准營業，〔註81〕民國 63 年經臺北市登記核准，路福公司所登記主要業務爲買賣業務及交通建設事業投資業務，〔註82〕由公路局副局長熊裕生出任董事長。

這批 32 輛中興號客車由路福公司向中華賓士議價，以每輛 280 萬元的價格購進，其中 80%向臺北市銀申請動產抵押貸款，自備款佔 20%（以初期收取租金支付）。〔註83〕路福公司再將中興號以每車公里 8.3 元的價格租給公路局，扣除銀行貸款本金及利息，路福公司每車公里約賺 1.3 元，再加上各種保養及人事成本，每車公里約支出約 11 元，而當時公路局每車公里收入約爲 26 元（以 43 人座的 100%載客率計算），載客率可以達到 90%，故公路局中興號每車公里的淨獲 4 到 6 元。〔註84〕

但路福公司的存在會讓人產生質疑的是公路局爲何不自己購車？要以租車的方式？路福公司不是運輸業，怎麼能在外匯管制的情況下進口車輛，而且取得牌照？公路局職工福利委員會的資金是政府以盈餘充當員工的福利金，是否可以拿來投資？公路局副局長具有公務員身分兼任路福公司董事長一職是否合法？

針對第一點問題，很顯然的公路局是爲了規避繁複的招標程序，以期能盡快取得車輛以供營運。再者，〈政府機關採購法〉（以下稱採購法）實施之前，凡機關採購係以〈審計法〉的規定來進行招標，〈採購法〉可找特定廠商單獨進行議價，但〈審計法〉只能死板的以價格標作爲得標的依據，此舉造成廠商削價競爭，公路局很可能永遠買不到想購買的車輛。當時，朋馳車廠柴油車均爲直接噴射式引擎，較日本車採用預熱式柴油引擎品質爲高，出廠價亦較日本車爲高，〔註85〕再加上海運距離較遠，運費加上關稅，在價格上絕對不是日本車的競爭對手，但在當時，朋馳 OF-1417 大客車已經是頂尖的選擇，其性能亦是國內所有車輛中性能最好的。〔註86〕但是，如此的舉動亦規避了政府及議會的監督機制，甚至有圖利特定廠商的嫌疑。

針對第二點問題，路福公司向經濟部登記爲貿易公司，其營業項目中有

〔註81〕臺灣省議會祕書處，《臺灣省議會公報》，第 35 卷 15 期，頁 974。
〔註82〕臺灣省議會祕書處，《臺灣省議會公報》，第 35 卷 15 期，頁 964。
〔註83〕臺灣省議會祕書處，《臺灣省議會公報》，第 35 卷 15 期，頁 938。
〔註84〕臺灣省議會祕書處，《臺灣省議會公報》，第 35 卷 15 期，頁 899。
〔註85〕錢大群編，《臺灣公路巴士之沿革（1945～2000）》，頁 100。
〔註86〕臺灣省議會祕書處，《臺灣省議會公報》，第 35 卷 15 期，頁 899。

交通建設事業投資業務，因此，可以進口大客車。路福公司雖然將中興號大客車出租給公路局，但是中興號產權仍屬於路福公司，根據〈公路法〉，路福公司既然不是特許的汽車運輸業，是無法擁有營業執照，甚至路福公司連經營汽車租賃業的資格都沒有。而這 32 輛中興號的營業牌照取的方式按照公路局副局長熊裕生的說法：「該公司（路福公司）係以財務出租給公路局，而公路局依據所租用的車輛申請營業執照。」〔註87〕是由公路局承租之後再申請。根據〈汽車客運管理規則〉第 63 條規定，汽車所有人應申請發給牌照使用權，即汽車所有權人才可以申請發給執照，非汽車所有人是沒有權申請發給執照。但是公路局替產權不屬於自己的車輛申請營業牌照，這點當然在法律上值得商榷。公路局轉而向交通部申請解釋，根據交通部路政司（65）1231 路臺字第 47235 號函中回復，租賃公司將車輛租予汽車運輸業者使用，仍應由汽車運輸業者申請營業執照。因此，公路局租用路福公司中興號並無不法。〔註88〕

　　針對第三點，公路局職工福利委員會的福利金來源依據〈福利金條例〉第 2 條規定，〔註89〕公路局應依其資產撥福利金 1%至 5%，但以民國 65 年（1976）公路局資產超過 10 億來計算，公路局必須提撥 1 千萬以上，公路局根本提撥不出來，僅提撥 3 百萬做為福利基金。其次，公路局按每年營運額千分之一點五提撥福利金，員工每月發薪餉時又扣了幾十元（依法扣0.5%），以及處理下腳品所得（例如：回收舊牌照變賣），〔註90〕以上合計每年約有 1,600 多萬的福利金。福利金用於支付員工每年付福利費、子女教育補助費、退休人員補助費、醫療互助費及傷亡互助費等，這些補助費或互助費，每年約需支付 2,500 萬以上。〔註91〕在福利金入不敷出的情況下，路福公司經內政部核准及經濟部立案成立，其營利收入歸於公路局職工福利

〔註87〕 臺灣省議會祕書處，《臺灣省議會公報》，第 35 卷 15 期，頁 965。

〔註88〕 臺灣省議會祕書處，《臺灣省議會公報》，第 36 卷 18 期（臺中縣霧峰鄉：臺灣省議會祕書處，1977 年），頁 1916。

〔註89〕 職工福利金條例第二條：工廠礦場及其他企業組織提撥職工福利金，依左列之規定：一、創立時就其資本總額提撥 1%至 5.2%、每月營業收入總額內提撥 0.05%至 0.15%五。三、每月於每個職員工人薪津內各扣 0.5%。四、下腳變價時提撥 20%至 40%。

〔註90〕 汽機車牌照係由車輛所有權人付費購買，公路局更換新牌照時，要求車輛所有權人繳回舊牌照，公路局卻將舊牌照以廢鐵變賣，其所得充當職工福利金，這點的合法性亦值得商榷。

〔註91〕 臺灣省議會祕書處，《臺灣省議會公報》，第 35 卷 15 期，頁 899。

金。當時，雖無明確的法條指出福利金投資是違法的，〔註92〕但此舉會衍生出兩難的局面，若路福公司獲利，則公路局圖利特定廠商；若路福公司虧損，則公路局職工福利委員會須彌補福利金損失的部分。

針對第四點，公路局副局長熊裕生當時亦兼任公路局職工福利委員會主任委員，而公路局職工福利委員會是路福公司最大股東，因而被選為路福公司董事長。〔註93〕省議員許信良（1941～）在省議會第5屆第8次定期會議中質疑熊裕生身為公務人員根據〈公務人員服務法〉第13條規定，公務員不得經營商業或投機事業。〔註94〕熊裕生本人表示：「公務人員法中有一條規定，公務人員不得兼營私人公司，但得兼財團法人公司之董事。」〔註95〕直到民國66年省議員余陳月瑛（1926～2014）於第5屆省議會第9次定期大會再度質詢：「既然路福公司辦理營業登記，當然具有商業；公路局副局長兼任該公司董事長，顯然是違法行為。」〔註96〕省府於民國66年1月函請內政部解釋，未獲回覆。4月再度函請內政部解釋，仍未獲得回覆。〔註97〕

路福公司向內政部登記為財團法人機構，又向經濟部註冊為貿易公司，故省府函請內政部解釋，或許內政部當時業已發現路福公司的財團法人登記是不妥的，故採用無限期拖延戰術。而臺灣省議會交通委員會初審修正通過省公路局68年度預算時，作成附帶決議，約束公路局今後不得以任何理由向外租車營運，〔註98〕與路福公司租約到期後，由公路局編列預算將所承租的車輛收購。

路福公司的設立雖然根據公路局的說法是為了替員工某取更多福利，但路福公司每車公里僅賺1.3元，與公路局每車公里可賺4到6元，差距甚大，

〔註92〕現行「累積結存職工福利金」動支範圍、項目及比率規定：累積結存職工福利金購買有價證券利害關係人之限制：職工福利金不得購買本事業單位或與事業單位有利害關係之公司所發行之證券及股票型基金或指數股票型基金。（行政院勞工委員會95年11月23日勞福1字第0950111310號令）出自行政院勞工委員會，《行政院勞工委員會公報》，第3卷第11期（臺北：行政院勞工委員會，2003年10月），39頁。

〔註93〕臺灣省議會祕書處，《臺灣省議會公報》，第35卷15期，頁969。

〔註94〕臺灣省議會祕書處，《臺灣省議會公報》，第35卷15期，頁969。

〔註95〕臺灣省議會祕書處，《臺灣省議會公報》，第35卷15期，頁970。

〔註96〕臺灣省議會祕書處，《臺灣省議會公報》，第36卷13期（臺中縣霧峰鄉：臺灣省議會祕書處，1977年），頁1329。

〔註97〕臺灣省議會祕書處，《臺灣省議會公報》，第36卷18期，頁1916。

〔註98〕臺灣省議會祕書處，《臺灣省議會議事錄第六屆第四次定期大會議事錄》（臺中縣霧峰鄉：臺灣省議會祕書處，1979年），頁414。

可以說路福公司讓利給公路局。因此，路福公司的設立可說是公路局相關人士絞盡腦汁，為了買好車及提升營運績效所做出的努力。〔註99〕但在缺乏監督機制下，假以時日難免不會成為舞弊案的溫床。另外，從路福公司的股東中包含公路黨部，亦可看出國民黨黨營事業在交通產業的延伸。

此後，公路局決定以單獨議價的方式，向西德朋馳公司採購 OF-1417 底盤作為中興號之用。中央政府為平衡臺灣與西德間的貿易順差允許此種單獨議價的方式，交通部僅通知臺灣省交通處，對公路局以議價方式辦理採購西德朋馳客車，必須取得審計單位的同意，如報價過高，應保留公開招標的權利。〔註100〕

省議會決議公路局不得向外租車以及公路局可以單獨議價購車使得路福公司也沒有存在的意義，於民國68年5月向經濟部登記解散。自民國64年路福公司 32 輛 OF-1417 起到民國72年為止，9 年內公路局與臺汽公司累積採購 OF-1417 底盤共 1,260 輛，148 輛打造金馬號車體，其餘 1,112 輛均打造中興號車體，朋馳 OF-1417 成為省營公路客運使用最多的車型。〔註101〕

五、國光號對號快車

民國67年10月31日中山高速公路全線通車，公路局為適應高速公路通車行駛長途班車所需，特地向美國 MCI 公司訂購 50 輛灰狗巴士。此型巴士係原裝整體車身，每車 44 個座位，定名為國光號，自民國67年11月1日起行駛臺北高雄間定期班車。公路局擬定高速公路營運計劃，內容為：（一）長途客運：使用國光號行駛臺北至高雄路線。（二）中程客運：使用中興號行駛，臺北至臺中、高雄至臺中路線。（三）區間客運：使用中興號、金馬號及金龍號車主要行駛高速公路沿線各重要市鎮之間，經交流道達於各車站，含桃園國際機場，中興新村及屏東等。

國光號客車車身與底盤用特殊設計焊接堅固結實，行駛平穩舒適，儀表板上有 20 種警告燈及蜂鳴機，可隨時提醒駕駛員注意，增進行車安全。冷氣

〔註99〕 中興號加入營運前公路局每月營業額約 1 億 8 千萬元，中興號加入營運後公路局每月營業額達 2 億元以上。臺灣省議會祕書處，《臺灣省議會公報》，第 35 卷 15 期，頁 973。

〔註100〕 〈臺北至桃園機場用客車　決向朋馳公司議價採購〉，《經濟日報》，1978 年 6 月 22 日，版 3。

〔註101〕 錢大群編，《臺灣公路巴士之沿革（1945～2000）》，頁 100。

由邊窗輸出，暖氣由地板處送出，可使旅客更加感到舒適。車上還配備洗手間，為長途旅客帶來更多的便利。〔註 102〕

　　這批國光號依照經濟部國際貿易局指示，為平衡貿易開歐美標，公路局委託中央信託局（以下稱中信局）招標採購。通過合用標者有灰狗公司、通用汽車公司及朋馳汽車公司等三間廠商，其中規格最合者為灰狗公司，但灰狗公司的報價卻是三間廠商中最高的。〔註 103〕公路局很早就屬意灰狗公司MC-8 型大客車，〔註 104〕因此，遲遲未能決標。中信局兩度通知灰狗公司將報價降低，經灰狗公司一再降價，每輛車售價從 115,980 美元降到 100,100 美元比原來出價最低的通用汽車公司每輛車低 50 美元。〔註 105〕灰狗公司以總價5 佰萬零 5 仟美元得標承售，加上關稅每輛車售價達新臺幣 1 仟餘萬。

圖 3-3-10　灰狗 MC-8 型國光號

　　　　圖片來源：汽車頻道，http://www.channel-auto.com/ai_17_10184.html
　　　　2017 年 4 月 28 日下載。

　　公路局為何屬意灰狗巴士 MCI MC-8 客車？除了這型客車堅固馬力大

〔註 102〕臺灣省公路局，《公路局四十年》，頁 248。
〔註 103〕〈由灰狗公司得標〉，《經濟日報》，1978 年 2 月 25 日，版 3。
〔註 104〕〈高速公路營運方案政院昨天核定〉，《聯合報》，1977 年 4 月 22 日，版 2。
〔註 105〕〈高速公路國光號客車中信局宣布決標〉，《經濟日報》，1978 年 2 月 26 日，版 2。

之外，另一個說法為戰備考量，因為灰狗巴士 MCI MC-8 及第二批 MCI MC-9，和國軍部分裝甲車的引擎，都是美國底特律柴油公司製造，一旦裝甲車引擎損毀，就可拆卸國光號引擎安裝上去，立刻恢復戰力。首批引進的 MCI MC-8 國光號引擎，可用於國軍 M113 裝甲人員運輸車；第二批 MCI MC-9 國光號引擎，可用在國軍 M41 及 M24 戰甲車上。不過，對於這個說法，國防部回應相關資料已無從考證。〔註106〕

公路局及臺汽公司前後共向灰狗公司採購 7 批 3 種車型共 430 輛國光號，自民國 104 年陸續退出市場，僅剩下 14 輛仍行駛臺北到桃園機場路線，民國 105 年 1 月 27 日走入歷史當天，最後一批只有 7 輛。〔註107〕灰狗巴士引進臺灣長達 37 年，而 MCI-MC9V6 竟有 33 輛使用 24 年以上，不愧為大客車之勞斯萊斯。

圖 3-3-11　飛鷹 20 型國光號

圖片來源：汽車頻道，http://www.channel-auto.com/ai_17_10184.html
2017 年 4 月 28 日下載。

〔註106〕〈因戰備引入國光號？專家：有可能〉，《聯合報》，2015 年 12 月 7 日，版 B1。

〔註107〕〈限量紀念車票即起發售 28 日，來跟灰狗巴士說再見五輛巴士當天載公車迷做最後巡禮　當年的國光小姐也會同行〉，《聯合晚報》，2016 年 1 月 21 日，版 A8。

公路局及臺汽公司購車往往受到政策的影響，有時要顧及平衡貿易順差；有時要採購國貨。然而，並非所有的採購都能夠像朋馳 OF-1417 或灰狗巴士帶來高評價。失敗的例子也不少，美國參議員高華德（Barry Morris Goldwater, 1909~1998）向政府施壓，而後，民國 78 年外交部長連戰（1936～）率團訪美，爲平衡貿易順差與美國飛鷹公司（EAGLE）議價購買 61 輛飛鷹20 型整體客車來當作國光號，〔註 108〕隔年飛鷹公司受到母公司 Greyhund Line 破產的影響，相繼關閉銷售部門及生產線。而飛鷹 20 型國光號使用以來故障頻頻，煞車系統及傳動系統也有瑕疵。臺汽產業工會指出，最嚴重時，一天之中有半數飛鷹國光號故障無法出車的情形。〔註 109〕車輛維修時更因爲美國原廠已經停產同型車，而欠缺維修所需零件，有時在不得已情況下先把兩輛的零件拼湊成一輛以應急。這批飛鷹國光號新車在運送抵我方碼頭時，就有多輛動不了，開不下船；而臺汽公司也清楚飛鷹國光號的煞車系統有缺陷，因此將飛鷹國光號全面改裝爲 MCI 國光號煞車系統，每輛多花費 5、60 萬元。〔註 110〕此外飛鷹號的座椅傾斜度也不夠，旅客搭起來不如灰狗巴士的國光號舒服。

另一個慘痛的案例爲民國 72 年臺汽公司配合政府政策採購華同汽車製造的客車底盤，「華同汽車公司」原名爲「華通」，意爲臺灣機械公司、中央投資公司、交通銀行、中鋼公司、齊魯公司及裕臺公司等與美國通用汽車合作投資之品牌。由於華通名稱與已登記的一家汽車材料公司名稱重覆，所以更改爲「華同」，但英文仍維持「Hua Tung」字樣。〔註 111〕當時由於國內生產的汽車仍停留在組裝階段，關鍵技術幾乎都掌握在日方手上，是以國防部建議經濟部引進其他外資在臺灣生產柴油引擎，一方面供應軍需，另一方面臺灣正值經濟起飛，大貨車及其他重車需求量日盛，是以有成立一間重車廠之必要，因此，政府積極規劃合作對象。

既然國內已有許多日系品牌，加上與美國斷交後爲重拾民眾對政府的信

〔註 108〕臺灣省議會祕書處，《臺灣省議會公報》，第 71 卷 1 期（臺中縣霧峰鄉：臺灣省議會祕書處，1992 年），頁 43。

〔註 109〕〈煞車傳動都有瑕疵　飛鷹國光號　老是拋錨〉，《聯合晚報》，1994 年 4 月12 日，版 4。

〔註 110〕臺灣省議會祕書處，《臺灣省議會公報》，第 73 卷 26 期（臺中縣霧峰鄉：臺灣省議會祕書處，1994 年），頁 3484。

〔註 111〕〈華通公司下月成立　造重型車輛及柴油引擎〉，《經濟日報》，1981 年 5 月18 日，版 2。

心，政府乃轉往貿易順差甚大的美國尋求伙伴，一開始政府找的是生產坦克車的克萊斯勒，不料沒多久就遇到克萊斯勒財務危機而作罷，政府轉而尋找與通用公司合作。通用公司姿態相當高傲，在洽談階段，開出了非常離譜的條件，包括我方無限期以保護手段保證通用公司此項投資的適當利潤，以及若未達預期利潤，通用公司可單方面連本帶利撤資等不合理的要求，臺灣政府無條件答應。〔註112〕

　　通用公司把 8.8 噸一直到 35 噸的車款全部讓華同公司來組裝，但一來臺灣大貨車市場本來就不大，這麼多種規格一起生產更不可能達到經濟規模；二方面通用公司不僅就華同銷售獲利要抽成，在零件以及授權費又大撈一筆，再加上當時美元大漲，所以華同產品售價貴得離譜，都比日系品牌貴六成到九成，而美國車耗油、體型都不適合臺灣道路情況，還沒開賣以前就被華同汽車的總經銷進倫汽車公司不看好。〔註113〕

　　根據臺美雙方合約規定民國 70 年政府就宣布限制臺灣其他重車廠的設立，並在隔年禁止日本重車進口一年。但日本汽車代理商早在經濟部管制日本重車進口之前，大量申請進口，數量多達一萬輛，足敷國內市場兩年之所需，嚴重威脅華同重車之發展。〔註114〕 果然，華同汽車上市以後，馬上面臨嚴重滯銷，日系對手雖然沒有當年份規格可以賣，卻仍然不受影響。華同產品只能靠賣給公家機關來撐場面，通用公司在這種情況下以經濟部未履行合約中的無限期保護政策為由撤資，當時經濟部長趙耀東（1916～2008）認為與通用公司的合約根本不利於我方，而且華同的重車售價實在太高，在這種情況之下給予政策性的保護會對國內運輸業有非常不良的後果。〔註115〕 華同生產一年半不到的時間，美國人就撤資，還連本帶利拿了 1,372 萬美元。經濟部接手華同之後，利用庫存零件勉強生產到民國 72 年中才算是庫存消化完畢。此時，華同公司已經投了數十億元興建的中壢廠房，日野汽車表示有極高的興趣，以 17 億元代價接下華同廠房與設備，成為國瑞汽車的前身。〔註116〕

〔註112〕 張振邦，〈臺灣汽車工業發展的政治經濟分析：一個歷史結構的觀點〉，高雄：國立中山大學政治學研究所碩士論文，1999 年。頁 92～93。

〔註113〕 〈華同重車上市・任重道遠　身價不凡・拓銷有番苦戰〉，《經濟日報》，1982 年 2 月 2 日，版 3。

〔註114〕 〈日製貨卡車近來大量申請進口華同汽車籲採對策防止惡性推銷〉，《經濟日報》，1981 年 10 月 10 日，版 3。

〔註115〕 徐榮華，〈華同案給了我們什麼教訓〉，《聯合報》，1982 年 7 月 29 日，版 2。

〔註116〕 王昭明，《王昭明回憶錄》（臺北：時報出版社，1995 年），頁 169。

圖 3-3-12　臺汽公司購進之華同大客車

圖片來源：省政府公路局歷年採用大客車資料照片，http://www.7car.tw/articles/
read/3410　2017 年 4 月 28 日下載。

　　華同汽車公司是臺灣第一個公營汽車製造公司，臺汽公司在政策指導下
購進華同 S7T042-198 大客車底盤 131 輛，因華同公司曇花一現後關廠，其料
件供應也就停產，且臺汽公司駕駛員對華同的大客車不具信心，認為其煞車
系統很有問題而拒絕行駛。〔註 117〕導致華同大客車僅行駛 6 年即停駛，停駛
後辦理整車標售亦無人問津，最後淪落到以報廢處裡，是臺汽公司使用年限
最短的客車。

表 3-3-1　公路局歷年購置客車一覽表

年份	廠 牌	產 地	型　式	輛數	備　　　註
1946	福特	美	618T	38	汽油引擎普通車使用
1947	福特	美	6G8T	186	汽油引擎普通車使用
1949	萬國	美	GRD	31	汽油引擎普通車使用
1949	雪佛蘭	美	FEA	31	汽油引擎普通車使用
1950	雪佛蘭	美	FEA	4	汽油引擎普通車使用

〔註 117〕臺灣省議會祕書處，《臺灣省議會公報》，第 63 卷 8 期（臺中縣霧峰鄉：臺灣
　　　　省議會祕書處，1989 年），頁 833。

1950	福特	美	794T	37	汽油引擎普通車使用
1950	福特	美	98RT	12	汽油引擎普通車使用
1951	福特	美	98RT	5	汽油引擎普通車使用
1951	雪佛蘭	美	HEA	16	汽油引擎普通車使用
1952	雪佛蘭	美	JEA	108	汽油引擎普通車使用、美援
1953	雪佛蘭	美	6502	26	汽油引擎普通車使用、美援
1953	西奇姆	美	303-24	10	汽油引擎普通車使用、美援
1953	西奇姆	美	406-24	46	汽油引擎普通車使用、美援
1954	雪佛蘭	美	LEC	3	汽油引擎普通車使用、租用
1954	日野	日	BH-21	50	柴油引擎普通車使用、美援
1954	萬國	美	R-153	14	汽油引擎普通車使用
1955	萬國	美	R-163	70	汽油引擎普通車使用、美援
1956	朋馳	德	OP-311	26	柴油引擎普通車使用、美援
1956	五十鈴	日	BX-148	35	柴油引擎普通車使用、美援
1957	福特	美	B600	32	柴油引擎普通車使用、美援
1957	福特	美	B500	24	汽油引擎普通車使用、美援
1957	日野	日	BK-21	26	柴油引擎普通車使用
1958	萬國	美	A-164	37	汽油引擎普通車使用
1958	奇姆西	美	S-377	38	汽油引擎普通車使用
1958	五十鈴	日	BX-348	122	柴油引擎普通車、金馬號使用
1959	天馬	英	PSV	100	柴油引擎普通車、金馬號使用
1959	裕隆	臺灣	YLN-502	73	柴油引擎普通車、金馬號使用
1959	裕隆	臺灣	YLN-511	8	柴油引擎普通車使用
1960	萬國	美	AM-162	26	汽油引擎普通車、金馬號使用
1961	飛雅特	義		10	小巴士柴油引擎普通車使用
1961	天馬	英	511E	8	柴油引擎普通車使用
1961	裕隆	臺灣	YLN-522	80	柴油引擎普通車、金馬號使用
1962	朋馳	德	LP-328／48	300	柴油引擎普通車、金馬號使用
1962	裕隆	臺灣	YLN-532	80	柴油引擎普通車、金馬號使用
1962	裕隆	臺灣	YLN-542	19	柴油引擎普通車、金馬號使用
1965	裕隆	臺灣	YLN-102	34	柴油引擎普通車、金馬號使用
1965	裕隆	臺灣	YLN-512	126	柴油引擎普通車、金馬號使用

1965	福特	英	R-226	4	柴油引擎普通車使用
1966	裕隆	臺灣	YLN-412	152	柴油引擎普通車、金馬號使用
1968	裕隆	臺灣	YLN-412	105	柴油引擎普通車、金馬號使用
1968	五十鈴	日	BF-50	100	柴油引擎普通車、金馬號使用
1968	福特	英	R-192	100	柴油引擎普通車、金馬號使用
1970	日野	日	RE-120L	30	柴油引擎金龍號冷氣汽車
1970	五十鈴	日	BF-30	30	柴油引擎普通車使用
1971	五十鈴	日	BS-20	350	柴油引擎普通車、金馬號使用
1971	裕隆	臺灣	YLN-412	3	柴油引擎普通車使用
1973	福特	英	R-1011	250	柴油引擎普通車、金馬號使用
1974	朋馳	德	LP-1113	12	柴油引擎金龍號冷氣汽車
1974	朋馳	德	LP-911B	50	柴油引擎普通車使用
1974	貝福	英	TRP2DZ0	319	柴油引擎普通車、金馬號使用
1975	貝福	英	TRP2DZ0	240	柴油引擎普通車、金馬號使用
1975	朋馳	德	LP-1113	4	柴油引擎金龍號冷氣汽車
1975	日野	日	BX-420	210	柴油引擎普通車、金馬號使用
1975	朋馳	德	OF-1417	32	柴油引擎中興號冷氣汽車
1976	五十鈴	日	BD-60D	150	柴油引擎普通車、金馬號使用
1977	五十鈴	日	BF-50	50	柴油引擎金龍號、金馬號使用
1977	朋馳	德	OF-1417	50	柴油引擎中興號冷氣汽車
1978	MCI	美	MC-8	50	柴油引擎國光號冷氣汽車
1979	朋馳	德	OF-1417	466	柴油引擎中興號、金馬號使用
1979	朋馳	德	0303	15	柴油引擎中興號冷氣汽車
1980	朋馳	德	OF-1417	97	柴油引擎中興號冷氣汽車
1980	MCI	美	MC-9	50	柴油引擎國光號冷氣汽車
1980	五十鈴	日	BD-61	255	柴油引擎普通車、金馬號使用
1980	五十鈴	日	DBR-500	15	柴油引擎普通車使用

資料來源：臺灣省交通處，《臺灣省交通建設》（南投中興新村：臺灣省交通處，1987年），頁 324；錢大群編，《臺灣公路巴士之沿革（1945～2000）》，頁 165～166。

表 3-3-2　臺灣汽車客運公司歷年購置客車一覽表

年份	廠牌	產地	型　　式	輛數	備　　註
1983	朋馳	德	OF-1417	615	柴油引擎中興號冷氣汽車
1983	MCI	美	MC-9	50	柴油引擎國光號冷氣汽車
1983	華同	臺灣	S7T042	131	柴油引擎普通車使用
1983	富豪	瑞典	BB57	30	柴油引擎普通車使用
1983	各廠牌	—	—	565	租斷違規遊覽車共 8 種廠牌 25 種車型
1984	富豪	瑞典	BIOM-60	20	柴油引擎中興號冷氣汽車
1984	MCI	美	MC-9	50	柴油引擎國光號冷氣汽車
1986	MCI	美	MC-9	30	柴油引擎國光號冷氣汽車
1986	國瑞	臺灣	EAK2SA	3	柴油引擎普通車使用
1987	國瑞	臺灣	LCM8SA	171	柴油引擎中興號冷氣汽車
1987	國瑞	臺灣	LEG6SA	58	柴油引擎普通車、中興號使用
1989	國瑞	臺灣	LEG5SA	33	柴油引擎中興號冷氣汽車
1989	國瑞	臺灣	LCM8SA	496	柴油引擎中興號冷氣汽車
1989	MCI	美	96A3	62	柴油引擎國光號冷氣汽車
1989	飛鷹	美	20	61	柴油引擎國光號冷氣汽車
1990	朋馳	德	0303／15RH	1	柴油引擎國光號冷氣汽車
1991	朋馳	德	OH1625	58	柴油引擎中興號冷氣汽車
1991	國瑞	臺灣	LCM8SA	138	柴油引擎中興號冷氣汽車
1992	國瑞	臺灣	LCM8SA	104	柴油引擎中興號冷氣汽車
1992	MCI	美	96A3	108	柴油引擎國光號冷氣汽車
1998	三菱	日	BE632G	4	小巴士柴油引擎接駁車使用
1998	豐田	日	KC-BB58L	14	小巴士柴油引擎接駁車使用
1999	三菱	日	BE632G	50	小巴士柴油引擎接駁車使用
2001	國瑞	臺灣	ERK-1JRM	150	柴油引擎國光號冷氣汽車
2001	大宇	韓	BH-120	300	柴油引擎國光號冷氣汽車

資料來源：錢大群編，《臺灣公路巴士之沿革（1945～2000）》，頁 167。

第四章　陸上交通事業的競爭

公路局客運經過接收部分民營客運後已成為全臺最大的公路客運事業，然而，公路局規劃的環島幹線幾乎與鐵路平行，這彼此獨立的兩個交通事業單位之間充滿了競爭的意味，這是本章第一個要探討的問題。其次，公營公路客運事業除了公路局之外，還有臺北、高雄及基隆三個公營市區公共汽車，原本戰後禁止其他縣市政府創辦市區公共汽車，隨著法規的改變，各縣市創辦公共汽車解禁，但其創辦過程牽涉公民營路權的問題是本章第二個要探究的。公路局運輸政策為幹線公營支線民營的交通網絡，需要民營客運業的配合，那麼公路局是給予民營業者扶持或是處於競爭？這則是本章要討論的第三個問題。本章第四個要了解的是俗稱野雞車的違規營業車輛問題，究竟野雞車的起源為何？其如何撼動公路局的客運事業？將於本章第四節作分析。

第一節　與鐵路事業的競爭

一、戰後初期政策

臺灣由於地形的因素，造成鐵路與主要公路幹線大多與海岸線平行，因而難以避免會有公路運輸與鐵路業務競爭的情況。第二章提到日治時期為避免汽車運輸業危及到鐵路營運，故成立了局營巴士，歸鐵道部管轄，使汽車運輸能與鐵路相互配合，避免競爭造成有限的資源浪費。戰後，省營客運脫離鐵路管理委員會，隸屬於公路局管轄，使兩者由上下行單位變成平行單位，兩者都肩負著為民服務與充裕省庫的使命，兩者究竟是相輔相成？抑或是惡

性競爭？而主管單位在當中又扮演著什麼角色？本節將作探討。

　　鐵公路客運業務競爭問題在戰後可說是立刻浮現，民國 36 年 12 月公路局曾奉命停駛與鐵路平行的路線約 279.6 公里（參見第三章第二節），旋因鐵路運量不足，在地方人士要求下，公路局漸次恢復行駛。由此可知，省府方面的交通政策與日治時期一般，是以鐵路為主，以公路為輔。當兩相競爭時，公路必須配合鐵路，停駛與鐵路平行路線。當時公路局停駛的路線如表4-1-1：

表 4-1-1　民國 36 年 12 月公路局停駛路線一覽表

路　　　線	里程（公里）
中壢至新竹	38
新竹至大甲	79.8
通宵至大甲	19.8
大甲至清水	10.6
臺中至苑裡	68.7
臺南至新市	14.7
宜蘭至頭城	15.5
屏東到東港	32.5
總　　　計	279.6

資料來源：整理自〈臺灣省公路交通概況〉收入於陳雲林編，《館藏民國臺灣史料匯
　　　　　編》，第 234 冊，頁 274〜277；臺灣省公路局，《公路局四十年》，頁 239
　　　　　〜240。

　　停駛的路線以與西部海線鐵路平行的路線為主，而民國 37 年時省參議員陳清棟（1901〜1949）在第 1 屆省參議會第 5 次定期大會第 8 次會議上質詢中部海線公路局班車停駛的問題，因當地原有公路局班車行駛，不知何故而停駛？清水大甲苑裡通霄等地民眾希望恢復公路局汽車通行，若因已有鐵路通車之關係而停，為何臺北基隆間之公路何以尚有通車？若因無利可圖而中止，然則開放民營公司經營如何？公路局長華嵩壽僅答覆：「當與就近民營公司商議。」〔註 1〕華局長沒有回答因與鐵路並行，只回答與附近的民營客運公司商議，顯然默認了無利可圖這點。所以，即便高層要求公路局停駛

〔註 1〕　臺灣省議會祕書處，《臺灣省參議會議事錄第一屆第五次定期大會議事錄》（臺
　　　　　中縣霧峰鄉：臺灣省議會祕書處，1948 年），頁 167。

與鐵路並行的路線，公路局仍然可以將有利可圖的路線掌握，將營運績效較差的路線停駛，或是轉讓民營。

二、鐵路為主，公路為輔

民國 40 年 9 月鐵路管理局（鐵路管理委員會於民國 37 年改組為鐵路管理局以下稱鐵路局）調整客貨運價格，客運提高 70%以上，貨運提高 40%，然而公路局客運票價並未隨之調漲，〔註2〕造成各方質疑鐵路局為何單方面漲價，當然漲價的後果亦反映在鐵路客源流向公路的現象。自民國 40 年開始，省參議會及省議會對鐵公路業務惡性競爭的質詢不斷，參議員梁道（1888～1954）質詢鐵公路業務競爭，應以鐵路為主，公路為輔。時任交通處長侯家源（1896～1957）表示贊成，而且政府會極力避免兩者惡性競爭。〔註3〕

民國 41 年，省議員呂世明（1902～1992）再度質詢鐵公路業務競爭的問題，侯家源坦承鐵路旅客人數下降，是受到漲價的關係，而交通處已加強監督，希望鐵公路勿作惡性競爭。〔註4〕侯家源秉持鐵路為主，公路為輔的原則，對公路局客運業務進行限制，尤其是限制車輛增加，民國 42 年至 46 年公路局每年購進車輛均不足百輛，僅供汰換而已。因此，在車輛不足的狀況下，要增加路線或是行車班次都有其困難。民國 42 年侯家源於省議會中明白指出臺灣的交通事業，票價已經無法再低，所以在票價方面是無可競爭，無論是公營事業或私營事業，今後惟有競爭服務，誰服務週到，誰的績效就卓越。〔註5〕

侯家源認為公路運輸在政府的購車限制下，公路運輸量已到達飽和點，因此，公路無法負荷的旅客會流向鐵路。〔註6〕其次，公路局用料，大多採用外國材料，諸如汽車車輛輪胎及其他配件等，約佔全部材料 60%以上，而此

〔註2〕　〈為鐵路調漲票價，向當局進一言〉，《聯合報》，1951 年 10 月 11 日，版 7。
〔註3〕　「臺灣省政府交通處答覆臺灣省參議會第一屆第十一次大會參議員梁道質詢」，〈檔案─質詢／交通〉，《臺灣省議會史料總庫》，臺灣省諮議會藏，典藏號：0017170140002，1951 年。
〔註4〕　臺灣省議會祕書處，《臺灣臨時省議會議事錄第一屆第二次定期大會議事錄》（臺中縣霧峰鄉：臺灣省議會祕書處，1952 年），頁 832。
〔註5〕　臺灣省議會祕書處，《臺灣省臨時省議會公報》，第 1 卷 3 期（臺中縣霧峰鄉：臺灣省議會祕書處，1953 年），頁 150。
〔註6〕　〈建西螺橋有功人員政府頒授勳章，與省府月會合併舉行，侯家源報告交通工作〉，《聯合報》，1953 年 6 月 9 日，版 3。

項外國材料必須動用外匯，鐵路用料情形適與其相反，所需材料費約佔支出總數 40%，其中外國材料僅佔 25%，國內購料則佔 75%，〔註7〕因此，侯家源主張鐵路必須得到政府的扶持，為節省外匯起見，投資鐵路比較符合國家利益。

　　由議員們的質詢看來，民國 40 年以後鐵公路的業務競爭愈加激烈，而政府的立場是扶持鐵路而打壓公路客運。侯家源很堅定以鐵路為交通運輸主幹，在任何情形下政府將予維持，他認為 30 公里以下乘坐汽車較為便宜，30 公里以上乘坐火車較為便宜亦舒適。〔註8〕換句話說，政府的方針是短程搭公路客運，長途搭火車。

表 4-1-2　臺鐵與公路局客運票價調整一覽表

運價	日期	49 年 1 月	50 年 10 月	56 年 8 月	63 年 1 月	68 年 6 月	69 年 5 月	69 年 10 月
臺鐵客運	普通車	0.16	0.19	0.22	0.29	未調整	0.54	0.57
	柴油車	0.20	0.24	0.28	0.36		0.54	0.57
	快　車	0.24	0.27	0.31	0.43		0.58	0.61
	對號車	0.32	0.34	0.40	0.58		0.70	0.74
	光華號			0.48	0.72		0.90	0.95
	觀光號		0.42	0.57	0.88		停駛	停駛
	莒光號				1.10		1.10	1.16
	復興號							0.95
	自強號						1.32	1.32
	平　均	0.23	0.29	0.38	0.62	0.62	0.81	0.86
公路局客運	普通車	0.27	未調整	0.30	0.40	0.53	0.69	0.73
	直達車				0.46	0.58	0.71	0.73
	金馬號				0.52	0.65	0.72	0.78
	金龍號				0.64	0.72	0.72	0.78
	中興號				0.63	0.83	0.83	0.87
	國光號					1.09	1.09	1.09
	平　均	0.27	0.27	0.30	0.53	0.73	0.79	0.83

單位：每公里元

資料來源：整理自臺灣省交通處，《臺灣交通回顧與展望》，頁 94 及 257。

〔註7〕　〈運價調整與物價變動情形鐵路局報告全文〉，《聯合報》，1951 年 10 月 27 日，版 7。

〔註8〕　臺灣省議會秘書處，《臺灣臨時省議會第一屆第四次定期大會議事錄》（臺中縣霧峰鄉：臺灣省議會秘書處，1953 年），頁 668～669。

　　由表 4-1-2 來看，兩路局客運方面運價在民國 49 年至民國 69 年當中各有 5 次調整，就每公里平均運價來看兩者差距從未超過 0.1 元。以臺北至基隆里程約為 29.5 公里為例，民國 49 年時雙方普通車運價來比較，搭鐵路局普通車要價 4.72 元，公路局普通車要價約 8 元；民國 69 年 10 月時兩路局普通車運價，搭鐵路局普通車要價約 16.8 元，公路局普通車要價約 21.5 元。因此，就 30 公里以內短程搭火車是比搭公路客運來的划算；若以兩路局最高級的車種來比較，臺北至高雄的距離約為 359 公里，民國 69 年時搭自強號要價 473.88 元，搭國光號 391.31 元，因此，就長途旅程而言，搭乘公路局國光號是比自強號來的划算。其實公路局普通車的運價直逼臺鐵對號車，因此，就短途而言是搭乘臺鐵對號車以下車種會比搭公路局普通車來的便宜，就 30 公里以上長途旅程而言，公路局的中興號、國光號運價都低於臺鐵的莒光號、自強號。照此票價，政府極力使鐵公路的票價縮短差距，使得鐵公路客運並未在票價上惡性競爭，但除非長途旅程旅客均選擇臺鐵較低級的車種搭乘，否則並非如侯家源所說，短途搭汽車較便宜，長途搭火車比較便宜。公路局客運票價受到臺鐵票價的羈絆，這個影響在高速公路完工後整個浮現出來，國光號的北高票價根本無法跟票價低廉的野雞遊覽車競爭，造成巨大的損失，後文再述。這也顯示出鐵公路客運的票價訂定存在著不合理，政府僅是一昧的牽制鐵公路客運票價，並未做全盤合理的調整。

　　鐵公路業務競爭激烈，情況看來是鐵路佔了下風，且根據表 4-1-3 可知鐵路的旅客數量在 29 年當中僅成長 2 倍，而公路客運的旅客數量成長近 9 倍。侯家源說投資鐵路比較符合國家利益，但讓人不禁懷疑國家投資巨額資金在鐵路運輸方面到底合不合乎效益？而效益與國家利益是否矛盾？

　　省議員王開運（1889～1969）主張鐵公路行車應相互配合，[註9] 讓人想起了日治時期為了避免鐵公路惡性競爭而產生的局營巴士，而比交通處長更高的層級省主席俞鴻鈞（1889～1960）及嚴家淦兩人在鐵路與公路業務競爭方面看法是一致的，就是要求鐵路公路相互配合，在平行的路線進行聯營，在不平行的路線進行聯運，避免惡性競爭。俞鴻鈞同時要求鐵路局提高服務品質，[註10] 嚴家淦主張鐵公路運輸當以為民服務為目的，同時因政府財政

〔註 9〕　臺灣省議會祕書處，《臺灣省臨時省議會公報》，第 2 卷 4、5 期（臺中縣霧峰鄉：臺灣省議會祕書處，1953 年），頁 797～798。
〔註10〕　臺灣省議會祕書處，《臺灣省臨時省議會公報》，第 2 卷 4、5 期，頁 797～798。

需要，亦有充實財政的目的。他認為鐵公路運輸機關應與日治時期一樣合併由單一機關主導，如此才可避免不良競爭。但兩個單位既然已分開來，鐵公路運輸可以各自發展，彼此協調，在業務上作合理的分配，讓交通事業上軌道，增進效能。〔註11〕而在合理的範圍下競爭，以刺激業務之改善是有好處的，這兩位省主席並未要求公路局停止與鐵路平行的路線或者壓制公路局客運業務擴張，因兩者皆有負責充裕省府財政的任務，打壓任何一方皆對省府不利。

省營鐵公路運輸事業的目的固然是為民服務，但另一方面又肩負著充實省庫的財政使命，因而常常會造成對低乘載的路線不是不願經營就是車班稀少的狀況，民國44年省議員許金德（1908～1990）就提出希望政府多多注意鄉村的交通問題，飭令公路局減少與鐵路平行的車班，把剩餘力量轉向鄉村發展。〔註12〕與許金德一樣注重鄉村交通問題，但省議員李建和（1911～1971）認為鐵路局不重視東部鄉村的交通，宜蘭線的火車車班稀少，要求鐵路局應增加宜蘭線的班車，而且車廂亦比西部路線又小又髒。〔註13〕公路局五個區運輸處中第四區（屏東臺東）與第五區（宜蘭花蓮）行駛地區多為公路局獨佔性路線，故車站老舊設施配置較缺乏，以致其服務水準也最差，使用車輛多為第一、二、三區汰換下來的。〔註14〕長期以來，偏鄉的交通確實比較受到忽視，兩路局對偏鄉的投資明顯不足。

民國46年2月侯家源病逝於交通處長任內，新任交通處長為原鐵路管理局局長莫衡（1891～1976），但其仍兼任鐵路局局長。莫衡對於鐵公路競爭的態度是加強鐵路本身的服務品質，而對於公路局客運業務方面則未改變侯家源的政策，限制公路局客運業務擴張。莫衡在臨時省議會第三屆第一次定期大會第四次會議上做工作報告，鐵路業務方面計有增添機客貨車、增添機械設備、增設號誌設備、橋梁軌道修護工程、加強客運服務及增強貨運能量等6大項。公路業務亦有6項，其中道路修築養護4項、監理業務1項、公路客

〔註11〕臺灣省議會祕書處，《臺灣省臨時省議會公報》，第4卷6期（臺中縣霧峰鄉：臺灣省議會祕書處，1954年），頁2345～2346。

〔註12〕臺灣省議會祕書處，《臺灣省臨時省議會公報》，第5卷11期（臺中縣霧峰鄉：臺灣省議會祕書處，1955年），頁2345～2346。

〔註13〕臺灣省議會祕書處，《臺灣省臨時省議會公報》，第10卷11期（臺中縣霧峰鄉：臺灣省議會祕書處，1957年），頁9904～9905。

〔註14〕陳武正，《臺灣汽車客運公司有效經營研究》，頁68。

運業務僅有 1 項，即「公路局現有客車多已陳舊，爲謀滿足社會需要，本期共擬增購新車底盤 129 輛，其中 29 輛係繼續完成上年度計畫未購部分，100 輛係本年新購。」〔註 15〕由此可知，莫衡較重視鐵路的發展，對公路業務僅爲維持，而全力發展鐵路業務。

三、鐵路、公路自由發展

　　莫衡僅任交通處長 280 餘天（46 年 2 月至 46 年 12 月）即因無法身兼交通處長及鐵路局長兩職而請辭交通處長，接任者爲公路局長譚嶽泉。譚氏完全否認鐵路公路有惡性競爭的情事，他認爲公路可以補鐵路之空段，公路最重要的任務是在鄉鎮，所以支線特別多，經濟之繁榮，農村之發達，行旅之要求特別需要公路客運。〔註 16〕他指出鐵路雖被定位在長途運輸，但事實上，民眾短程運輸亦十分依賴臺鐵，而公路局並不開設臺北直達高雄的車班，避免與臺鐵作長途的競爭。〔註 17〕由此看來，譚氏認爲鐵路發展的很好，但隨著經濟成長，民眾對北高交通的需求越來越大，在公路局無直達車及臺鐵運量不足的情況下，野雞遊覽車悄悄地趁虛而入開始違法經營北高客運班車，後文再述。譚嶽泉任交通處長後大力扶持公路局客運業務，不僅購車輛數增加，且成立金馬號對號快車。因此，譚嶽泉就任交通處長後可視爲政府公路運輸政策的轉折點，由鐵路爲主、公路爲輔轉變爲鐵公路各自發展，相互合理競爭。根據表 4-1-3，公路局每年客運人數自民國 47 年起已超越鐵路每年客運人數，民國 61 年起公路局每年客運人數更是達到鐵路每年客運人數的兩倍以上。自此，公路局經營的客運事業，除票價外，漸漸脫離鐵路的牽制，全力的發展自己的版圖，建構公路局汽車客運幹線公營支線民營的臺灣公路交通網絡，但是，因之前公路局購車受到限制，譚嶽泉雖然大力扶持公路局客運業務，購車數量增加，但礙於政府財政困難，公路局始終存在著客車車齡老舊，汰換不及的情況。

〔註 15〕臺灣省議會祕書處，《臺灣臨時省議會議事錄第三屆第一次定期大會議事錄》，上冊（臺中縣霧峰鄉：臺灣省議會祕書處，1957 年），頁 893～897。

〔註 16〕臺灣省議會祕書處，《臺灣省議會公報》，第 3 卷 17 期（臺中縣霧峰鄉：臺灣省議會祕書處，1960 年），頁 596～597。

〔註 17〕臺灣省議會祕書處，《臺灣省議會公報》，第 3 卷 17 期，頁 596～597。

表 4-1-3　民國 41 至 69 年鐵公路客運比較表

項目 時間 （民國）	旅客人數 （千人）		延人公里 （千延人公里）		平均運程 （公里）	
	臺鐵	公路局	臺鐵	公路局	臺鐵	公路局
41	64,938	37,278	1,749,772	569,838	26.9	15.3
42	66,024	47,985	1,879,726	738,307	28.5	15.4
43	69,996	59,541	2,054,791	935,795	29.3	15.7
44	77,649	71,973	2,351,057	1,129,045	30.3	15.7
45	84,098	86,387	2,641,538	1,310,064	31.4	15.2
46	97,793	93,009	3,192,557	1,297,215	32.6	13.9
47	102,774	109,075	3,444,655	1,547,953	33.5	14.2
48	101,140	124,837	3,481,318	1,867,009	34.4	15.0
49	101,781	128,972	3,406,019	1,955,885	33.5	15.2
50	106,396	137,938	3,571,990	2,074,897	33.6	15.0
51	97,243	132,748	2,389,310	2,023,511	33.8	15.2
52	97,575	138,020	3,367,273	2,129,153	34.5	15.4
53	108,417	169,366	3,831,287	2,583,387	35.3	15.3
54	115,777	187,456	4,280,947	2,825,245	37.0	15.1
55	121,865	203,221	4,460,316	3,032,524	36.6	14.9
56	132,216	211,307	4,942,291	3,097,028	37.4	14.7
57	137,036	229,361	5,381,964	3,333,999	39.3	14.5
58	134,865	233,591	5,824,900	3,446,645	43.2	14.8
59	129,293	238,310	6,113,683	3,623,078	47.3	15.2
60	134,213	259,665	6,715,436	3,926,046	50.0	15.1
61	136,519	285,568	7,229,918	4,336,131	53.0	15.2
62	140,853	308,952	7,939,939	4,999,389	56.4	16.2
63	145,443	331,365	8,276,597	5,631,387	56.9	17.0
64	143,117	339,732	8,221,467	5,967,054	57.4	17.6
65	140,033	350,028	8,411,659	6,664,246	60.0	19.0
66	128,884	343,708	8,070,088	7,206,064	62.6	21.0
67	122,240	352,643	7,949,851	7,929,785	65.0	22.5
68	127,827	343,776	7,275,081	8,843,308	56.9	25.7
69	138,847	322,028	7,918,629	9,733,851	57.0	30.2

資料來源：整理自交通部統計處，《民國 69 年交通統計要覽》（臺北：交通部統計處，1981 年），頁 246、263。

居於劣勢的鐵路局為了解決運量不足的問題，提出動力電氣化計畫（施工期 61 年 7 月至 68 年 6 月）來因應，估計電化工程完成後，基隆、高雄間直達電氣列車，行車時速可高達 120 公里，一般電氣機車牽引的客車，也可到達時速 110 公里。臺北、高雄間直達客車，只要 4 個小時便可到達，較電氣化前縮短 1 至 2 個小時，而且每列火車可掛 15 個車廂，運輸量更大。〔註 18〕即使未來南北高速公路完成後，鐵路也可與公路上的汽車競爭。鐵路電氣化於民國 61 年開始施工，但同時中山高速公路也開始興建，並於 65 年底分段完工。由表 4-1-3 可知民國 65 年開始公路局客運平均運程及延人公里大幅增加，顯示公路局趁此時機大幅開闢長途路線班車，將經營重心移至高速公路，而鐵路運輸卻因西部幹線電氣化施工而陷入了黑暗期，不僅運量大減，且班車誤點嚴重，更造成大量的旅客流向公路客運。

四、鐵路局的財務危機

臺鐵將拯救鐵路事業的重責大任交付於鐵路電氣化，但政府因興建高速高路的緣故，無法給予鐵路電氣化財政方面的援助，因此，鐵路電氣化總工程費用 230 億元，均要鐵路局自行負擔。而鐵路客貨運的運費偏低，鐵路費率一直未能做較大幅度的調整，固然出於政府穩定物價的苦心，但亦使鐵路的收入受到相當影響，沒有餘力做大筆的投資。電氣化工程所增添的鉅額開銷係借貸支付，債務本利支出費用遠超出鐵路局的營運收入，造成鐵路局的財務危機。〔註 19〕

事實上，即使民國 68 年鐵路電氣化完工之後，因西部鐵路部分路段軌道仍為單線，鐵路運量仍受到限制，造成鐵路的旅客人數增加不如預期。鐵路局自民國 67 年起更是年年虧損，而高速公路完工後，公路局盈餘有著大幅度的增加（參見表 4-1-4），但此時與鐵路競爭的對手除了公路局客運之外，還有違規遊覽車以及成等比級數增加的自用小客車，後文再詳述。

〔註 18〕臺灣省議會秘書處，《臺灣省議會公報》，第 36 卷 11 期（臺中縣霧峰鄉：臺灣省議會秘書處，1977 年），頁 1049。

〔註 19〕臺灣省議會秘書處，《臺灣省議會公報》，第 41 卷（臺中縣霧峰鄉：臺灣省議會秘書處，1979 年），頁 1651。

表 4-1-4　鐵路局與公路局盈虧一覽表（民國 61 年至 69 年）

年度 （民國）	盈　虧	
	臺　鐵	公　路　局
61	210,349,419.21	52,437,543.84
62	581,800,047.50	164,803,832.04
63	701,345,437.71	201,185,676.87
64	602,083,792.88	271,935,273.19
65	737,276,166.18	266,997,045.80
66	361,915,970.10	230,954,541.29
67	-256,976,788.30	217,772,139.47
68	-861,595,966.87	491,626,286.78
69	-1,676,581,367.26	668,261,413.90

單位：元

資料來源：整理自交通部，《民國 69 年交通統計要覽》，頁 216～217、271～272。
附註：民國 61 年起會計年度改為 7 月 1 日至次年 6 月 30 日，本欄係民國 61 年 1 至 6
　　　月數字。

　　自民國 41 年起，鐵路客運量佔內陸運輸總運量的比例漸減，公路客運
量的比例則提高。造成此種現象的主要原因，是汽車運輸機動而便利，可以
隨時且快速地將客貨送達目的地，同時在設備，養護和運輸成本上，汽車比
火車要來得簡單而低廉。公路客運可以四通八達，班次繁密，而且每個地點
都可以設站，旅客會享受到更多的便利，但是火車就要受到種種限制，既不
可能隨時架設軌道，亦不可能任意增設車站，況且工業化社會，旅客往往優
先考慮時間和便利。因此，旅客在選擇交通工具時，往往捨棄火車而搭乘汽
車。臺鐵的情況誠如行政院政務委員費驊（1912～1984）說：「鐵路目前已
不夠條件談如何與高速公路競爭，應是講求如何爭生存的時候了。」[註20]

第二節　與縣市營公共汽車的關係

一、臺灣省汽車運輸業管理規則施行

　　早在戰後初期，臺灣各地方政府即因財政困窘，想方設法開闢地方財源，

〔註20〕楊芳芷，〈營收銳減外債要還　鐵路局窮上加窮〉，《民生報》，1978 年 12 月 4
　　　日，版 6。

而交通在當時係壟斷事業，在私人小客車不發達的時代，只要掌握黃金路線，即是穩定的財政收入。民國 35 年 6 月 24 日新竹市長郭紹宗（1899～1991）帶人強行接收臺灣軌道株式會社（新竹客運），但因交通處已於 6 月 1 日派員至該公司監察，且該月 21 日行政長官公署第 30 次政務會議已決議關於公路客運除臺北、基隆、高雄准暫維持現狀外，各縣市政府不得辦理公路客貨業務，〔註21〕經駐公司監理官出示公文後，郭市長見無法接收，翌 25 日上午 10 時竟派警察至該公司將董事長陳性（1900～1963）、執行董事許振乾（1908～1963）及經理王阿賢三人以抗命罪名帶回警察局拘禁，至 26 日下午 4 時才將三人釋放。〔註22〕無獨有偶，臺中也發生豐原區署擅自派員接收豐原乘合自動車株式會社的情事，遭行政長官公署交通處電令撤回。〔註23〕而公路局成立之後，重申各縣市不得辦理客貨運業務之外，公民營公路交通企業及民營汽車業務自應劃歸該局統一管理。〔註24〕

　　公路局對當時客貨運公司之組織人事與業務運輸是否健全、路線車輛之維持與保養是否良好、行駛之班次是否敷足、其既定之運輸路線有無臨時或長期放棄情事等，嚴加考核。〔註25〕行政長官公署為管理各地客貨車於民國 36 年 4 月制定〈臺灣省私有客貨車營運管理辦法〉，〔註26〕但該年 5 月 16 日臺灣省行政長官公署改組為臺灣省政府，並於 11 月 18 日公布施行「臺灣省汽車運輸業管理規則」，同時廢止〈臺灣省私有客貨車營運管理辦法〉與日治時期頒布之〈自動車交通事業法〉等 9 種法規。〔註27〕

〔註21〕「公路交通業務劃歸公路局案」，〈臺灣省接收日人財產處理辦法〉，《臺灣省行政長官公署檔案》，國史館臺灣文獻館藏。

〔註22〕〈要強制接收汽車公司　郭市長濫用職權〉，《民報》第 285 號，1946 年 6 月 29 日，版 2。

〔註23〕「電知豐原乘合自動車株式會社已由鐵管會派員監理希查照」，《臺灣省行政長官公署公報》，民國 35 年秋字 23 期，頁 360。

〔註24〕「公路交通業務劃歸公路局案」，〈臺灣省接收日人財產處理辦法〉，《臺灣省行政長官公署檔案》，國史館臺灣文獻館藏。

〔註25〕「為整飭公路運輸業務與秩序指示三項希在總檢驗期結束前辦理竟功並據報」，《臺灣省行政長官公署公報》，民國 36 年春字 35 期，頁 555。

〔註26〕「臺灣省私有客貨汽車營運管理辦法」，《臺灣省行政長官公署公報》，民國 36 年夏字 28 期，頁 450。

〔註27〕「臺灣省汽車運輸業管理規則」，《臺灣省政府公報》，民國 36 年冬字 42 期，頁 650～652。日治時期頒布之 9 種法規為自動車交通事業法、自動車交通事業法施行規則、旅客自動車運輸事業運輸設備會計規程、特定旅客自動車運送業規則、貨物自動車運送事業設備會計規程、旅客自動車運送事業基準規

根據〈臺灣省汽車運輸業管理規則〉規定幹線應歸公營，其餘路線可開放民營或公民合營，但須接受公路局的指揮與監督。〔註28〕而經營汽車運輸業須送公路局登記核發營業許可後，方可營業，〔註29〕且公路局認為有必要時，可將業者的路線營業權收回。〔註30〕因此，與日治時期一般，對汽車運輸業無論公營或私營都採取許可制，而主管機關就是公路局，換句話說，只要是公路局認定是幹線者，不會許可業者申請，而業者申請得到許可之後，因後來環境改變之需要，公路局亦可根據〈臺灣省汽車運輸業管理規則〉第13條規定收回業者的路權。不過「臺灣省汽車運輸業管理規則」與日治時期之〈自動車交通事業法〉最大的不同點在於並未明定公路運輸一路線一經營之原則，〈臺灣省汽車運輸業管理規則〉僅在第14條中規定：「汽車運輸業之營業區域，自核准之日起，最多以貳拾年為有效期間」此即俗稱的「路權」。

二、澎湖與嘉義縣政府創辦公共汽車

根據〈臺灣省汽車運輸業管理規則〉並未禁止地方縣市政府興辦交通事業，因此，首先成立的是澎湖縣營公共汽車與嘉義市營公共汽車。第二章提及戰後澎湖交通有限公司因全屬臺人資本，故使其改組後由原股東繼續經營（參見表2-3-1）。依規定，在〈臺灣省汽車運輸業管理規則〉頒行前所設立之汽車運輸業，必須依前述規則補辦登記，不論汽車客運公司或公共汽車公司都須備有大客車 5 輛以上，〔註31〕若有特殊情形得從寬辦理，但澎湖交通有限公司僅有 1 輛客車，且資金周轉不良，機料缺乏，原股東無意經營，至民

程、貨物自動車運送事業者補助規則、自動車交通事業法臺灣職業權委任規程、自動車交通事業法ヲ臺灣二施行スルノ件。

〔註28〕〈臺灣省汽車運輸業管理規則〉第2條規定：「本省各公路客貨運輸業務，除幹線應歸公營，其路線另行規定外，其餘路線得照中央宣示開放商營之原則，准許商營或公商合營，但須依照本規則之規定，受本省交通處公路局之指揮監督。」

〔註29〕〈臺灣省汽車運輸業管理規則〉第4條規定：「凡經營汽車運輸業……送請本省公路局登記核發營業許可證後，方准營業。」

〔註30〕〈臺灣省汽車運輸業管理規則〉第13條規定：「凡經核准之汽車運輸業，在其核准之營業區內，如有路線須改築鐵路，或本省公路局認為必要時，應將該線區營業權收回，……。」

〔註31〕「為規定在『臺灣省汽車運輸業管理規則』頒行前已設立之汽車運輸業補辦登記事項暨審核各汽車運輸業申請設立之原則仰轉飭遵照」，《臺灣省政府公報》，民國36年冬字51期，頁803。

國 37 年已無法運行。〔註 32〕於民國 38 年馬公鎮公所向公路局要了逾齡車輛 2 輛，成立馬公鎮公共汽車管理處，勉強營運後，因客源稀少，虧損連連，公所亦財政短缺，行駛僅兩個月即停止營運。民國 39 年 6 月澎湖交通有限公司由縣政府收購，民國 40 年 2 月 1 日澎湖縣政府再新購大客車三輛，且整併原先馬公鎮公共汽車管理處成立澎湖縣公共汽車管理處。〔註 33〕

　　嘉義市公共汽車管理處於民國 38 年 10 月成立，〔註 34〕有舊車 6 輛因當時所轄行政區不大，且已有民營的嘉義客運公司班車行駛，故其營業路線僅有嘉義至太保環線一條，且路面崎嶇對車輛傷害極大，迄民國 39 年（1950）僅剩可動車 1 輛，該年 10 月嘉義市廢除省轄市的資格，被併入嘉義縣，嘉義市公共汽車管理處由嘉義縣接管，〔註 35〕因經營困難，於民國 40 年 7 月停業。〔註 36〕

　　民國 39 年臺灣省政府公布〈臺灣省各縣市實施地方自治綱要〉，其綱要第 11 條第 5 項及第 6 項規定縣市境交通及縣市公營事業為自治事項，〔註 37〕此點給予各縣市興辦交通事業莫大的鼓舞，民國 40 年間倡議籌辦公共汽車的有前述澎湖縣及臺中市、雲林縣、桃園縣、苗栗縣等。〔註 38〕各縣市議會之決議案跳過公路局逕送省府，省府不堪其擾乃電令各縣市政府，重申要創辦公營縣營汽車客運應依照本省汽車運輸業管理規則之規定，先向公路局申請許可後方可辦理，不得任意籌劃經營。〔註 39〕同時公路局亦勸告各縣市政

〔註 32〕　臺灣省議會祕書處，《臺灣省參議會第一屆第五次定期大會議事錄》（臺中縣霧峰鄉：臺灣省議會祕書處，1948 年），頁 160。

〔註 33〕　「請核定澎湖縣公共汽車管理處組織規程一案核復遵照由」，〈澎湖縣公共汽車管理處組織規程〉，《臺灣省級機關檔案》，國史館臺灣文獻館藏，典藏號：0040121013200801，1951 年。

〔註 34〕　「嘉義市公共汽車管理處組織規程核訂本電發案」，〈縣市政府編制〉，《臺灣省級機關檔案》，國史館臺灣文獻館藏，典藏號：0040121008719001，1950 年。

〔註 35〕　因行政區更改，原嘉義市公共汽車管理處組織規程已不適用，但嘉義縣政府未重新申請許可。

〔註 36〕　「檢送嘉義縣公共汽車管理處組織規程一案令仰遵照由」，〈公共汽車管理處組織規程〉，《臺灣省級機關檔案》，國史館臺灣文獻館藏，典藏號：0040121016829002，1952 年。

〔註 37〕　「臺灣省各縣市實施地方自治綱要」，《臺灣省政府公報》，民國 39 年夏字 20 期，頁 307。

〔註 38〕　「為各縣市創辦縣營汽車客運應依照本省汽車運輸業管理規則之規定先向公路局申請許可後方可辦理不得任便籌劃經營希遵照」，《臺灣省政府公報》，民國 40 年秋字 22 期，頁 227。

〔註 39〕　「為各縣市創辦縣營汽車客運應依照本省汽車運輸業管理規則之規定先向公路

府，事實上，各縣主要公路客運已核交民營公司營運，如果地方政府創辦公路客運業務，除非將民營路線收歸公營，否則行駛路線甚少，前途難有發展。〔註40〕公路局事實上仍是秉持著一路線一經營的原則，且〈民營公用事業監督條例〉第17條規定：

> 民營公用事業，如其性質在同一區域內，不適於並營者，非經中央及地方監督機關認為原有營業者，確已不能再行擴充設備至足供公用之需要時，同一營業區域內，不得有同種第二公用事業之設立。〔註41〕

若縣市政府申請公路客運業務，其經營路線與公路局或民營業者重疊者，公路局是不會發給營業許可。在此情況下有意辦理公路客運業務的地方政府，僅能申請經營民營業者未申請的路線，或是收回民營業者已經營的路線。

民國40年臺中市向省府申請設立公共汽車管理所，但其申請5條市區營業路線，有兩條與公路局營業路線重疊，且營業計劃中票價過高，而支出卻未能減少，該市區域不廣，似無設置公共汽車之必要，因而省府簽核緩議。〔註42〕地方政府申請民營業者未申請的路線，通常是窮鄉僻壤之地，對於開拓各縣市財源不但沒有幫助，反而可能會造成財政負擔。因此，收回民營業者所經營的路線就成為欲辦理汽車客運的縣市政府唯一的辦法。

民國41年5月嘉義縣議會與嘉義縣政府對縣營公共汽車又起了濃厚的興趣，在縣議會第一屆第四次大會決議創辦縣營公共汽車業務，其營業路線主要為收購民營路線。〔註43〕對此嘉義客運公司董事長林抱（1894～1960）特地召開記者會強烈表達反對之意，並向省府陳情。〔註44〕6月嘉義縣政府向公路局申請將原先嘉義市公車管理處換發營業許可為嘉義縣公共汽車管

　　　局申許可後方可辦理不得任便籌劃經營希遵照」，《臺灣省政府公報》，頁227。
〔註40〕「為各縣市創辦縣營汽車客運應依照本省汽車運輸業管理規則之規定先向公路局申請許可後方可辦理不得任便籌劃經營希遵照」，《臺灣省政府公報》，頁227。
〔註41〕「修正民營公用事業監督條例」，《國民政府公報》，民國22年1277號，頁3。
〔註42〕「據請設立該市公共汽車管理所電復知照由」，〈臺中市創設公共汽車管理所〉，《臺灣省級機關檔案》，國史館臺灣文獻館藏，典藏號：0040121013214002，1951年。
〔註43〕〈嘉義縣客運汽車　部份路線收歸縣營〉，《聯合報》，1952年5月9日，版6。
〔註44〕「電為嘉義縣議會通過收回民營汽車一案理合報請鑒核賜予保障業者之已得合法權益」，〈嘉義縣府將民營客運交通事業收歸縣營〉，《臺灣省級機關檔案》，國史館臺灣文獻館藏，典藏號：0044144019364001，1952年。

理處，〔註45〕但因其申請 7 條營業路線中嘉義至朴子、嘉義至北港兩線與嘉義客運公司營業路線重疊，又其申請營業區間與資本額與先前嘉義市公車管理處申請之許可不符合，故遭公路局駁回。〔註46〕

　　嘉義縣議會因而要求省府解釋〈臺灣省汽車運輸業管理規則〉中，關於汽車運輸交由民營與憲法是否有牴觸？縣市政府舉辦交通事業，是否不受〈臺灣省汽車運輸業管理規則〉之限制？省府答覆「憲法」規定公用事業經法律許可者，得由國民經營之，另外〈憲法〉與〈實施地方自治綱要〉，雖規定縣市交通事業由縣立法及執行之，並非無條件便可收回已核准之民營事業而剝奪其權利。〈國營事業管理法〉第六條規定：「國營事業，除法律有特別規定外，應予同類民營事業有關同等之權利與義務。」國營事業者尚且如此，縣市豈能例外。〔註47〕

　　10 月嘉義縣政府重新申請公共汽車營業許可，這次申請的路線僅有嘉義至朴子、嘉義至吳鳳廟兩線（如圖 4-2-1）〔註48〕，嘉義縣政府以嘉義至朴子之道路由縣府出資重修路基與鋪設柏油為由要求收回嘉義客運公司的路權，此簽呈遭到省府否決，省府並決議由嘉義客運公司繼續經營該路線至期滿為止，縣營車輛除用於市區行駛者外，餘車概由該公司收買，嘉義客運公司按年繳納柏油修鋪受益費。此係重大政策，今後難免有其他縣市政府會提出，因此，省府要設立一個準繩，且按年繳納柏油修鋪受益費因涉及人民財稅負擔，為了慎重起見省府將此案交付省臨時議會審議。〔註49〕

〔註45〕「為請准予換發營業許可證以利業務進行由」，〈嘉義縣府將民營客運交通事業收歸縣營〉，《臺灣省級機關檔案》，國史館臺灣文獻館藏，典藏號：0044144019364021，1952 年。

〔註46〕「為嘉義縣辦理交通事業列有變更資本額一百五十萬之核有不符應即查明具報至所擬行駛各線仍應遵照省府前電辦理轉電遵照」，〈嘉義縣府將民營客運交通事業收歸縣營〉，《臺灣省級機關檔案》，國史館臺灣文獻館藏，典藏號：0044144019364004，1952 年。

〔註47〕「據解釋臺灣省汽車運輸業管理規則有無牴觸憲法一案復希查照」，《臺灣省政府公報》，民國 41 年秋字 75 期，頁 960。

〔註48〕「嘉義縣政府擬設立公共汽車管理處所申請營運路線係屬民營路線應如何處理呈請」，〈嘉義縣府將民營客運交通事業收歸縣營〉，《臺灣省級機關檔案》，國史館臺灣文獻館藏，典藏號：0044144019364022。

〔註49〕「關於嘉義縣府申請經營嘉義朴子等線客運案之決議請審議見復」，〈嘉義縣府將民營客運交通事業收歸縣營〉，《臺灣省級機關檔案》，國史館臺灣文獻館藏，典藏號：0044144019364012，1952 年。

圖 4-2-1 民國 41 年嘉義縣營公共汽車申請營業路線與
嘉義客運公司營業路線重疊圖

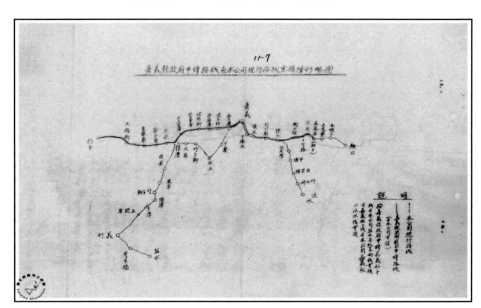

資料來源：「電為嘉義縣議會通過收回民營汽車一案理合報請鑒核賜予保障業者
之已得合法權益」，〈嘉義縣府將民營客運交通事業收歸縣營〉，《臺灣
省級機關檔案》，國史館臺灣文獻館藏，典藏號：0044144019364001，
1952 年。

　　省臨時議會對於此案，成立五人調解小組，經召開多次調解會議，提出三
個方案：（一）由縣府將嘉義客運收購。（二）由縣府與嘉義客運聯營。（三）
由嘉義客運支付縣府 20 萬柏油鋪設受益費，以五年分期付款。但第一個方案
金額雙方勢必差距頗大，且嘉義客運經營該路線尚有 17 年之路權。第二個方
案違反公路局的原則，且雙方亦不願意造成兩敗俱傷的局面。第三個方案嘉義
客運願意接受，但嘉義縣政府與縣議會不予接受，此次調解宣告失敗。〔註 50〕
而在省臨時議會調解的期間，嘉義縣營公共汽車於民國 42 年 2 月 10 日正式
營運，不過其營運路線為之前市營時代之嘉義太保循環線，〔註 51〕而後又收
購嘉合客運公司所有股份，將其併入嘉義縣公共汽車管理處營運。〔註 52〕

〔註 50〕　臺灣省議會祕書處，《臺灣臨時省議會公報》，第 3 卷第 9 期（臺中縣霧峰鄉：
　　　　　臺灣省議會祕書處，1954 年），頁 1601～1602。
〔註 51〕　〈嘉義縣縣營汽車　千呼萬喚終出來〉，《聯合報》，1953 年 10 月 12 日，版 4。
〔註 52〕　「嘉義縣政府收購嘉合汽車公司股份案函請查照」，〈嘉義縣府將民營客運交

　　由於嘉義客運公司不願讓出所經營路線的強硬態度，因此，嘉義縣公共汽車管理處始終無法收回嘉義客運公司經營之路線。而後，嘉義縣政府轉而要求與嘉義客運共同經營嘉義至朴子、嘉義至北港兩路線，而公路局對於此事的態度自始自終堅持依照〈臺灣省汽車運輸業管理規則〉辦理，維護民營業者的路權，不允許嘉義縣政府逕自收回民營業者的路權，即便要收回，也必須經過雙方協議，補償損失，而一條路線上兩個經營者這是公路局絕不允許的。〔註53〕公路局在此事件中，誠如前言要立個準繩，讓將來欲收回民營路線自行經營的地方政府認知，一定要經過與民營業者的協商才能收回，因此，後續幾個要辦公共汽車事業的地方政府，往往在與民營業者協商破裂後，其交通事業即胎死腹中。

　　從嘉義縣創辦公共汽車時，公路局客運與嘉義客運公司早已在嘉義站穩了腳步，能有盈餘的路線都掌握這兩者的手中，嘉義縣可說天時已失。當時，嘉義縣經濟人口尚未發展，若貿然開設路線，則僅有服務偏鄉交通的優點，經營客運會造成虧損根本無益於充裕縣庫，因此，嘉義縣亦無地利。最後，公路局為公路主管機關，嘉義縣不敢向強勢的公路局要求讓渡路權，只能向民營客運要路權。公路局的立場是維護既有公民營客運業者的路權，地方政府僅能以協調的方式取得路權，不可以強行侵犯公民營客運業者既有的路權。而嘉義客運從日治時期的公路運輸業兼併中走了過來，又經歷過戰後公路局的接收整併，千錘百鍊之下公司與地方淵源極深，其董事長林抱於日治時期即是地方上的仕紳，曾擔任過嘉義市會議員（1935年），戰後擔任嘉義市參議員（民國35年）、嘉義縣議員（民國42年）等職，〔註54〕縱橫政商兩界，在地方上極有人望，由此看來，嘉義縣要侵奪嘉義客運的路權亦得不到人和。在天時、地利及人和都喪失的情況下，嘉義縣營公共汽車仍要創辦，結果造成累虧日深，資金缺乏，常有欠班及停駛的狀況。〔註55〕

通事業收歸縣營〉，《臺灣省級機關檔案》，國史館臺灣文獻館藏，典藏號：0044144019364015，1953年。

〔註53〕臺灣省議會祕書處，《臨時省議會第二屆第三次大會議事錄》，下冊（臺中縣霧峰鄉：臺灣省議會祕書處，1955年），頁2347。

〔註54〕省諮議會 http://www.tpa.gov.tw/opencms/digital/area/past/past01/member0318.html 2017年5月29日。

〔註55〕臺灣省議會祕書處，《臺灣省議會公報》第10卷第22期（臺中縣霧峰鄉：臺灣省議會祕書處，1963年），頁1111。

第三節　與民營地方客運業者爭奪路權

一、黃金路線等於幹線

　　民國 41 年公路局擬定臺灣省省道設定原則，經省府核可施行。其設定原則為（一）各縣市政府所在地暨重要港口與省會之聯絡線，如：臺北至基隆、臺北至板橋等。（二）本省地形狹長連貫東西之聯絡線，如：楓港至臺東、臺中至霧社等。（三）原省道因特別情形未通部份之補助線，如：初英至銅門、草屯至林邊等。（四）鐵路終點與省道幹線之聯絡線，如：集集經日月潭至埔里。（五）其他有特殊重要性，經省府核定之路線，如：士林經陽明山至北投等。〔註56〕臺灣的省道路線可說是有了明確的界定，以省道配合縣鄉道連結成臺灣的公路網，而公路局的全臺運輸網絡政策乃省道客運由公路局經營，〔註57〕縣鄉道支線由民營客運業經營，但隨著道路橋樑的新修或改建，運輸環境變遷亦會造成公路局將支線改變為幹線，西螺大橋興建完工就是一個例子。

　　西螺大橋通車，使整個縱貫線打通，公路局班車從彰化到雲嘉地區不必再繞行至竹山集集，可直接自彰化溪湖過西螺大橋至雲林縣境西螺經斗南至嘉義。因此，在西螺大橋通車前，公路局立即將原屬於民營的臺西客運公司所經營的西螺至斗南路線收歸省營。臺西客運公司不願意所經營的路權被公路局收回，且公路局根本沒跟臺西客運公司協商，因而向省參議會陳請。〔註58〕省參議員盧根德（1895～1955）在第一屆省參議會第 11 次大會中質詢公路局：「臺西公司車輛之設備及服務之情形由過去種種辛苦經營始有今日之成績，但不能在今日營業初有起色之時，政府一紙命令收回，似有與民爭利之嫌。」〔註59〕公路局長譚嶽泉答覆：

〔註56〕「據呈本省省道公路設定原則及省道公路路線表兩種，准予照辦，悉知照」，《臺灣省政府公報》，民國 41 年秋字 67 期，頁 879～880。

〔註57〕「臺灣省省道公路設定原則及省道公路路線表送審案」，〈省道公路設定原則〉，《臺灣省級機關檔案》，國史館臺灣文獻館藏，典藏號：0044120016205004，1952 年。

〔註58〕「雲林縣臺西汽車客運公司為經營廿餘年悠久歷史路線斗南至西螺線（經莿桐）公路局將欲收回自營請求恢復行駛陳情案」，〈檔案－經建／交通／公路／運務〉，《臺灣省議會史料總庫》，臺灣省諮議會藏，典藏號：0014420540001，1951 年。

〔註59〕臺灣省議會秘書處，《臺灣省參議會第一屆第 11 次定期大會議事錄》（臺中縣霧峰鄉：臺灣省議會秘書處，1951 年），頁 120。

　　　　對收回臺西汽車公司自斗南至西螺路線之理由因斗南至西螺

　　一線係屬省道，蓋省道係由省府修養，原則上亦自應由省府經營較

　　爲合理……因爲西螺橋之修建以及保養費用全部由公路局負擔，亦

　　即省府投下之資本自應由公路局收回改爲省道方爲合理。〔註60〕

公路局以省府出資造橋修路，故將臺西汽車客運公司的路權收回是合理的，

前述嘉義縣政府出資修嘉義至朴子、嘉義至北港的縣道公路，卻無法收回嘉

義客運公司經營的路權，公路局似乎只許自己與民爭利，而地方政府要與民

爭利，還得自己跟業者協商，業者若不願妥協是可以獲得省府與法規的保障。

　　公路局是否會任意奪取民營公路客運業者的黃金路線呢？省議員呂世明

（1901～1992）在臨時省議會第一屆第一次定期大會中質疑公路局的政策要

確定，不得任意更改。交通處長侯家源答覆：「公路局政策目前已確立實施的

是客運省道省養省營，縣鄉道分區民營，每區指定一家營運。」〔註61〕政策

如此，未必實際上也如此，舉例說明，瑞芳至金瓜石間的縣道是由公路局班

車行駛，省議員李建和（1911～1971）對此問題提出質詢，公路局在短程路線

與民競爭，瑞芳、金瓜石間僅需 20 分之路線，公路局亦要經營，應全部交由

民營辦理。〔註62〕公路局長譚嶽泉答覆，此路開放民營，並非不可，不過此

路，政府方面耗費甚多，每年災害，都有搶修。有任何民營客運要行駛此路，

公路局可以考慮，但不能肯定會給予民營。〔註63〕公路局的立場是資金爲考

量，修路養路是項投資，故政府亦應該自投資的道路中以客運營運來回收成

本。所以實際面上不等於公路局的政策自己就會遵守，有利可圖的非省道路

線，連公路局長也不能肯定會讓給民營客運來接手經營。

　　民國 48 年 7 月 1 日〈公路法〉施行，其第 41 條規定：

　　　　汽車運輸業之經營除邊疆及國防重要路線由中央及地方政府

　　經營外，應盡量開放民營，人民無力經營時，由政府經營之。前項

　　由中央或地方政府經營之汽車運輸業，應依法辦理公司登記。〔註64〕

法律已制訂並實施，對公路局的營運路線有起任何變化嗎？省議員林世南

〔註60〕臺灣省議會祕書處，《臺灣省參議會第一屆第 11 次定期大會議事錄》，頁 121。
〔註61〕臺灣省議會祕書處，《臺灣省臨時省議會第一屆第 1 次定期大會議事錄》（臺
　　　　中縣霧峰鄉：臺灣省議會祕書處，1951 年），頁 554。
〔註62〕臺灣省議會祕書處，《臺灣臨時省議會公報》第 1 卷第 3 期，頁 147～148。
〔註63〕臺灣省議會祕書處，《臺灣臨時省議會公報》第 1 卷第 3 期，頁 148。
〔註64〕「公路法」，《臺灣省政府公報》，民國 48 年秋字 35 期，頁 453。

（1903～1965）認為公路局對民營客運公司之政策是違背〈公路法〉的，公路局的資本越來越多，不僅不扶植民營客運發展，反而不容許民營客運之發展。公路局應以老百姓之交通便利為重，不要專以本身利益著想，而限制市營或民營汽車延長路線，臺灣自行車數為全世界之冠，這固然與人民的負擔有關，跟交通不方便也有很大的關係。〔註65〕公路局長林則彬的答覆：「公路局係依照公路法的規定遵照上級之指示辦理的。」〔註66〕公路局的態度顯得相當強硬。

二、扶持抑或掠奪

民國 52 年省議員陳新發（1915～2005）再次針對公路局不遵守公路法提出質詢，他認為臺灣長途汽車客運事業乃民生必需之重要公用事業，全省 19 家民營公司共有客車 1,200 餘輛，負責全省城、市、鄉、鎮廣大地面之日常交通，每日載客 40 餘萬人次，其重要性較諸公營有過之無不及，但由於營收較好之路線均歸公營，民營路線為偏鄉低乘載率路線，又須負擔過重之稅捐與優待票損失，以致歷年虧累，債多息重，財務困難萬分，逾齡車輛無法汰換，亟應改善之設備無法改善，亟應開闢之路線無法開闢，致使各民營客運公司已瀕於崩潰之地步。而公路局除消極方面予以監督管理之外，從未予以切實有效之輔導扶植，而且反為本身賺取巨額盈餘繳納省庫，處處利用職權與民爭利，侵害民營事業。〔註67〕

公路局長林則彬的答覆：「公路局基於發展全省公路交通，無論哪一個民營公司都是一視同仁，隨時採取輔導政策，替他們解決問題。」〔註68〕事實上，陳新發認為公民營的路線劃分極不合理，路況及營收較好的省道與縣鄉道路線已被公路局包辦行駛；路面不好，營收甚壞之縣鄉道路線方交由民營。部分民營如協成客運、南投客運因路線過壞，虧損連連，無法生存，多次苦苦哀求公路局開放一、二條較佳路線予以行駛，公路局均毫不動心，一律批

〔註65〕 臺灣省議會秘書處，《臺灣省議會第二屆第 4 次定期大會議事錄》，下冊（臺中縣霧峰鄉：臺灣省議會秘書處，1961 年），頁 2637。

〔註66〕 臺灣省議會秘書處，《臺灣省議會第二屆第 4 次定期大會議事錄》，下冊，頁 2638。

〔註67〕 臺灣省議會秘書處，《臺灣省議會公報》，第 9 卷第 23 期（臺中縣霧峰鄉：臺灣省議會秘書處，1963 年），頁 1123～1124。

〔註68〕 臺灣省議會秘書處，《臺灣省議會公報》，第 9 卷第 23 期，頁 1129。

覆不准。〔註 69〕根本與林局長的答覆不一致，絲毫未見公路局隨時輔導扶植民營客運的情況。

　　公路局為了疏導西部幹線交通量的擁擠，配合中部公路線輸運上的需要，拓寬尖豐公路。但尖豐公路路權為新竹、苗栗、豐原三公司所有，公路局由原本的借道而過，中途停車下客，進而中途售票，終於核定該路線之三義至后里段於營運期滿後與公路局共營，等於侵占三家公司的路權。〔註 70〕除此之外，公路局侵害民營客運業者路權的例子尚有：

　　（一）東部花蓮客運公司僅有花蓮至花蓮港一條維持其生存之路線，公路局自花蓮出入之班車均繞道侵入市區、港口，沿途設站停車、售票，予以致命之打擊。

　　（二）臺北客運公司萬華過中興橋至三重埔一條路線，亦為其生命線，公路局之班車，亦繞道經由該線設站停車售票。

　　（三）高雄客運之大貝湖線，公路局藉口民眾要求公路局通車，以臺南客運公司之茄萣臺南線與高雄客運公司交換，臺南客運不甘損失，三訟至行政法院始獲公平處理，兩公司為此糾纏三年，損失達百萬以上。

　　（四）豐原客運公司之谷關東勢線，公路局藉口橫貫公路通車，作片面有利之決定，豐原客運公司提出嚴重抗議，經公路黨部協調，始以交換方式調解，豐原客運公司紛擾年餘，案卷均已編成冊。

　　（五）桃園客運公司擁有大溪復興與石門大溪兩線路權，公路局以興修北部橫貫公路及建設石門地區而核定其營運期滿後公民合營，訴訟經年，經公路黨部調解，始暫停實施。

　　（六）臺北、瑞芳、大里、宜蘭線公路局亦以奉上級指示通車，必經過基隆客運公司之八堵至瑞芳一段，等於收回合營。〔註 71〕

　　公路局長林則彬更指出，民營短途區間的路線，在公民營雙方利益兼顧之下，乃報請交通處准其繼續經營。尖豐公路、苗栗等很多地方的民眾要求公路局行駛班車，公路局為了兼顧民營客運公司權益，只有行駛金馬號直達車，只於一兩個停車站上下客。〔註 72〕由此可知，賺錢的路線本來期滿公家要收回的，為了扶植民營客運，所以准原業者可以繼續經營，但公路局要一

〔註 69〕臺灣省議會祕書處，《臺灣省議會公報》，第 9 卷第 23 期，頁 1124。
〔註 70〕臺灣省議會祕書處，《臺灣省議會公報》，第 9 卷第 23 期，頁 1124。
〔註 71〕臺灣省議會祕書處，《臺灣省議會公報》，第 9 卷第 23 期，頁 1124。
〔註 72〕臺灣省議會祕書處，《臺灣省議會公報》，第 9 卷第 23 期，頁 1124。

起共營。有些民營的路線，公路局為了不侵害民營路權，原本只派金馬號及直達車借道經過，但因民眾要求，所以才設站供旅客上下車。不過，比較之前公路局一紙命令就收回路權，民國50年代起，公路局採取共營的方式，這也打破了先前公路局所堅持的一路線一經營的原則。

公路局擔負發展臺灣公路運輸的重責大任，也有充盈省庫的使命，戰後民營客運的運輸力普遍不足，公路局依法將民營客運運能不足的路線收回，原本無可厚非。但是，民營公司卻深感慘淡經營之路權竟無保障，人心惶惶，無法安心營運，更不敢多加投資發展遠大計畫。況且，公路局的交通運輸網絡有賴民營客運業者承擔支線運輸責任，但民營業者在不賺錢亦無政府補貼的狀況下，自然不願意經營偏鄉的低乘載路線，僅經營點與點之間的路線，自然結不成交通網，偏鄉的交通仍然受到忽視，交通不便。

三、公路局釋出次要路線路權

民國56年7月臺北市升格為直轄市，隔年，原先市區附近北投、士林、內湖、南港、景美、木柵等6鄉鎮併入臺北市，〔註73〕此6鄉鎮道路隨之改為市道，由臺北市公共汽車營運。因此，臺北市擬定一項擴大發展公車營運的方案，其內容包括增闢18條公車路線，增購204輛公車，設置站房及保養場，初步預算約需1億1仟餘萬元。〔註74〕但臺北市公車管理處認為以公車營運收入無法負擔這項經費，若列5年計劃逐步實施，則每年須支出2仟餘萬元，目前公車每年的盈餘還不及此數。〔註75〕臺北市長高玉樹（1913～2005）因而考慮將部分路線開放民營，並指示擬定民營路線行駛原則3條：（一）儘量避免與現行公共汽車行駛路線重複。（二）未行駛公車路線地區，優先核准開放民營。（三）交通複雜繁華地區，及道路寬度不夠地區，盡量避免民營公共汽車行駛。〔註76〕此草案經行政院民國57年4月4日舉行的院會中決議通過。院會在討論此一問題時，沒有人對公車開放民營持反對意

〔註73〕 「黃杰主席：據行政院秘書長謝耿如民告知：臺北市改制案經呈報總統後已奉批示。1.實施時間：自民國五十六年七月一日開始實施。2.行政區域：照乙案辦理。」〈首長會議〉，《省府委員會議檔案》，國史館臺灣文獻館藏，典藏號：00502007822，1967年。

〔註74〕 〈六鄉鎮明年劃入北市　公車處擴大營運　增闢十八條路線〉，《聯合報》，1967年9月13日，版4。

〔註75〕 〈擴大公車營運計畫　恐難全面實施〉，《聯合報》，1967年10月7日，版4。

〔註76〕 〈公共汽車開放民營　路線問題原則擬定〉，《聯合報》，1968年2月8日，版4。

見。院會同時決議兩點：（一）開放民營後，路線之好壞，應作適當分配。
（二）臺北市政府仍應添購公車，以改善交通秩序。〔註77〕

臺北市以公共汽車開放民營解決了嚴重的交通不便問題，引起了交通部長孫運璿（1913～2006）的注意，孫部長在行政院新聞局的記者會中提到交通部檢討本省公路運輸現狀時，認爲在車少人多的情況下，獨佔性營業有改善的必要，初步決定的原則是像臺北公共汽車一樣，應盡量開放民營的原則。〔註78〕

其實，公路局爲了提高營運，曾不斷的籌款購買新車，可是車輛增加無法與乘客人數的增加成正比例，據表 4-3-1 統計，民國 58 年公路局客車比 36 年成立之初僅增加了 6 倍，但車次增加 12 倍，行駛里程增加 16.5 倍，而載客人數更達 18 倍以上，車輛運用實已發揮最大效率。由此可見，公路局車輛雖已盡其最大能力，但隨著社會經濟日益繁榮，交通量激增，公路局財力及設備仍不敷行旅需要。〔註79〕

表 4-3-1　公路局民國 36 年與 58 年客運業務比較表

年代 （民國）	客車數 （輛）	每年行車數 （次）	每年行駛里程數 （車公里）	每年載客人數
36	269	356,437	7,343,624	12,785,711
58	1,685	4,371,860	121,739,907	233,591,367

資料來源：整理自臺灣省公路局，《民國 69 年公路統計年報》（臺北：公路局，1981年），頁 266～267。

在車輛供不應求的情況下，許多遊覽車公司或民營客運公司，非法擔任公路運輸工作，按照〈公路法〉規定，無論是遊覽汽車或者客運汽車，均有其特定的業務範圍，絕對不可以擔任與公路局相仿的客運業務。不過，由於公路局的長途汽車班次少，座位有限，向隅者多，於是很多客運公司或者遊覽車公司派人到車站連絡那些買不到票的旅客，改搭他們的車子。〔註80〕

〔註77〕〈行政院院會昨決定　北市公車開放民營〉，《聯合報》，1968 年 4 月 5 日，版 2。
〔註78〕〈公路營運將改善　很可能開放民營〉，《聯合報》，1969 年 7 月 6 日，版 2。
〔註79〕臺灣省議會秘書處，《臺灣省議會公報》第 22 卷第 4 期（臺中縣霧峰鄉：臺灣省議會秘書處，1969 年），頁 122。
〔註80〕臺灣省議會秘書處，《臺灣省議會公報》，第 21 卷第 25 期（臺中縣霧峰鄉：臺灣省議會秘書處，1969 年），頁 1214～1215。

　　由此可知，臺灣因經濟環境成長，工商業突飛猛進，人民生活素質提高，而交通運輸卻無法跟上經濟發展的腳步，尤以公路運輸為甚，在公路局班車行駛的路線雖然里程數長，但因車輛不足，許多路線每日僅有一、兩班車次，旅客乘車擁擠，甚感不便，〔註81〕公路局的客運業務獨佔影響了整個的經濟發展。因此，公路局的交通設施，不但沒有積極的負起客暢其流的任務，相反的，卻成了經濟發展的「瓶頸」。幹線公營、支線民營的交通運輸網絡政策本來立意頗善，也考量到戰後臺灣的交通情況，但隨著民國 50 年代臺灣逐漸都市化與工業化，人們對鄉鎮及城際間的交通需求越來越大，交通運輸網絡卻未成形，公路局對於環境的變遷還沒能夠及時做出調整。

　　在各方要求之下，公路局於民國 58 年（1969）至 63 年（1974）間，將局部路線以借道或共營的方式，交由民營客運公司經營，先後開放營運之路線 45 條共 482.7 公里，計民營客運業 12 家。〔註82〕此次開放路線除東部路線及臺中至梧棲外，其餘均為 20 公里以內短線，目的是讓公路局能集中力量辦理長途主要幹線，且短線因學生票優惠造成公路局營業上許多損失，〔註83〕讓出短線可減少學生票的損失，且舒緩旅客壅擠的現象。

　　民國 62 年交通部長高玉樹（任期民國 61 年 6 月 1 日至民國 65 年 6 月 10 日）向公路局喊話，要公路局將當時所行駛的路線開放民營。〔註84〕民國 63 年，因應高速公路分段通車，公路局將客運業務重心移往高速公路，隔年 1 月成立專案小組，依照開放的原則，再將局營次要路線開放民營，自民國 64 年 1 月起至民國 67 年間開放民營路線總計 1,067.3 公里，接辦之民營客運計 12 家。

　　公路局客運業務戰後即獨佔利潤較高之省道路線與部分縣道，而〈公路法〉實施後，雖法規明確規定交通事業應開放民營，公路局仍不為所動，非但不開放民營，反而以共營或借道的方法侵害民營公路客運業者之路權。而臺北市長高玉樹將北市公車路線開放民營的態度，在短時間內即解決了臺北市的交通困境，反觀當時整個臺灣的交通狀況卻陷入了瓶頸之中。在高層及

〔註81〕臺灣省議會祕書處，《臺灣省議會公報》，第 29 卷第 25 期（臺中縣霧峰鄉：臺灣省議會祕書處，1973 年），頁 1235。

〔註82〕胡美璜等編，《中華公路史》，下部，頁 296。

〔註83〕公路局學生優待票，小學生照普通票價 10% 收費，中學生亦照普通票價 25% 收費。自民國 56 年起公路局每年因學生票損失均達 1 億新臺幣以上。

〔註84〕〈部份公路線開放民營　交長說：可以〉，《經濟日報》，1973 年 3 月 18 日，版 2。

各方人士要求之下，交通處與公路局考量了自身的運量，將次要路線逐步開放民營，爾後又因配合高速公路分段通車，將原先行駛縱貫公路相關路線之高級客車移往高速公路行駛，原一般公路路段再次開放給民營公路客運業者去經營。此時，距離〈公路法〉公布實行已過近了20年，根據表4-3-2，臺灣在此 20 年當中，政府幹線公營，支線民營從而建立起的公路網，證明是失敗的，不但公路客運業務的發展受到了限制，交通不便逼著民眾去購買車輛，民用小客車在此時增加了 60 倍；摩托車增加了 250 倍，而大客車卻僅僅增加 5 倍，交通運輸實在無法配合經濟環境發展。

表 4-3-2　民國 48 年至 69 年臺灣地區歷年機動車輛登記數

年代（民國）	大客車	大貨車	小客車	小貨車	機踏車
48	3,111	5,927	7,055	837	15,836
49	3,444	6,396	8,055	1,056	26,468
50	3,600	6,555	8,968	1,313	32,733
51	3,785	6,926	10,016	1,529	35,783
52	4,027	7,397	10,955	1,805	40,217
53	4,487	8,128	12,387	2,140	49,509
54	4,953	9,554	15,099	2,994	68,198
55	5,539	11,143	19,209	4,597	91,774
56	5,757	11,780	25,103	6,944	141,705
57	6,193	15,322	30,693	11,876	483,287
58	7,315	19,086	39,620	16,339	629,358
59	7,954	20,241	49,541	20,764	701,421
60	8,900	21,992	55,111	25,593	826,492
61	9,431	24,352	71,948	32,132	957,650
62	10,165	27,172	95,113	41,181	1,173,015
63	11,191	33,841	122,517	55,715	1,436,868
64	12,443	35,699	144,860	71,300	1,705,236
65	13,724	41,764	170,984	88,089	2,009,698
66	14,904	45,698	209,921	103,824	2,394,646
67	14,959	49,000	255,667	112,309	2,718,055
68	16,265	60,106	340,633	141,196	3,334,926
69	18,004	62,253	425,443	175,268	3,965,515

單位：輛

資料來源：交通部統計處，《民國 69 年統計要覽》，頁 274～275。

第四節　野雞車的興起

一、野雞車

「野雞車」一詞泛指在臺灣違規違法營業的大小車輛，首見於民國 36 年 2 月 11 日《民報》第三版一篇關於野雞車太多的報導。

若再考其來源，戰後因鐵路及公路客貨運輸遭受嚴重破壞未及恢復，許多日軍卡車及拼裝車流入民間，這些沒有掛牌照的車輛私自攬客攬貨收費，〔註 85〕當局稱之為「野車」，民國 36 年先後制定〈臺灣省交通處公路局管理野車營運暫行辦法〉〔註 86〕與〈臺灣省野車營運實施管理原則〉〔註 87〕作為規範。

圖 4-4-1　《民報》報導野雞車太多

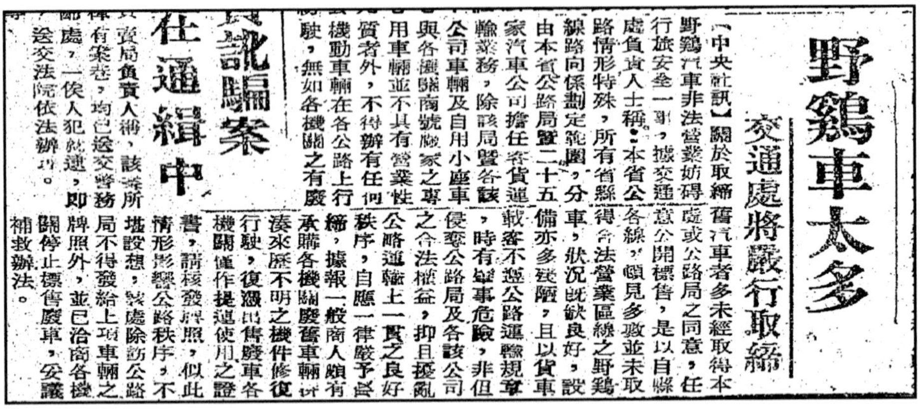

野鷄車太多
交通處將嚴行取締

【中央社訊】關於取締舊野鷄汽車非法營業妨碍行旅安全一事，據交通處負責人士稱：本省公路情形特殊，所有省縣線路向係劃定範圍，分由本省公路局暨二十五家汽車公司擔任客貨運輸業務，除該局暨各該公司車輛及自用小座車與各機關商號廠家之專用車輛並不具有營業性質者外，不得辦有任何機動車輛在各公路上行駛，無如各機關之有廢汽車者多未經取得本處或公路局之同意，任意公開標售，是以自縣各線，頗見多數並未取得合法營業區線之野鷄車，狀況既缺良好，設備亦多簡陋，且以貨車載客不遵公路運輸規章，時有肇事危險，非但侵奪公路局及各該公司之合法權益，抑且擾亂公路運輸上一貫之良好秩序，自應一律嚴予取締，據報一般商人頗有承購各機關廢舊車輛拼湊來歷不明之機件修復行駛，復還出售廢車各機關僅作提選使用之證書，請核發牌照，似此情形影響公路秩序，不堪設想，該處除飭公路局不得發給上項車輛之牌照外，並已洽商各機關停止標售廢車，妥議補救辦法。

騙案
在通緝中

局負責人稱，該案所有案卷，均已送交警務處，一俟人犯就逮，即送交法院依法辦理。

資料來源：〈野雞車太多　交通處將嚴行取締〉，《民報》，581 號，1947 年 2 月 11 日，版 3。

戰後臺灣各式道路達 1 萬 7 千餘公里，雖然路況不佳，但道路四通八達，深入鄉間。公路客運車未行駛或班次過少的地區，對野雞車依賴甚深，野雞車或許是腳踏三輪車、機踏三輪車、報廢拼裝車、自用小客貨車、甚至大型

〔註 85〕「敵偽車輛不得私自收購」，〈中央法令〉，《臺灣省行政長官公署檔案》，國史館臺灣文獻館藏，典藏號：00301100012016，1946 年。

〔註 86〕「臺灣省交通處公路局管理野車營運暫行辦法」，《臺灣省行政長官公署公報》，民國 36 年春字 56 期，頁 885～886。

〔註 87〕「公路局公告本省野車營運實施管理原則」，《臺灣省行政長官公署公報》，民國 36 年夏字 4 期，頁 62。

客貨車等，各式各樣的車輛，行駛在交通不發達的窮鄉僻壤與火車票、公路客運票一票難求的都會區。野雞車扮演的角色為彌補合法交通事業之不足，其資本額小、機動性強、可沿路隨意上下乘客、有時要價低廉，行駛於合法客運車所不及之處，縱使不合法，但其在臺灣從未曾消失過。

野雞車的缺點則是缺乏政府監督及使用車輛車況堪慮，駕駛往往為了多賺幾筆，搶快超速造成車禍。乘客遭遇車禍往往無法得到賠償，超載及放鴿子的情況亦司空見慣。因侵犯到合法客運業者或公路局之路權，造成政府稅收或業者營業損失更是不在話下。

二、公路夜快車出現

根據〈公路法〉規定，汽車客運運輸業分為普通汽車客運業及特種汽車客運業兩種，兩者都有核定的路線與區域，地方公民營客運屬於普通汽車客運業，而遊覽車與計程車之類的出租車則屬於特種汽車客運業。〔註88〕遊覽車業因旅遊有平日、假日與淡旺季之分，業績差異頗大，某些遊覽車業者則會利用沒生意時違規攬客行駛固定路線，成為野雞遊覽車。

民國 48 年，因鐵路運量不足，且公路局未開設臺北高雄直達路線，部分合法遊覽車業者乃違規於公路警察值勤較薄弱的夜間行駛北高路線，沿途設站上下乘客，成為野雞遊覽車。雖屢遭禁止，經業者不斷陳情，且南北交通確實需要公路客車彌補鐵路運量之不足，而公路局當時運量如前節所述已至極點，無法再擴張的情況下，隔年 11 月交通處核准設立臺灣省運輸業聯合會〔註89〕所屬的遊覽車小組 15 家會員組成公路夜快車服務中心，試營運南北公路夜快車 6 個月。〔註90〕初期營運每天臺北至高雄對開兩班，臺北開出的時間每天下午 21 時及 22 時兩班，高雄開出的時間每天下午 21 時 30 分及 22 時 30 分兩班。沿途在臺中、嘉義、臺南等地停車。票價與公路局客運

〔註88〕《公路法》第 40 條規定（民國 48 年版）。
〔註89〕臺灣省汽事客運公會聯合會迄至民國 56 年 6 月間，奉命劃分為「普通客運」與「特種客運」兩個聯合會後，適逢臺北市改制，臺灣省特種客運聯合會又劃分為臺灣省特種客運聯合會與臺北市特種客運公會。因組織有重大變革，對原臺灣省汽車客運聯合會所奉准設置之公路夜快車服務中心隸屬問題，省市特種客運公會各提不同的意見，以致發生爭議，久未獲得解決。
〔註90〕臺灣省議會秘書處，《臺灣省議會公報》，第 27 卷第 20 期（臺中縣霧峰鄉：臺灣省議會秘書處，1972 年），頁 756～757。

票價相同，臺北至高雄 90 元。〔註91〕

這些參加夜間班車聯運的遊覽汽車公司，都是因旅遊業有淡季旺季的分別，往往淡季時遊覽車公司的收入會銳減為旺季的二成左右。交通處核准他們這項業務是基於這些遊覽汽車公司的生計考量，同時為了使這些遊覽車能充份使用，加強臺灣的交通發展，但為避免與火車或公路局業務競爭，這些夜間遊覽班車的行車時間，都是在公路局班車收班後以及參錯在鐵路夜快車的班車前後。南北夜間遊覽班車的運營方法，是採聯運方式，以每家公司輪流營業為原則，同時為加強行車安全，每一班車配有二個駕駛員，在長途行車時輪替駕駛，減少駕駛人的疲勞。〔註92〕

三、公路局與民營汽車客運合組公路夜班車

交通處此舉雖依法無據，然而在當時臺灣已然進入工業社會，在此經濟背景下，陸上運輸卻無法配合經濟發展，公路夜快車出現代表北高之間的交通運量確實無法滿足大眾的需求。眼見遊覽車業者經營的公路夜快車獲利豐厚，普通客運聯合會向交通處申請開設北高公路夜班車，亦奉核准。自民國59年9月起，每天晚上19時30分起，臺北及高雄兩地，同時開出第一班車，以後每隔30分鐘開一班，最後一班車22時30分開出，共計每晚南北對開七班次。公路夜班車行駛的路線，係自高雄起經縱貫公路至臺南後，轉經中央公路之北港、西螺，再經尖豐公路至頭份後，再沿縱貫公路至臺北。在票價方面，高雄至臺北 80 元。參加聯營的公民營客運公司是：公路局第一區運輸處、第三區運輸處及臺北、三重、三峽、桃園、新竹、苗栗、豐原、彰化、員林、臺西、嘉義、新營、協成、興南、臺南、高雄、花蓮及臺中汽車客運公司。〔註93〕

公路局此舉引起了監察院的調查，監察院認為公路局核准這些民營客運業者開駛公路夜班車，不獨放棄西部縱貫省道之客運權責，而且其核定之票價比公路局客車為低，致使公路局首開以同一路線兩種票價且日夜不同之惡例，尤以該聯營機構中何以能與西部幹線毫無路權關係之花蓮客運、三峽運

〔註91〕〈十五家遊覽汽車業定明年元旦起聯營　南北夜間遊覽班車〉，《聯合報》，1960年12月12日，版6。

〔註92〕〈十五家遊覽汽車業定明年元旦起聯營　南北夜間遊覽班車〉，《聯合報》。

〔註93〕〈公民營汽車客運聯營　北高公路夜快車　今起對開七班次〉，《聯合報》，1970年9月1日，版2。

合社等參加，更令人費解。公路局何以自毀立場，不顧法令破壞多年來之良好體制，主管人員有無違法失職之嫌，均應調查清楚，以便處理。〔註94〕監察院對公路局核准 18 家民營客運公司聯營臺北高雄公路夜班車，提出指責之後，在汽車客運業者之間引起強烈的反應，以遊覽車業者組成的特種客運業聯合社，認為公路局的措施確有不當，咸認監察院所指各節言之有理。〔註95〕主管單位核准遊覽車業者經營南北公路夜快車，究竟有無法令依據？公路局為什麼會同意民營客運業者開駛夜班車？就法令觀點而言，遊覽車業要求聯營南北夜快車，理由是基於便民原則，公路局只得遵奉交通處指示，同意遊覽車業者聯營臺北高雄夜快車。交通處雖然知道遊覽車行駛固定路線，與公路法令不盡相符，但是為了輔導民營事業，乃酌情核准試辦六個月，試辦期滿後，主管單位未作明確指示，即聽任遊覽車業者自然發展，以後禁止就不無困難。所以嚴格說起來，數年來幾家遊覽車公司，一直是在不合法狀況下經營夜快車業務。

表 4-4-1　公路夜快車與公路夜班車比較

項　目	組　成	北高票價	每天首班車時間	每天末班車時間	每天行車次數
公路夜快車	遊覽車業	90 元（與公路運價相同）	21：30	22：00	北高對開 2 班
公路夜班車	公路局及民營客運業	80 元（低於公路運價）	19：30	22：30	北高對開 7 班

資料來源：本研究整理。

　　公路局詳加審查普通汽車客運業同業公會聯合會申請聯營臺北高雄夜班車，認為各縣市民營客運公司提供車輛，將自己的行駛路線連接起來，並避免行駛西部幹線省道且繞經鐵路沒有到達的部份市鎮，基於便民原則，核准其行駛，且不違法。有關夜快車票價低於公路局客車一節，公路局站在主管機關立場，認為擅自抬高票價才有干涉必要，關於民營業者自願降低票價，似乎不須過問。

〔註94〕〈核准民營客運業　聯合開駛夜快車　公路局自毀立場　監察院要查真相〉，《聯合報》，1970 年 9 月 11 日，版 2。

〔註95〕鍾榮吉，〈是是非非夜快車　行行業有隱衷　臺北高雄‧條條大道通南北　開放民營‧路局難為左右袒〉，《聯合報》，1970 年 9 月 12 日，版 3。

對於公路局核准 18 家客運公司聯營長途夜班車，遊覽車業者認爲特種客運汽車業聯合社，早在 8 年前奉准經營夜快車，現在公路局又核准原已擁有固定路線與營業區域的客運公司營運公路夜班車，顯已侵害了他們的利益。甚至，作爲公路交通主管機關，公路局所屬兩個運輸處竟參加聯營組織，並提供臺北西站及高雄東站作爲夜快車的停車站，有失主管機關立場。〔註96〕

遊覽車業者與民營客運業者兩派爭鬥不斷，交通部居中介入協調，依舊無法化解。於是，交通部決定將特種客運和普通客運業者分別經營的臺北高雄夜快車、夜班車，均予廢止營業，由公路局將路線收回，另派車行駛，接辦縱貫公路夜快車業務。〔註97〕

四、運量不足下的因應措施

自民國 62 年 3 月 1 日起，公路局收回公路夜快車的營運權，爲了不讓原先經營夜快車的業者失業以及公路局本身運量確實不足。公路局向原先經營公路夜快車的 64 家遊覽車公司承租車輛，租期定爲兩年，票價是每車公里 7.92 元。公路局只派售票員，其他如駕駛員的調派、車輛的調度、保養等由業者自理。遊覽車南北來回一趟，不管旅客多寡，公路局均需付租金 6,300多元。在租期內，這些遊覽車業者應設法轉業。而公路聯營夜班車，白天本來就有自己的路線，若不經營北高公路夜班車也不會影響生計，所以也願意配合政府政策，自動停止營運。〔註98〕

民國 64 年 2 月租用公路夜快車到期，遊覽車業者不斷要求續租，省府在各方壓力之下只得一再續租。由於省議會因前述的路福公司租車案刪除了公路局 68 年度的租車預算，省府沒有理由再續租，公路夜班車續租至民國68 年底。〔註99〕

公路局租用公路夜快車後，問題馬上浮現，由於每天的行車原由 64 家遊覽車公司輪流排班，車輛不歸公路局調度保養，經常發生脫班、誤時、半

〔註96〕 鍾榮吉，〈是是非非夜快車　行行業業有隱衷　臺北高雄・條條大道通南北　開放民營・路局難爲左右袒〉，《聯合報》。

〔註97〕 「交通處提爲公路夜快車案協調情形與處理意見，恭請核示。」，〈首長會議〉，《省府委員會議檔案》，國史館臺灣文獻館藏，典藏號：00502030701，1972 年。

〔註98〕 臺灣省議會祕書處，《臺灣省議會公報》，第 28 卷第 20 期（臺中縣霧峰鄉：臺灣省議會祕書處，1973 年），頁 859。

〔註99〕 臺灣省議會祕書處，《臺灣省議會第六屆第 4 次定期大會議事錄》（臺中縣霧峰鄉：臺灣省議會祕書處，1979 年），頁 414。

路拋錨的情事。如有這種情形，照規定不能以公路局車代替行駛（夜間亦無公路局駕駛員待命），只能由遊覽車公司自行調派後備車輛，而這些遊覽車公司分散在各地，南北都有，公路局幾乎每天都在為夜快車是不是能準時開車擔心。〔註100〕其次，這些遊覽車業者將新式豪華遊覽車，當包車出租，甚至在車站附近做野雞遊覽車攬客，剩下破舊不堪的車充做公路夜快車。高速公路分段通車後，公路夜快車的旅客人數日減。在高速公路全線通車後，國光號每晚開到 12 時，公路夜快車的營運大受影響，晚上 9 時以前的車輛經常只坐了一、兩成，公路局對他們還是照付租金，一毛不減，造成公路局重大的損失。〔註101〕民國 64 年時，公路局長常撫生很直接地向省議員坦承，承租遊覽車行駛公路夜快車，甚無利潤，另外還有很多開支，對公路局而言是不合算的事情。但政策上，政府要扶助民間遊覽車業，而規定公路局必須配合。〔註102〕所以公路局在承租遊覽車這件事只能奉命行事，常局長顯得相當無奈。

五、野雞車的盛世

　　民國 67 年 7 月 1 日高速公路基隆臺中段通車後，也使老行業野雞車進入黃金時代。在此之前的野雞車使用的大多是 1,900C.C.以下馬力的小轎車以及大型遊覽車，走的是縱貫線，臺北到臺中一趟要 4 個小時。縱貫線的路況不佳，開車的人相當勞累，司機不大願意開這麼長的路途，所以野雞車多半只往來於臺北新竹一帶。高速公路通到臺中以後，跑臺北臺中往返的野雞車頓時多起來。高速公路路況好，視線佳，固然是原因之一，最大的原因還是高速公路降低了野雞車的成本。以前野雞車往來臺北臺中，一天只能來回一趟，高速公路通車後，一天可以來回兩趟，甚至於三趟。許多人看到有利可圖，便投下大資本，購買價值 40 餘萬的 2,200C.C.的柴油轎車，這種柴油車的最大好處是省油錢。高級柴油 1 公升才 5.7 元，臺北臺中 153 公里跑下來，車子耗用的柴油不過 70 多元，如果用汽油車跑的話要將近 200 元。而且柴油轎車可以載 5 個人，1,600C.C.的汽油車只能載 4 個人，以每人臺北臺中一

〔註100〕臺灣省議會秘書處，《臺灣省議會公報》，第 39 卷第 23 期（臺中縣霧峰鄉：臺灣省議會秘書處，1978 年），頁 2364。

〔註101〕楊芳芷，〈最初非法　後來合法　最後淘汰　公路夜快車　快收班了！〉，《民生報》，1978 年 12 月 13 日，版 6。

〔註102〕臺灣省議會秘書處，《臺灣省議會公報》，第 33 卷第 14 期（臺中縣霧峰鄉：臺灣省議會秘書處，1975 年），頁 1015。

趟車資 300 元來計，柴油車比汽油車可多賺約 400 多元。〔註103〕大型野雞車也逐漸改變了經營的形態，臺北臺中的班車增加，臺北新竹的車輛減少。大型野雞車集中在館前路停車場和希爾頓飯店左側的停車場，這裡有兩幫拉客黃牛，每個客人抽 30 元。由於野雞車生意很好，有些替公家開車的人和合法的遊覽車業者也利用空檔賺外快。高速公路通車到臺中，使臺北、臺中間的野雞車邁進黃金時代。這說明了一點：這條路線的交通工具還是不夠的。〔註104〕

　　黃牛係指非法的捎客，以往鐵公路客運一票難求時，尤其是春節期間，也是黃牛最活躍的時間，他們的營業方式為出動一家大小，一大清早就排隊，買到票後再排隊，週而復始，一天可買二、三趟；黃牛買到火車票或客運票之後，哄抬票價，四處兜售，賺取差價，被稱為車票黃牛。〔註105〕隨著野雞車興起，黃牛的身分亦多元了起來，出現了拉客黃牛。不少遊覽車為了拉生意或搶生意，僱用大批無業遊民或遊手好閒者當拉客，由於這些拉客黃牛份子複雜，為了拉乘客而互爭地盤，以致經常發生械鬥，有時並詐騙乘客，引起很多糾紛，妨害社會治安甚鉅。〔註106〕高速公路全線通車後，臺北市政府在臺北車站新闢免費的公共停車場，卻成了長途拉客野雞車的自用停車場，拉客黃牛佔據大部份車位，隨時站在停車場的入口處決定那一部車子可以進場停車。如果不聽這些拉客黃牛的指揮，把車子駛進停車場，等送完客或辦完事回來，就有輪胎被放了氣、或敲破車窗、或被竊取音響設備，因此，在車站前停車場上，經常可以看到滿頭大汗的車主在換車胎。〔註107〕

　　由於拉客黃牛才是野雞車的動源，而整個野雞車陣要靠拉客黃牛來推動，因此，警方對抓黃牛不遺餘力，只要抓到黃牛一律拘留 3 至 7 天。但上有政策下有對策，野雞車司機編組成後備的拉客黃牛，被捕即補。〔註108〕

〔註103〕王遠弘，〈高速公路通車後野雞車進入黃金時代〉，《民生報》，1978 年 7 月 31 日，版 6。

〔註104〕臺灣省議會祕書處，《臺灣省議會公報》，第 40 卷第 15 期（臺中縣霧峰鄉：臺灣省議會祕書處，1978 年），頁 1681～1682。

〔註105〕〈歸心似箭・車票難買　運輸問題・何時解決〉，《聯合報》，1975 年 2 月 8 日，版 2。

〔註106〕〈遊覽車違規攬客　決嚴予取締處罰〉，《聯合報》，1971 年 6 月 12 日，版 3。

〔註107〕〈臺北車站停車場・成為四不管地區　自用汽車常遭修理　旅客生命受到威脅〉，《民生報》，1979 年 2 月 5 日，版 1。

〔註108〕敖智寧，〈大小野雞車聯營　拉客黃牛還有預備隊　難道真是魔高一丈〉，《民

六、野雞車的企業化經營

　　民國 67 年 10 月 31 日高速公路全線通車以後，野雞遊覽車已經不再是拉客湊車的型態了。它們仿照公路局的經營方式，以低廉的票價，快速的服務，密集的車班，迅速興起為新的運輸型態，「遊覽車西站」在臺北儼然成了另一個「公路局西站」，但它們仍然是非法營業，問題重重；以臺北車站附近來看，希爾頓大飯店旁的停車場、館前路、懷寧街都是這種「西站」的大本營，野雞遊覽車業者公然掛起招牌營業，乘客在這裡買票、候車、上下車。而且在臺中、高雄火車站附近，也成立這種「西站」。在這裡搭乘原裝進口遊覽車，冷氣設備、立體音響、盥洗室、閉路電視、贈送「養樂多」一類飲料，加上票價低廉，使得這裡每天都有潮湧的人群，南下北上，帶動了「遊覽車西站」業務蒸蒸日上。〔註 109〕票價低，是最吸引乘客原因之一，以國光號為例，臺北到高雄是 348 元，野雞遊覽車是 250 元；中興號臺北到臺中 120 元，野雞遊覽車則是 100 元。因為既是免繳稅又省掉一些行政開支，扣除油費餘額全為淨賺，難怪可採低票價來迎合大眾口味。〔註 110〕

　　高額的利潤，引起很多人競相投資野雞車，甚至知名人士亦不諱言，例如崔苔菁（1951～），她可能是當時走在時代最前端的職業歌星，她兼營的副業就是高速公路野雞遊覽車。她向臺中、高雄兩地的歌廳觀眾宣稱：她投資經營的高速遊覽車馬力很足，可以不斷超車，從高雄開車，三個小時即可抵達臺北。且遊覽車內設備豪華，有電視、錄放影機、音響、空調等設備，還有像她一樣美麗的服務小姐，隨時為顧客提供體貼周到的服務。〔註 111〕

　　野雞車有幾項用來抓住乘客心理的經營竅門，只要一通電話，三天後的車票就專人送到家裡，而省去大排長龍的麻煩；如果臨時有事，需要退票，在這裡是不扣手續費的，而國光號退票需收票價一成的手續費，在乘客心裏，覺得是吃虧。〔註 112〕除上述吸引乘客外，其班次多，且具有方便乘客

生報》，1979 年 6 月 26 日，版 6。
〔註 109〕〈南北高速公路全線通車後　肥了非法營業遊覽車公司〉，《民生報》，1979 年 4 月 10 日，版 6。
〔註 110〕〈遊覽車非法營運問題嚴重　交通部研採徹底解決措施豪華‧親切票價低‧難怪野雞車大行其道　國光‧中興走下坡‧公路局面臨惡性競爭〉，《聯合報》，1979 年 10 月 18 日，版 3。
〔註 111〕〈崔苔菁兼營副業　投資經營野雞車〉，《民生報》，1979 年 12 月 28 日，版 9。
〔註 112〕成中賢，〈社會寫真　冷氣　電視　高速公路　大臺北的「遊覽車西站」〉，《聯合報》，1979 年 8 月 13 日，版 12。

的機動性也是原因之一，公路局中興號幾處乘客少，班次減少，像臺南約 50 分鐘一班。而野雞車，補足公路局班次少的不足，但也能按時開車，高速公路上沿途有人要下車，它會開到交流道，讓乘客下車，人多時還叫小客車，集中運送。甚至於，有些野雞遊覽車業者每天派出許多攬客黃牛儘量收購國光號車票，使一般旅客買不到票，這時攬客黃牛乘機向這些旅客招攬生意，等旅客上了遊覽車，這些黃牛立刻趕在國光號開車前向公路局退票。黃牛退票只能拿到票款的九成，不過算起來遊覽車業者還是有得賺，公路局卻大感吃不消，國光號每班車平均只坐了五、六成的客人，收入減少很多；行駛臺北臺南的中興號更慘，座位常常賣不出去。逢到星期假日，野雞營業遊覽車消化不了眾多的旅客時，攬客黃牛買下了國光號車票，只不過，改以加價出售。〔註 113〕

　　南北高速公路全線通車，公路局開闢了國光號，行駛臺北高雄線。開辦之初，國光號生意很好，每天行駛 104 班次，除了夜間的一、兩個班次有少數座位賣不出去，其他班次都客滿。曾幾何時，情勢竟然大變，從民國 68 年 8 月份起，公路局客運業務一直在下降。公路客車面臨非法遊覽車惡性競爭，經營高速公路的遊覽車，已經由高速公路剛通車時 200 多輛增加到民國 68 年 8 月時的 500 多輛，而民國 69 年 7 月時野雞遊覽車已增加超過 800 輛。而且服務亦不斷提升，例如剛開始經營時，一定要坐滿座位才開，後來是定時開車，絕不誤點。〔註 114〕其實，違規遊覽車日趨增多的主要原因是，鐵公路未能因人口成長及經營趨勢，適時提高運量，改善服務，使違規遊覽車業者有機可趁。臺灣省及臺北市政府監理單位，也未能及早查察違規營業遊覽車的動向，才造成它坐大的地位。

〔註 113〕〈高速公路爭奪戰　愈演愈烈〉，《民生報》，1979 年 11 月 12 日，版 6。
〔註 114〕〈違規營業遊覽車　搶走了大部分旅客　高速公路爭奪戰　國光號居劣勢〉，《民生報》，1979 年 10 月 24 日，版 6。

第五章　從公營到民營

　　面對野雞遊覽車的猖獗，政府想嚴加禁止卻因公路局本身經營客運即不合公路法的規定，在此背景下，本章要探究臺汽公司成立的過程與政府對野雞車的因應政策。最後討論臺汽公司為何由極盛而陷入經營困境，成為政府的燙手山芋。

第一節　臺汽公司成立

一、公路局客運業務劃出波折

　　民國 48 年 7 月 1 日〈公路法〉施行，其第 41 條規定：

> 汽車運輸業之經營除邊疆及國防重要路線由中央及地方政府經營外，應盡量開放民營，人民無力經營時，由政府經營之。前項由中央或地方政府經營之汽車運輸業，應依法辦理公司登記。

因此，幾乎每屆省議會皆有議員對於公路局何時將客運業務劃出另組公司提出質詢，民國 49 年省議員陳世叫（1911～1996）提出質詢，交通處長譚嶽泉答覆當年年底即可。〔註1〕隔年，因公路局仍未改組，陳世叫又質詢了一次，交通處長譚嶽泉答覆省府已經擬定一個改組計畫呈報給行政院，且時間已經超過 6 個月，但各部會的意見還不一致，因此，在各部會意見一致之前，暫

〔註1〕臺灣省議會祕書處，《臺灣省議會第二屆第一次定期大會議事錄下》，第 2 卷（臺中　縣霧峰鄉：臺灣省議會祕書處，1960 年），頁 2883～2885。

緩實施。〔註2〕民國51年省議員陳新發又針對公路局尚未改組一事提出質詢，交通處長譚嶽泉答覆說中央仍在研究中。〔註3〕

　　該案提至省府會議中討論時，經決定3項原則：（一）依照〈公路法〉所規定公路局現在經營之客運業務應行劃出組織公司經營。（二）新組織之公司仍爲公營。（三）俟新公司組織健全後再逐步吸收民股。〔註4〕省府之意見提報中央時，因國防部根據防空作戰動員征用情形，要求暫時不能辦理公司登記，但交通部仍主張應成立公司，俾能符合現行之〈公路法〉。該案經行政院再三研究後，認爲〈公路法〉第41條之精神，在使汽車運輸業務儘量開放民營，而當時的公路局劃分改組後，並不符合公路法之精神，乃決定對公路局之劃分案，暫行擱置。〔註5〕

　　之後，歷屆省議會若有省議員對此問題提出質詢，交通處的答覆均是已呈上計畫，中央仍在協議中，未有結果。因此，公路局遲遲未能依法將客運業務析出改組成公司的最大原因乃在於國防部之戰備考量。其後，偶有省議員提案或質詢要求公路局盡快改組，其目的均不是眞的要求交通處或省主席答覆，而是想藉由提案或質詢向中央政府表達意見。後因野雞車日益猖獗，政府認爲省營客運要先合法，唯有如此才有立場嚴禁野雞車。民國67年省議員李炳盛（1921～2008）質詢公路局客運業務劃出獨立經營的問題時，省主席林洋港（1927～2013）說行政院已有原則性的指示，要省政府盡速完成，待交通處將方案研究成熟，經過省府府會通過後，送請省議會審議。〔註6〕

　　交通處研究的方案是將公路局客運業務劃出單獨成立「臺灣汽車客運股份有限公司」，定於民國68年7月1日正式成立，總資本額新臺幣40億元。臺灣汽車客運股份有限公司專營汽車客運業務，總公司設於臺中市，以臺灣

〔註2〕臺灣省議會祕書處，《臺灣省議會第二屆第四次定期大會議事錄下》，第 2 卷（臺中縣霧峰鄉：臺灣省議會祕書處，1961 年），頁 2648。

〔註3〕臺灣省議會祕書處，《臺灣省議會第二屆第五次定期大會議事錄下》，第 2 卷（臺中縣霧峰鄉：臺灣省議會祕書處，1962 年），頁 2670。

〔註4〕「楊肇嘉委員簽報謹將奉交審查交通處簽爲公路法施行後公路局現營業務保留省營抑開放民營問題案之審查結果提請核議案」，〈委員會議〉，《省府委員會議檔案》，國史館臺灣文獻館藏，典藏：00501063105，1960 年。

〔註5〕「交通處提爲公路局應如何依法劃分改組，擬議甲、乙兩案，提請公決」，〈首長會議〉，《省府委員會議檔案》，國史館臺灣文獻館藏，典藏號：00502037512，1974 年。

〔註6〕臺灣省議會祕書處，《臺灣省議會公報》，第 39 卷第 17 期（臺中縣霧峰鄉：臺灣省議會祕書處，1978 年），頁 1435。

銀行、彰化銀行、華南銀行、第一銀行、臺灣中小企業銀行、農工企業公司、唐榮公司及省政府等 8 個單位為公司發起人，股東成員除省府外，其餘皆為省營事業單位。改組後的公路局，則專責公路工程及公路監理兩項工作。新公司為公營，以其資產負債重估後的淨值，作為省府的全部投資股金，其他發起人自由認股。如將來省議會議決議局部開放民營時，考慮以部份股份開放民間投資，成為公私合營機構，但公股至少應佔全部股份的 51%。劃分改組後的新機構設置員額，以不超過現有公路局客運業務編制員額為原則。公司將設 15 位董監事，董事長、總經理各 1 人，下設 5 個運輸處，各設處長 1 人，分別掌管全省客運業務。〔註7〕

但因遭遇臺美斷交，局勢驟變，經省府會議決議將公路局運輸部門劃出成立公司案報奉行政院核准暫時緩辦。至民國 68 年底，局勢緩和，交通處認為因應實際需要，應恢復辦理籌組工作，乃於府會中提案討論，並獲得決議通過。〔註8〕依照交通處提出的作業時程民國 69 年 4 月 1 日，公路局將營運業務劃出，另行成立臺灣汽車客運股份有限公司。公司資本總額為新臺幣 40 億元，先由省府及省屬 7 家行庫及事業單位先行投資認股 10 億元。臺灣汽車客運公司成立後，將在三個月時間內與 26 家民營長途客運及臺北市、高雄市、臺灣省三處 446 家遊覽車公司協調，邀請他們參加公司，聯合經營臺灣地區交通運輸業務。民國 69 年 7 月 1 日臺灣汽車客運公司改組成為公民合營之後，省府所佔股份為 60%，民營股份為 40%（遊覽車業者與民營客運業者各佔 20%）。交通處認為遊覽專業者和 26 家民營長途客運，如果都加入公司組織，將可徹底解決野雞遊覽車在高速公路上違規營業問題。〔註9〕

民國 69 年 1 月臺灣省議會交通委員會以省政府未將臺灣汽車客運公司的公司章程送會審議，決定將送審的公路局組織規程修正案擱置。省議會第 6 屆議會第 2 次臨時大會，部分議員以公司章程是母法，組織規程是子法，組織規程牴觸公司章程者無效為由，建議往後各省屬事業機構修訂公司章程

〔註7〕　「交通處簽為檢陳『臺灣汽車客運股份有限公司章程』草案」，〈委員會議〉，《省府委員會議檔案》，國史館臺灣文獻館藏，典藏號：00501144104，1978 年。

〔註8〕　「交通處簽為公路局將運輸部門劃出，依法成立公司一案，經報奉行政院暫緩辦理，茲為因應實際需要，擬恢復辦理籌組工作，提請討論案」，〈委員會議〉，《省府委員會議檔案》，國史館臺灣文獻館藏，典藏號：00501150115，1979 年。

〔註9〕　「交通處簽為公路局將運輸部門劃出，依法成立公司一案，經報奉行政院暫緩辦理，茲為因應實際需要，擬恢復辦理籌組工作，提請討論案」，〈委員會議〉，《省府委員會議檔案》，國史館臺灣文獻館藏，典藏號：00501150115，1979 年。

時，應送省議會審議，省議會通過了這項提議。〔註10〕依據省議會組織規程，省議會對省屬事業機構，僅有議決其組織規程之權，省政府因而未將臺灣汽車客運公司的公司章程送會審議。交通委員會於1月22日審查公路局組織規程修正案，發現省政府未照這項議會決議執行，於重申所謂母法子法關係後，把此案擱置，要省政府補送臺灣客運公司的公司章程到會審議。〔註11〕省政府為爭取時效性亦為了維護府會之間的和諧，一方面先將臺灣客運公司的公司章程送省議會審議，一方面向行政院申請解釋，但省議會第6屆第4次臨時會仍然決議擱置本案到第5次大會中再行審議，〔註12〕因此，臺灣客運公司原定於4月1日成立的計畫遭到耽擱。

　　民國69年5月臺灣省議會第6屆第5次大會仍舊擱置了公路局劃分改組組織規程修正案，但多數的省議員都認為臺汽公司的成立是必須的，只是時間點不對，會讓民眾覺得臺汽公司是為了嚴格禁止野雞車而設立的，省議員們認為中央應先有輔導違規營業遊覽車可行方案，才能談公路局改組問題，避免公路局以公司制度型態經營客運後，對遊覽車採取嚴屬的禁止措施。交通處長常撫生答覆質詢中提到，中央政府輔導遊覽車業的措施有：（一）由公路局租用300輛遊覽車，或必要時可商請民營普通客運業者擴大租車200輛。（二）公路局劃出客運業務，成立「臺灣汽車客運股份有限公司」，40%股份提供民營客運及遊覽車業者投資。〔註13〕但省議員們認為，按〈公路法〉規定，公路局必須以公司制度型態經營客運，始能合法取得路權。目前公路局與一般遊覽車業者經營高速公路客運都是違法。他們也不願見公路局壟斷高速公路路權，主要理由是公路局運輸能力不足，亦無法提供良好的服務；另外，有競爭才有進步，兩家以上公司從事營運競爭，民眾才能從中獲得利益，例如在這兩年期間，野雞車刺激了公路局若干改革，增加站場設施、簡化購票退票手續、增加上下車地點、加強車輛保養及發售高級車種九折優待來回票等。特別是，公路局一再向交通部反應，希望能夠擺脫鐵路運輸的牽制，授權公路局能調整票價，以便訂定較合理的票價，而與遊覽車展開業務

〔註10〕臺灣省議會祕書處，《臺灣省議會公報》，第43卷第13期（臺中縣霧峰鄉：臺灣省議會祕書處，1980年），頁973。

〔註11〕臺灣省議會祕書處，《臺灣省議會第六屆第四次臨時大會議事錄》（臺中縣霧峰鄉：臺灣省議會祕書處，1980年），頁632～675。

〔註12〕臺灣省議會祕書處，《臺灣省議會第六屆第四次臨時大會議事錄》，頁633。

〔註13〕臺灣省議會祕書處，《臺灣省議會第六屆第五次定期大會議事錄》（臺中縣霧峰鄉：臺灣省議會祕書處，1980年），頁400。

競爭。〔註14〕國光號、中興號發售來回優待票後，座位使用率已由最高56%，提升為70%以上。如果沒有遊覽車的刺激，公路局在獨家經營下可能不會有這些改善措施。省議員們希望中央政府應該重新評估高速公路獨家經營的利弊，進而開放高速公路客運民營。

二、民營業者不入股臺汽公司

交通處長常撫生在民國69年5月16日拜會交通部長林金生（1916～2001）時曾提及是否開放高速公路客運民營，林金生明白表示，政府暫不考慮開放高速公路客運民營，尤其是不能讓目前違規業者合法經營高速公路，否則等於變相鼓勵一般人從事非法營業。現有正規民營業者為了生存，也會設法脫離經營常規，改向重要路線發展。這麼一來，臺灣地區的公路客運秩序會搞得一團糟。〔註15〕

最終臺灣省議會在民國69年（1980）5月21日審議通過公路局劃分改組案，公路局將劃出運輸業務，另成立臺灣汽車客運公司負責客運業務，但省議會將臺灣汽車客運公司的公司章程中置董事15人改為11人，常任董事5人改為3人。〔註16〕公路局劃分改組案，在政府方面認為是應省議會要求的適法行為。部分省議員則認為，公路局此時劃分改組，是為了先使自己合法，再理直氣壯的禁止違規經營高速公路定期班車的遊覽車，因而對改組案持不盡同意的態度。因此，省議會昨天通過此案時，做了多項「附帶決議」：（一）臺灣汽車客運公司應妥為籌備，辦理創始預算並擬訂營運及財務計畫報經省議會審議通過後經營。次要路線應陸續開放，不得藉引任何法令及理由推諉，俾與民間資力、物力相結合，共同為交通服務而努力。（二）新成立的公司是提高設備標準，加強便民措施，改進服務態度，以現代化企業精神經營。（三）請政府研訂〈現有行駛高速公路民營客車調整營業或轉業輔導辦法〉，採取具體有效措施，合情合理解決現有民營客車問題，並由省議會組織七人專案小組，協助政府處理。（四）建議政府研訂〈行駛高速公路民營客運公司設置標準〉，適度放寬限制，使民營客車有限度參加營運，以彌補公車設備、車輛之不足，並使之公平競爭，以求進步。（五）路權申請

〔註14〕臺灣省議會祕書處，《臺灣省議會第六屆第五次定期大會議事錄》，頁 384～410。

〔註15〕臺灣省議會祕書處，《臺灣省議會第六屆第五次定期大會議事錄》，頁 1713。

〔註16〕臺灣省議會祕書處，《臺灣省議會第六屆第五次定期大會議事錄》，頁 262。

有關規定及分配現況，是否切合民眾實際需要，應請省政府迅即通盤檢討，並向省議會報告。〔註17〕

由於臺灣省議會於通過公路局劃分改組案時的附帶決議，臺灣汽車客運公司應將創始預算送省議會通過後再開始經營。省議會會期結束後，要在 7 月中旬以後，才召開臨時會議，到時才能審議臺灣汽車客運公司的預算，臺灣汽車客運公司趕不及在 7 月 1 日開始營業。

而在此同時，臺灣省、臺北市、高雄市遊覽車業者公會和省府協調，決定請省公路局以大量租用遊覽車方式，來解決目前野雞遊覽車非法營業問題。協調過程中，遊覽車業者表示不同意加入即將成立的臺灣汽車客運公司，業者認為，公路局經營方式與觀念，不同於民間客運公司，如果省府佔 60%股權，等於使民股部份完全受省府控制，所以堅持反對與公路局合組公司。省交通處也在會中明白說明：政府不會准許遊覽車業者另行組成高速公路民營客運經營，希望遊覽車業者遵守政府法令，作合法營業，但政府願意積極輔導業者，今後儘可能減少買國光號、中興號高級客車，採租用過剩遊覽車方式，來解決民眾行的問題。〔註18〕

事實上，省營公路客運新公司成立之後，高速公路客運班車又回復一家公司獨營形態，雖然公司歡迎民股投資，但是仍然保持市場完全壟斷，沒有第二家公司參與競爭，以這種方式，解決遊覽車違規問題，高速公路客運市場如仍保持完全壟斷，則服務水準無法提高，投機的遊覽車業者，隨時可能再次造成野雞車歷史重演。或許，高速公路應當再開放一家公司，由遊覽車與長途客運業者聯合組成，與公路局改組之新公司競爭，由雙方訂定統一運價，進行非價格性競爭，以改善服務水準，才是對大眾最有利的。

臺灣汽車客運公司奉經濟部核定，在民國 69 年 8 月 15 日成立，為配合年度預算銜接，經省政府核定自民國 69 年 10 月 1 日正式接管原公路局全部客運業務及營運路線，開始營運。臺汽公司董事長由省交通處長常撫生擔任，總經理由交通處主任秘書李國屏擔任，省公路局運務處長蔣在鑠及監理處長吳柏棠轉任客運公司副總經理。資本總額新臺幣 40 億元，共計分為 4 億股，將分 3 次發行。第一次已發行股票金額 10 億元，由省公路局移轉車輛資

〔註17〕臺灣省議會祕書處，《臺灣省議會第六屆第五次定期大會議事錄》，頁 1730。
〔註18〕〈臺灣客運定七一成立　遊覽車業者不願加入〉，《聯合報》，1980 年 4 月 29 日，版 3。

產 999,300,000 元，其餘 70 萬元由華南等 7 家銀行及事業單位認股；〔註 19〕
第二次由省政府認股 12 億元、第三次由省政府認股 18 億元。

三、臺汽公司組織與營運概況

　　臺汽公司組織結構如圖 4-2-1，係依〈公路法〉第 192 條之規定，設董事
會為決策機構，置董事 11 人，並由董事選任常務董事 3 人，由常務董事互選
董事長 1 人，對外代表公司，並置監察人 3 人，負責查核。由於省政府為臺
汽公司股東，所有的董事與監察人均為省府指派，實際上並未執行業務或查
核監督。董事長雖由常務董事互選，實際上董事長是由省府指派，常務董事
互選淪為表面程序。

　　公司內部置總經理 1 人，承秉董事會之決議，綜理公司業務，置副總經
理 2 人輔佐之，並置主任秘書 1 人，下轄企劃管理中心、業務處、機料處、
行政室、會計室、人事室等業務單位。在總公司之外，設立 5 個區運輸處，
及第一、二、三、四、五區運輸處；並設機料廠、票證所負責最高機料維修
及票證印製供給。

　　由於省營客運業務遍及全臺地區，日治時期以來均分設 5 個運輸處（段），
分別負責各區（段）營運業務，臺汽公司維持以總公司、運輸處、車站（保
養廠）的三級管理架構，在高速公路完工前，省營客運營業路線甚少跨區營
運，因此，運輸處主要工作為協調轄區內車站與車站間及車站與保養廠間之
調度。但高速公路完工後，省營客運經營主力由省道及縣道轉移到高速公路，
跨區營業路線越來越多，運輸處這樣的組織型態反而成為溝通協調的障礙，
例如臺北到高雄的班車若在高速公路遭遇塞車，無法在預定時間內到達車站
接駁另一個班次，本來臺北站與高雄站直接協調即可，但臺北站必須上報到
第一區運輸處，由第一區運輸處協調高雄站所在的第三區運輸處，再由第三
區運輸處協調高雄站，因而降低了解決問題的時效性，況且運輸處的編制皆
為交通資位職員（運輸處組織規程第 9 條），造成臺汽公司龐大人事費用的負
擔。

〔註 19〕〈臺灣客運公司　今正式成立〉，《經濟日報》，1980 年 10 月 1 日，版 2。

圖 5-1-1　臺汽公司組織圖（民國 69 年至 84 年）

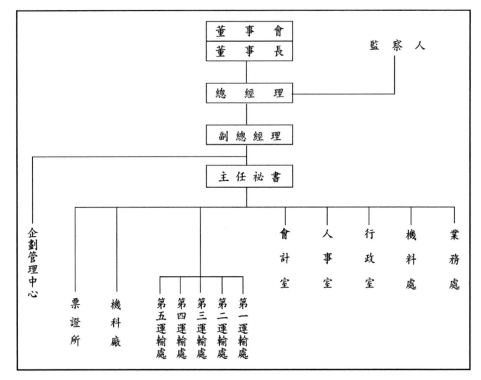

資料來源：《民國 77 年臺汽統計年報》，第 1 期（臺北：臺汽公司，1989 年），
頁 12～13。

　　臺汽公司的組織架構自公司成立以來即維持此一架構，至民國 84 年 7
月 1 日裁撤票證所，同年 10 月 1 日再裁撤機料廠，將其業務原本業務外包。
至民國 85 年，臺汽公司急速變革，組織架構有激烈的變化，由原先的三級
制改為二級制，將於後文再述。臺汽公司組織係將原公路局與公路客運業務
有關之部門整個劃歸臺汽公司，營運路線、車輛、保養廠、車站等幾乎是原
封不動的移交。因此，在省議會審議臺汽公司組織規程時，即有省議員發覺
臺汽公司組織過於龐雜，沒有創新，〔註20〕且新公司員工高達 13,923 人（如
表 4-2-1），以民國 69 年度臺汽公司自有車輛 2,860 輛來計算，〔註21〕人車
比例高達 4.86 比 1，而公司成立初期不斷擴張，至民國 74 年人數最高峰達
15,745 人，新公司是否能達到以現代化企業精神經營的目標，先天條件上組

〔註20〕臺灣省議會祕書處，《臺灣省議會第六屆第五次定期大會議事錄》，頁 1733。
〔註21〕《民國 89 年臺汽統計年報》，第 13 期，頁 272。

織人事的龐大使得臺汽公司面臨高額的人事支出費用。

表 5-1-1　民國 69 年至 89 年臺汽公司員工人數一覽表

年　度	職　員	職　工	合　計
69	1,246	12,677	13,923
70	1,245	12,997	14,242
71	1,260	13,606	14,866
72	1,372	14,172	15,544
73	1,288	14,193	15,481
74	1,313	14,432	15,745
75	1,276	14,031	15,307
76	1,245	13,167	14,412
77	1,175	13,012	14,187
78	1,092	12,515	13,607
79	1,017	11,788	12,805
80	960	11,414	12,374
81	872	10,280	11,152
82	878	9,019	9,897
83	801	7,526	8,327
84	796	6,929	7,725
85	731	6,401	7,132
86	527	4,117	4,644
87	374	3,057	3,431
88	340	2,927	3,267
89	364	2,819	3,183

單位：人

資料來源：臺汽公司，《民國 89 年臺汽統計年報》，第 13 期（臺北：臺汽公司，2001年），頁 336～339。

　　民國 69 年 10 月臺汽公司接管公路局客運業務時，營業里程為 3109.9 公里，隨著經濟發展及民眾需要歷年營業里程略有增減，至民國 83 年營業里程達到最高峰 3,670.7 公里，歷年營業車輛數、營業里程、延人公里、客運人數及客運收入如表 5-1-2。

表 5-1-2　民國 69 年至 89 年臺汽公司客運業務概況一覽表

年份	營業車輛數（輛）	營業里程（公里）	客運人數（人次）	延人公里（千人公里）	客運收入（千元）
69	3,658	3,109.9	322,025,962	9,733,851	6,220,641
70	3,685	3,592.9	306,563,049	11,999,355	9,099,989
71	3,561	3,184.8	301,669,830	12,054,209	9,306,086
72	3,604	3,239.4	286,102,879	11,467,473	8,853,664
73	3,612	3,277.2	287,707,210	11,708,159	9,874,034
74	3,551	3,347.7	271,445,894	11,304,261	9,992,722
75	3,504	3,476.0	261,620,262	10,776,428	9,205,931
76	3,295	3,501.6	239,756,390	10,084,287	8,564,906
77	3,292	3,626.9	208,610,680	8,7103,97	7,552,878
78	3,293	3,646.5	183,585,440	7,939,725	7,062,071
79	2,899	3,648.5	168,587,929	7,955,858	7,445,191
80	2,784	3,659.7	156,658,746	7,149,723	7,237,923
81	2,748	3,659.7	151,956,389	6,521,911	6,832,540
82	2,599	3,664.5	134,293,377	5,704,247	6,484,843
83	2,496	3,670.7	120,124,535	5,045,990	6,451,445
84	2,335	3,500.6	107,948,990	4,513,092	6,080,420
85	2,058	3,468.4	92,909,715	4,068,023	5,543,158
86	1,455	3,468.4	65,301,946	3,197,090	4,272,676
87	1,427	3,468.4	53,396,993	2,741,137	3,565,432
88	1,311	3,468.4	48,607,476	2,354,842	3,023,974
89	1,253	3,468.4	41,862,682	2,147,114	2,715,200

資料來源：臺汽公司，《民國 89 年臺汽統計年報》，第 13 期，頁 32～37。

　　臺汽公司成立之初因租用租斷野雞遊覽車，迅速擴張，且獨佔高速公路路權，營業收入不斷增加，民國 74 年達到 99 億元。但後來因野雞遊覽車死灰復燃，自用小客車逐年大幅增加，且高速公路堵塞日益嚴重，部分公路客運客源轉向鐵路及航空運輸等因素，臺汽公司的客運收入自民國 75 年起逐年減少，民國 89 年降至 27 億元。旅客人數由民國 69 年的 3 億 2 千 2 百多萬人次，逐年下降至民國 89 年僅剩 4 千 1 百多萬人次，降幅達 87%。延人公里數因臺汽公司營業主力漸轉至高速公路，長途旅客大增，至民國 71 年

高達 120 億人公里,而後逐年遞降,至民國 89 年下降至 21 億人公里。營業車輛由公司創立之初自有車 2,858 輛,租用遊覽車 800 輛,共計 3,658 輛,民國 71 年間陸續租斷遊覽車 560 輛,營業車輛大致維持在 3 千 6 百輛,但因車輛車齡漸高,逐年淘汰,雖陸續購進國光號與中興號客車,但購進數量不及淘汰數量,自民國 73 年後營業車輛漸減,至民國 89 年僅剩國光號 369 輛、中興號 884 輛,合計 1,253 輛。

第二節　政府對野雞遊覽車的因應措施

一、停發遊覽車執照

　　野雞遊覽車因無學生及軍警票負擔,無須設置站場又沒有繳稅,非法營運相當猖獗,卻又時常發生意外。不僅破壞制度和交通秩序,更危及社會及旅客安全,為避免遊覽車盲目增加,造成惡性競爭與非法營運,省府自民國 66 年 6 月 16 日起暫停發放臺灣省遊覽車(出租大客車)牌照,同年 11 月 1 日交通部全面停止全國遊覽車業設立公司及核發遊覽車牌照。〔註 22〕但經濟部國貿局突然宣布開放 180 匹馬力以上大客車進口,此舉不僅讓交通部感到錯愕,更讓野雞遊覽車業者以汰舊換新的名義大量進口大馬力大客車來行駛高速公路。〔註 23〕

　　交通部認為出租大客車業者利用汰舊更新名義,進口的大馬力大型客車,幾乎全部投入高速公路違規營業,而使遊覽車違規營業問題日漸嚴重,所以決定禁止這種車輛使用人,進口 180 匹馬力以上之大客車。交通部同時認為,大馬力大客車維修與折舊非常高,一般遊覽車及自用大型客車,沒有必要也沒有能力使用這種車輛,乃於 68 年 12 月 24 日會商決議,禁止自用車及遊覽車業者向國外進口這種大馬力車輛,並致函經濟部國貿局,希望國貿局設法配合,以免大馬力大客車進口過剩,形成其他問題。〔註 24〕

〔註 22〕臺灣省議會祕書處,《臺灣省議會公報》,第 46 卷第 6 期(臺中縣霧峰鄉:臺灣省議會祕書處,1981 年),頁 624。

〔註 23〕臺灣省議會祕書處,《臺灣省議會公報》,第 43 卷第 17 期(臺中縣霧峰鄉:臺灣省議會祕書處,1980 年),頁 1397。

〔註 24〕〈禁止大巴士進口　貿局不以為然　交部飭不發牌照　此結看誰能解〉,《經濟日報》,1980 年 1 月 25 日,版 3。

二、三個面向解決野雞遊覽車問題

交通部對於野雞遊覽車的因應措施除了上述的停發遊覽車牌照及禁止大馬力大客車進口之外，要求各有關單位從輔導、嚴禁與改善公路客運三個面向著手：（一）鐵公路局將加強營運服務，增開班車，使旅客不必搭乘違規營業的遊覽車。（二）建議公路局若有車輛不足現象，政府將准許公路局租用民間遊覽車。（三）公路局儘快租用臺北火車站前希爾頓飯店東西側的停車場，並要求臺北市警察局將館前路、公園路、懷寧街、許昌街及武昌街一帶列為管制區，嚴禁違規營業遊覽車在這一帶停車，並由省、市監理等單位組成聯合稽查小組，嚴禁違規營業。〔註25〕臺灣省政府交通處方面除成立監警聯合稽查小組，加強禁止違規營業外，並將採下列方式加以改進：（一）輔導大客車出租業向包車、遊覽觀光正常方向營運。（二）繼續凍結出租大客車車輛牌照申請。（三）建議比照公路局，租用遊覽車行駛夜快車方式，擴大租用違規業者的車輛，以增加行駛班次。（四）請公路局加強服務及增購車輛，以輸運中、長程都會間的旅客。〔註26〕

公路局先前有過租用夜快車的慘痛經驗，當然不希望採納租用野雞遊覽車這個建議，公路局答覆交通部說，民國 67 年度公路局新購的第一批中興號 174 輛已經出廠參加營運，連同原有的 82 輛共 256 輛，開行中、長途班車。第二批中興號 100 輛，金馬號 150 輛，預定民國 68 年 10 月國慶前陸續出廠。民國 69 年度已決定增購中興號 140 輛，國光號 50 輛，參加高速公路運輸，另添購 270 輛普通客車行駛一般路線，就目前的運量已能滿足旅客的需要。〔註27〕但交通部對公路局的說法似乎不以為然，依舊要求省府研擬租用辦法，並使公路局盡速把希爾頓飯店兩側空地租下。

希爾頓飯店兩側停車場是違規遊覽車的據點，上級要求公路局租用這個停車場為行駛高速公路車輛的發車站，藉此剷除野雞遊覽車。公路局跟地主談好要以 400 萬元年租金租用停車場；然而地主不到一天就變卦了，因為違規遊覽車業者立刻找上地主，說願意以加倍的價錢，也就是年租金 800 萬元租停車場。公路局眼見苗頭不對，也願意以 800 萬元租下，違規遊覽車業者馬上追加成 1,200 萬元。就這樣，公路局跟地主談了兩、三個月，地主還是

〔註25〕 〈高速公路全線通車　鐵路營運壓力增〉，《聯合報》，1978 年 11 月 24 日，版 3。

〔註26〕 〈取締出租大客車違規營業　省府決成立監警聯合小組〉，《聯合報》，1979 年 3 月 17 日，版 3。

〔註27〕 〈租用遊覽車　公路局不接受〉，《民生報》，1979 年 7 月 16 日，版 6。

不願意把停車場租給公路局使用。〔註 28〕

三、嚴格執行禁止

　　民國 68 年 12 月 24 日交通部召集省市各有關單位集會，商討違規營業遊覽車解決方案。經過數小時討論後，決定了禁止與輔導並重的原則。交通部長林金生宣布這項解決方案，要點如下：（一）要求公路局積極改善服務、提高品質，使民眾樂於搭乘。（二）由公路局擬定租車辦法，租用民間過剩的遊覽車。公路局民國 69、70 年度均未列租車預算，因此這筆預算由臺灣省政府向省議會爭取，預定明年 4 月起租用。租車的條件為 200 匹馬力以上的車，並租用 300 輛。（三）公路局協調臺北市、高雄市監理單位，擬定〈大客車出租業及小客車出租業違規營業處罰作業要點〉，處罰時以公司行號為對象，並縮短禁止次數，第一次罰 3,000 元，第二次吊牌一個月，第三次停止部分營業一個月，第四次撤銷運輸業執照。這項要點於明年 2 月 10 日報交通部，3 月 1 日公佈，4 月 1 日實施。（四）成立臺灣汽車客運公司，公路局佔 60%股權，另 40%開放給出租大客車業與長途客運業者，這項公路局營運與監理分家的改組方案，至明年 4 月 1 日前完成。（五）公路局與長途客運業者辦理高速公路聯營，使高速公路沿線重要城市均可有班車經高速公路到臺北或高雄。（六）今後出租大客車業在車輛汰舊換新時，所換新車不得超過 180 匹馬力。（七）車輛上的閉路電視，非經核准，不得裝置。〔註 29〕

　　早在此方案提出之前，交通部政務次長陳樹曦接受記者訪問時，一再強調，比較可行的解決遊覽車違規營業辦法是，高速公路開放一至兩家公司民營。如果開放一家，就由 20 家民營客運公司聯合經營；開放兩家時，第二家就由大客車出租業經營。〔註 30〕結果會議中公路局堅持獨佔高速公路路權，其結果就是弄出一個交通部、公路局及遊覽車業者三方面都不滿意的方案。交通部不滿意公路局要獨占高速公路路權，而省府提出緩不濟急的「組成臺灣汽車客運公司案」。公路局不滿意交通部不讓它們擺脫政策上的限制（兼顧鐵路營運），因而他們不能降低國光號、中興號的票價；無法在同一

〔註 28〕〈希望鐵公路改善服務使旅客樂於乘坐　公路局長表示決以良好服務爭取顧客〉，《聯合報》，1979 年 11 月 15 日，版 3。
〔註 29〕〈遊覽車違規營業　交部決從嚴取締〉，《聯合報》，1979 年 12 月 25 日，版 3。
〔註 30〕〈林金生乘野雞車瞭解情況　能澈底解決違規營運嗎？〉，《民生報》，1980 年 1 月 8 日，版 6。

票價之下，與違規營業遊覽車競爭。遊覽車業者則認為，交通部口口聲聲說，解決遊覽車違規營業問題，要從改善鐵、公路營運，加強輔導及嚴禁遊覽車三方面著手。實際上，七項解決措施中，除了「臺灣汽車客運公司」開放民股，以及公路局租用覽車這兩項辦法，其他還是以加強禁止為主。遊覽車業者還是期望政府能夠開放高速公路路權，因此，臺灣省、臺北市及高雄市遊覽大客車同業公會向立法院請願，建議打破公路局獨佔長途客運獨家經營局面，准許業者聯合組織「臺灣復興汽車客運股份有限公司」，〔註31〕以業者為經營主體與公路局併線行駛。這樣可以在互相競爭之下，提高服務水準。

但交通部政務次長陳樹曦說答覆立法院交通委員會委員質詢時指出，公路局獨家經營高速公路是中央政策性的決定；在未改變這一政策前，交通部無權核准遊覽車業者組織客運公司經營高速公路。即使高速公路開放民營，也不能考慮由目前違規業者組織公司經營，否則就是鼓勵一般人以非法手段達到合法目的；對20多家經營偏僻路線的客運公司也不公平。〔註32〕

交通部於民國 69 年 5 月 6 日召集省市交通主管開會，由次長陳樹曦主持，省交通處、臺北市、高雄市、鐵路局、公路局均參加討論決定自 6 月 1 日起，嚴格禁止大客車違規營運。會中決定禁止原則如下：（一）依照省市協調結論，禁止大客車違規營業仍以公司行號為處罰對象，自 6 月 1 日起實施，並在違規據點取締拉客黃牛以及非法售票站。（二）除依據有關交通法令執行外，另將依據工商登記、財稅法令及旅行業管理規則，併案處分違規部份。（三）成立「臺灣汽車客運股份有限公司」及租用車輛兩案，由省交通處協調省議會定案實施；租車案如需擴大辦理，由省交通處協調民營公路客運公司，租用部份車輛，以利輔導。（四）公路局與民營公路客運公司，加強辦理重要市鎮經高速公路至臺北、高雄之聯營班車，由省交通處成立專案小組，邀集民營公路客運與公路局，研訂聯營辦法。（五）遊覽車業者建議成立管理委員會或客運公司，經營高速公路客運業務，以及請求收購業者車輛，交通單位不予考慮。（六）臺北市希爾頓飯店兩側停車場，由交通部函請財政部，轉知業者應停止租用，並迅速予以利用作為建築之用，並函臺北市政府，在未建築使用前，應依法課征空地稅。（七）大客車出租業將車

〔註31〕〈遊覽大客車業者　提出連串要求　陳樹曦說　於理於法　不能考慮〉，《民生報》，1980 年 1 月 11 日，版 6。

〔註32〕〈遊覽大客車業者　提出連串要求　陳樹曦說　於理於法　不能考慮〉，《民生報》。

輛租與旅行業違規營運，如非出於互相勾結，依旅行業管理規則處罰旅行業者；如屬相互勾結，亦將處罰大客車出租業。〔註33〕

四、野雞遊覽車業者態度轉變

交通部的強硬態度，讓遊覽車業者緊張起來，因為各類汽車運輸業的公司行號，本身擁有的車輛很少，絕大多數屬寄行（靠行）性質，公司除了按月收取行費作為勞務報酬外，車輛勞業行為及營收都由車主自理，實施新的處罰要點後，很可能連累寄行的車主。但隨著，臺汽公司成立案在省議會一再延宕，政府嚴格禁止野雞遊覽車的時程也一再延後。交通部長林金生宣稱，交通部顧及違規業者一旦遭受禁止後驟然發生困難，通知省市政府從 6 月 1 日開始勸導，7 月 1 日起依新修正的〈大客車出租業及小客車出租業違規營業處罰作業要點〉全面禁止。〔註34〕遊覽車業者本來對政府開放高速公路路權抱有一絲希望，也因此不願意入股臺汽公司，也使得業者始終拒絕政府租用野雞遊覽車的方案。但隨著政府屢次重申不開放高速公路路權，以及嚴格禁止違規大客車，遊覽車業者態度逐漸軟化，願意參加政府召開的幾場租用遊覽車會議。另一個讓業者態度轉變的原因是違規營業遊覽車由於投資過剩，且私人小客車成長率越來越高，最近幾個月來的野雞遊覽車座位使用率只能達到七成左右。而公路局採取降低票價，實施電話訂票等改善服務措施，高級車種的賣座率已有顯著回升，估計民國 69 年度的營業收入盈餘約有 7 億多元。〔註35〕

五、與民營客運聯營

另一方面，公路局認為租用野雞遊覽車後的服務不可打折扣，為使旅客仍然能一票直達高速公路沿途各鄉鎮，不因野雞遊覽車停駛而受影響。打算以原車跑原來野雞遊覽車的路線。公路局自次要路線開放民營後，全臺許多市鎮公路局班車無法透過高速公路直接到達，例如臺北經高速公路至員林，

〔註33〕〈大客車違規營運　下月起嚴格取締　交通部決定七點取締原則〉，《經濟日報》，1980 年 5 月 7 日，版 2。

〔註34〕〈取締遊覽車違規營業　延至七月一日起實施〉，《民生報》，1980 年 5 月 10 日，版 6。

〔註35〕〈只要有決心一定辦得通　取締違規營業　遊覽車業者態度軟化〉，《民生報》，1980 年 5 月 8 日，版 6。

下交流道後必須走員鹿路才能到達員林，而這段路權屬於員林客運所有。而違規遊覽車經營的路線屬於 11 家客運公司路權範圍，像臺北到雲林土庫、嘉義北港、朴子、臺南麻豆等地，都屬於民營普通客運業的路權範圍內，公路局班車未經同意無法到達。因此，只能透過與民營普通汽車客運業者聯運或聯營班車一途來達成。

依公路局的構想，採取聯運方式最理想不過了。聯運是採「一票兩車」方式，例如，由臺北到嘉義北港、朴子、或雲林土庫、臺南麻豆等地，先搭乘公路局班車到高速公路中途站，利用休息時間轉搭民營客運車輛到目的地。可以預見的，公路局要的是聯運，民營客運業者要的是聯營，也就是「一票一車」直達方式，中途不換車。聯運將使公路局繼續享有獨佔高速公路的權益；聯營使民營客運業者能合法的駛上高速公路取代目前的野雞遊覽車。輔導野雞遊覽車的辦法之一是由公路局租車，公路局原計畫租用 300 輛，遊覽車業者卻希望全部租用（估計當時在高速公路違規行駛的遊覽車超過 800 輛）。交通主管單位認為，民營客運業者如能擔負一部分的租車責任，僵持已久的租車案才有希望進一步實施。民營客運業者認為，如果只是聯運，他們犯不著付出高價租用高級進口車行駛省縣市鎮低標準道路，當然，營收方面也不能與公路局相比。〔註36〕

公路局先與臺西、協成、興南、新營等 4 家民營長途客運公司談判，由於 4 家業者堅持聯營，公路局只好退讓，最後勉強達成協議，將以聯營方式經營各重要市鎮經高速公路到臺北之客運班車。以出車班次各半之方式，分別行駛目前野雞遊覽車之路線。但省議員蘇俊雄（1935～2011）等，在省議會交通委員會指出，政府與民營客運係暗盤交易，故意排擠遊覽車，卻讓民營普通客運車輛經營高速公路，政府不應與長途客運業者做成協議，因此否決了公路局與民營客運雙方出車班次及營收五五對分的聯營提案。〔註37〕

交通處、公路局與民營客運業者因而再次討論該如何解決，交通處建議由公路局租車代替行駛方式，營運收入則按行駛民營路權之里程計算劃歸民營客運，或者公路局給民營客運公司一些權利金借道行駛，但民營客運業者

〔註36〕〈公路局與民營客運公司聯營　並非開放高速公路路權　公路局出於「無奈」．省議會指爲「暗盤」〉，《民生報》，1980 年 6 月 14 日，版 6。

〔註37〕「交通處報告公路局租用大客車出租業過剩車輛輔導案初期實施情形」，〈委員會議〉，《省府委員會議檔案》，國史館臺灣文獻館藏，典藏號：00501153212，1980 年。

堅持聯營，雙方因此談判破裂。而會後，涉及處理違規遊覽車案的全省 11 家民營客運公司，決定抵制省府所採取的「由公路局租車代替行駛方式」，他們認為，要徹底解決違規遊覽車問題，必須由公路局與客運業者聯營，否則難以達成一票直達的便民目的。〔註38〕11 家民營客運願稍作退讓，同意不堅持五五分帳班次各半，〔註39〕此即表示，若實施聯營後，公路局所派班次或可超過民營客運的班次，不必對等分派。

根據政府的方案，公路局的班車可駛入民營客運營路權的範圍內，而民營客運卻不得駛上高速公路，但民營客運得分享營運利潤。從表面上看，既不必派車行駛，又可分享利潤，這個條件對民營客運業者極為有利，但進一步分析，此方案是不合理的。根據〈公路法〉規定，民營客運業者取得的是營業權，而不是所有權。依照政府的方案，公路局的班車給了民營客運業者一筆權利金後就可以派車行駛業者的經營路線，業者若是將自己所有的營業路線都讓別人來行駛，自己賺取大筆權利金，而完全不需要負擔任何站場、車輛、油料及人事成本，是不合乎法律對於營業的規定。交通處代駛的方案是不合法的，亦有可能會造成日後公路客運營運的混亂。

眼看著租用野雞遊覽車已於 7 月 1 日實施，若是仍與民營客運業者談不攏，則政府消滅野雞車的決心將失信於民。8 月 12 日交通處再度邀集相關單位與 11 家民營客運業者再次協調，民營客運公司公會及另 17 家客運公司也派代表列席旁聽。交通部長林金生在這次會議開會時，打長途電話到交通處：保證公路局租用遊覽車由高速公路駛經這些民營客運路權範圍內的路線時，會保障民營客運原有營運權。8 月 1 日才接任的交通處長魏巍（1920～2013）在會場向業者說明政府禁止違規遊覽車的決心，為了維持高速公路的行車秩序，希望民營客運業者不必急於爭取行駛高速公路，目前交通部已宣佈將開放一家或兩家民營客運公司行駛高速公路，這兩家公司由全省 28 家民營汽車客運公司及遊覽車業者組成的可能性最大。〔註40〕最後，魏巍指示公路局做出最大的讓步，由公路局與民營客運交換路線（里程）行駛，在彼此都有利潤下，再進一步個別協調。在場業者或許受到交通部長、交通處

〔註38〕「交通處報告公路局租用大客車出租業過剩車輛輔導案初期實施情形」，〈委員會議〉，《省府委員會議檔案》，國史館臺灣文獻館藏。

〔註39〕〈十一家客運公司　盼與公路局聯營〉，《經濟日報》，1980 年 7 月 16 日，版 2。

〔註40〕〈交換行車里程·行駛民營路線　中南部十一家客運業者與交通處達成初步協議〉，《聯合報》，1980 年 8 月 13 日，版 3。

長的保證及未來高速公路開放路權的吸引，這次會議很順利的達成協議。但是，對公路局及已經成立的臺汽公司而言，這是個不平等條約，日後臺汽公司的黃金路線（營收較佳）被民營業者大量接收，臺汽公司所經營的路線除了高速公路外，剩下許多是偏遠地區路線，這點反而比較能凸顯臺汽公司比公路局經營公路客運時更加為民服務，卻也造成臺汽公司的營運收入埋下了隱憂。

六、租用野雞遊覽車

6 月 23 日省交通處、公路局及省市大客車出租業公會代表經過 14 小時的冗長爭論，租金的多寡與保證行駛公里數為爭論重點，業者要求的每車公里租金節節高升，最後公路局一再讓步，雙方才獲致協議。最後的協議是：以兩年為期，由公路局租用 190 匹馬力以上遊覽車由 300 輛增為 702 輛，其中馬力 240 匹以上合乎國光號級的有 67 輛，保證行駛里程每月 21,600 公里，並按廠牌性能規格每車公里訂定不同的價錢：朋馳○三○三型 21 元、雷諾 19元、飛雅特 16.5 元。也就是說，列入國光號級的朋馳○三○三型遊覽車，業者每月收入租金至少 450,000 元，雷諾至少 410,000 元，飛雅特至少 350,000元。其餘馬力的遊覽車不論其購買價格如何，全部歸併為一個等級，亦即比照公路局中興號級。而列入中興號級的遊覽車，保證行駛里程依車價 500 萬元以上者每月 15,000 公里；不足 500 萬元者每月 12,000 公里，每車公里 14.5元，業者每月可收租金至少 174,000 元。〔註41〕

按此租車協議，年租金達 16 億 3 千多萬元，另公路局需負擔之通行費、售票員津貼、管理費用、及稅捐等行車成本約 5 億 1 千多萬元，民國 69 年 7、8、9 月租金共 4 億元，公路局自行負擔費用 1 億 2 千多萬元，合計支出 5 億3 千多萬元由公路局民國 70 年度事業決算辦理，民 69 年 10 月 1 日以後租金及行車成本由臺汽公司編列預算支付。〔註42〕

政府預計 7 月 1 日起租用野雞遊覽車，何以倉促到 6 月底才與遊覽車業者達成協議？政府又為何與業者簽訂如此讓利的租車協議？此兩年的租金與

〔註41〕 「臺灣省交通處公路局租用出租大客車實施要點」，〈委員會議〉，《省府委員會議檔案》，國史館臺灣文獻館藏，典藏號：00501152813，1980 年。

〔註42〕 「臺灣省交通處公路局租用出租大客車實施要點」，〈委員會議〉，《省府委員會議檔案》，國史館臺灣文獻館藏。

行車成本高達近 43 億元，以當時中興號一輛約 350 萬元來算，可購買 1,200
多輛；以國光號一輛約 1 千萬元來算，可購買 430 輛國光號。對公路局或臺
汽公司而言租車怎麼算都比不上購車來的經濟，況且這些車輛租用方式比照
公路夜快車模式，由公路局排定班次，遊覽車業者依時出現於車站，載客上
車。公路局對於公路夜快車時常脫班管理不易的情況，感到十分困擾。

　　最初，野雞遊覽車業者懷抱著政府會開放高速公路路權的希望，而不願
意配合政府的租用政策；公路局長胡美璜對於租用野雞遊覽車也不甚積極，
〔註43〕除了有租用公路夜快車的慘痛經驗外，胡美璜也曾在省議會答覆質詢
時指出，公路局並不打算嚴禁野雞車，因為野雞車的存在的確有客觀上的需
要。〔註44〕胡美璜認為公路局最重要的課題應該是如何加強營運，只要公路
局的服務能令旅客滿意，野雞車自然會被淘汰；交通處長常撫生或許因為曾
任公路局長，在對於與野雞車業者及民營客運業者的談判常撫生對公路局總
是比較維護，提出的租車條件及代駛方案可以看出常撫生對省營客運事業做
出的努力。遊覽車業者與公路局對於租用野雞遊覽車一事都沒興趣而顯得不
甚積極，雙方開出的條件差距甚大，談判好幾次都沒結果，同樣的情況亦發
生在與民營客運業者的談判上，其實遊覽車業者與民營客運業者都是想藉由
談判不成來逼迫政府開放高速公路路權。

　　對嚴禁及租用野雞車一頭熱的只有交通部，為了顯示政府的決心，也不
想失信於民，交通部強力的要求交通處與公路局貫徹租用野雞遊覽車的政
策，而且 7 月 1 日必須要實施租用野雞遊覽車方案。交通部對於常撫生與胡
美璜觀望的態度頗有怨言，〔註 45〕交通部認為要求公路局租下野雞遊覽車其
目的之一是為了維持公路局及臺汽公司對高速公路路權的獨佔地位，對於公
路局與臺汽公司亦是好事。交通部對於公路局與遊覽車業者談判時對租車數
量及租金錙銖必較而造成談判破裂感到不解，甚至公路局直至 6 月 30 日下午
14 點 30 分才與遊覽車業者談妥臺北至高雄、臺北至臺中之租用車數。公路局
臺北、臺中、高雄三站人員在前所未有的忙碌狀況下，連夜作業，隔日派車
時慌亂情況可想而知。不僅公路局未檢查派出的車輛，駕駛員亦未集合教育

〔註43〕「交通處報告公路局租用大客車出租業過剩車輛輔導案初期實施情形」，〈委
　　　　員會議〉，《省府委員會議檔案》，國史館臺灣文獻館藏。
〔註44〕臺灣省議會秘書處，《臺灣省議會公報》，第 40 卷第 15 期（臺中縣霧峰鄉：
　　　　臺灣省議會秘書處，1978 年），頁 1681。
〔註45〕〈違規遊覽車曲終人未散〉，《民生報》，1980 年 7 月 1 日，版 6。

過，對於行車規定均不了解，因而狀況百出，脫班、虐待旅客、放旅客鴿子、任意攬客、過站不停、吃票、不按規定路線行駛者比比皆是。〔註46〕

表 5-2-1　民國 70 年度臺汽公司租用車與自有車載客率比較表

年　月	70.1	70.2	70.3	70.4	70.5	70.6	70.7	70.8	70.9	70.10	70.11	70.12
載客率%　租用車	43.4	42.8	45.4	54.7	53.6	52.5	48.6	56.3	56.4	53.0	50.8	48.6
載客率%　自有車	75.9	86.3	82.6	83.8	81.2	83.3	90.7	89.2	85.3	83.6	79.0	81.0

資料來源：「交通處簽為『臺灣汽車客運公司租用遊覽車改以租斷方式辦理』處理情形。」，〈委員會議〉，《省府委員會議檔案》，國史館臺灣文獻館藏，典藏號：00502059805，1982 年。

　　由於這些租用野雞遊覽車的駕駛員與車輛都不屬於臺汽公司，無論是車輛的外觀及人員的管理問題，與當初租用公路夜快車一般，始終難以克服，甚至造成旅客寧願等待公路局自有車也不願搭乘代國光號及代中興號，造成租用野雞遊覽車的載客率偏低，如表 4-2-1，除民國 69 年 7 月份略有盈餘外，其餘月份均造成臺汽公司虧損。因此，租用野雞遊覽車未及半年臺汽公司內部開始出現租斷野雞遊覽車的聲音，當時臺汽公司認為租斷野雞遊覽車可以將遊覽車車體漆成與臺汽公司車輛一樣的外觀，乘客搭車時也不會有不一樣的觀感，同時臺汽公司對車輛的管理與調度更具便利性。交通部此時亦苦惱著兩年租約即將到期，而兩年內設法輔導將野雞遊覽車轉向旅遊業發展似乎毫無成效可言，臺汽公司願意租斷野雞遊覽車對交通部而言正是求之不得。因此，租用遊覽車在民國 71 年 6 月租約到期時，交通部指示臺汽公司租用遊覽車改以租斷方式辦理。

第三節　內憂外患之中

一、內部危機

　　交通部原先建議臺汽公司以收購租用車輛的方式一勞永逸的解決野雞遊覽車的問題，但造成下列幾個問題：（一）經費龐大，財源不易籌措，全部收

〔註46〕「交通處報告公路局租用大客車出租業過剩車輛輔導案初期實施情形」，〈委員會議〉，《省府委員會議檔案》，國史館臺灣文獻館藏。

購 806 輛租用遊覽車，約需新臺幣 25 億 9 千 9 百多萬元，且需全數以貸款支應，每年利息高達 4 至 5 億，影響營運太大。（二）〈公路法汽車運輸業管理規則〉第 18 條規定汽車運輸業新增運輸營業車輛新領牌照時，限用新車，因此收購舊車於法不合。（三）收購車輛如不連同牌照過戶，則業者拿回牌照立即以汰舊換新方式購車替補，此將立刻增加 806 輛新遊覽車，造成大客車出租業供過於求的現象，後果不堪設想。（四）收購車輛若連同牌照一起過戶，因目前黑市遊覽車牌照交易高達 80 萬元，業者勢必加價出售車輛，政府不可能花 6 億 4 千多萬元的黑市價格來收購牌照。〔註 47〕因此，臺汽公司擬定改進租車方案為將租用車輛依 8 年年限折舊，除去已使用年數，再折舊計費，年滿殘值歸公司，車輛辦理過戶，牌照發還業者。臺汽公司租斷 566 輛舊遊覽車，原租用遊覽車駕駛員 5 百多人收編為臺汽公司正式駕駛員。

　　其實租斷只是分期付款的收購野雞遊覽車，此時，臺汽公司董事長常撫生（任期 69.10～73.08）對於臺汽公司前途非常樂觀，大力擴充臺汽公司的運量，根據表 4-2-1，常撫生任內臺汽公司職工增加 1500 多人，員工總人數高達 1 萬 5 千多人。但租斷遊覽車後，臺汽公司從對未來美麗的憧憬之中被拉回了意想不到的殘酷現實，臺汽公司租斷遊覽車之前，租車方案醞釀了兩年，原車主心存觀望，根本不注意保養，只想多跑幾趟，在車輛脫手前多賺它幾筆，結果有些車輛引擎嚴重磨損。當臺汽公司剛接收時還勉強跑得動，時間一久，所有的毛病都出來了。高速公路上時常看到中興號拋錨，旅客被迫下車疏散在路肩，氣得跺腳的現象。

　　更糟糕的是，臺汽公司接收時，還以為統一營運，集中保養，可以加強服務旅客，提高品質，但接手後才發現，這 5 百多輛車共有 8 種廠牌，25 種型別，需要各種不同的零組件，令臺汽公司所屬保養廠大傷腦筋，保養特別困難。尤其是雷諾、飛雅特、豪華等名牌車，一旦出了毛病，如果不能適時換上原廠零件，車輛就只有停擺，發車表因此常常被打亂，臺汽公司中崙站曾發生整天調度困難，無車可派，該站所屬 84 輛租斷遊覽車全部進場維修的慘況。〔註 48〕租斷遊覽車不僅造成臺汽公司財務上的損失，更慘的是旅客對臺汽公司失去了信心，旅客分辨不出臺汽公司自有車及租斷車，索性不搭臺

〔註 47〕「交通處簽為『臺灣汽車客運公司租用遊覽車改以租斷方式辦理』處理情形」，〈首長會議〉，《省府委員會議檔案》。
〔註 48〕〈大批租車癱瘓　發生調度困難　旅客要求退票　中崙車站難堪〉，《民生報》，1983 年 7 月 5 日，版 1。

汽公司班車，改搭野雞遊覽車或者其他的交通工具。

臺汽公司民國 69 年 7 月至 72 年 6 月 3 年間租車虧損 12 億元，72 年 7 月至 76 年 12 月租斷車虧損 21 億元，合計虧損 33 億元；然而業者從 72 年至 76 年 5 年間獲得臺汽公司租金 93 億 6 千 1 百 29 萬元，〔註 49〕臺汽公司因租車虧損情形相當嚴重，而租車的費用係向銀行借貸，所負擔的利息造成臺汽公司日後以債養債的局面。同時，野雞遊覽車從未自高速公路消失過，交通部這項政策不但沒有解決野雞遊覽車違法載客的情況，還加重了臺汽公司經營的負擔，交通部事後也沒有提出任何補救策略，更沒有任何人爲了錯誤的政策負責。

另外，因租斷車輛車種太雜，爲了加強公司內部的車輛保養能力，臺汽公司多雇用保養檢修人員，〔註 50〕以敷修理保養車輛之需，這樣造成了人事成本的增加，使臺汽公司的人事費用節節高升（如表 5-3-1），且臺汽公司承接公路局客運業務，亦承接公路局客運業務人員及其年資，造成新成立的公司卻擁有高年資及高年齡的員工，其設立 20 年之中退休人數竟達 7 千 8 百多人，佔總員工一半且高達 4 千多人領取月退俸，每年需 12 億元，〔註 51〕員工在公路局時期所累積的年資換算成退休金卻要臺汽公司承擔，〔註 52〕似乎不太公平。民國 77 年臺汽產業工會成立，工會對於員工的權益的爭取不餘遺力，例如，勞基法實施以來，臺汽公司並未遵行法規控制人員的排班及工時，結果在工會的力爭之下，臺汽公司員工的超時工作報酬及獎金大幅增加，且溯及既往，造成臺汽公司必須支付 19 億元的延長工時支付金。〔註 53〕民國 82 年臺汽公司人事費用已超過營業收入，〔註 54〕公司賺的錢拿去支付人事成本尚嫌不足，遑論其他的行車成本了。

〔註 49〕〈誰來救救臺汽〉，《經濟日報》，1988 年 9 月 25 日，版 12。

〔註 50〕「本公司因租斷遊覽車案，所增加鉅量之修護及保養工作，實迫切需要并在極力緊縮下，仍請賜准在廿人以內先引約催監工員，以利工作任務之完成。」，〈任免綱總目〉，《臺灣汽車客運股份有限公司》，國家發展委員會檔案管理局藏，典藏號：A315810000M/0072/V2-02-07-10/9/0001/005，1983 年。

〔註 51〕監察院綜合規劃室，《監察院公報》，第 2278 期（臺北：監察院綜合規劃室，2000 年），頁 1749。

〔註 52〕監察院綜合規劃室，《監察院公報》，第 1620 期（臺北：監察院綜合規劃室，1987 年），頁 199。

〔註 53〕〈省府附屬單位預算延後審議　議會裁定補救措施〉，《聯合報》，1989 年 6 月 1 日，版 15。

〔註 54〕臺汽公司，《民國 89 年臺汽統計年報》，第 13 期，頁 326。

表 5-3-1　民國 70 年至 89 年臺汽公司人事費用支出表

年　度	70	75	80	85	89
金額（千元）	2,075,987	4,256,238	6,303,072	6,681,012	6,310,552
佔支出比例	36.74%	43.46%	56.39%	59.14%	52.02%

資料來源：臺汽公司，《民國 89 年臺汽統計年報》，第 13 期，頁 330。

　　綜合以上，可以看出臺汽公司內部的危機來自公司高層決策的錯誤，租用野雞遊覽車本已造成臺汽公司虧損，兩年租約到期後，交通部與交通處也沒有立場要求臺汽公司再續租，而臺汽公司卻自行醞釀改租用為租斷，對於長途大客車市場過分樂觀，導致購進爛車也使得員工大幅增加，租斷車輛的結果還是造成臺汽公司的虧損，因而，交通處長林思聰（1925～）在省議會果決宣布省政府不會再為了解決野雞遊覽車的問題，向省議會提出租車案。〔註55〕可是，租斷車輛的租金、銀行的利息、人事費用都造成臺汽公司資金上的壓力，也造成臺汽公司營業車輛無法適時汰舊換新，車輛老舊維修成本亦高，旅客也不願意搭乘。再加上臺汽公司經營保守僵化，平日班次與假日班次差別不大，即使班車上一個旅客都沒有，班車仍然照常行駛，如此更造成臺汽公司的沉痾。

二、外部危機

　　臺汽公司身為公營事業，經營決策自然免不了受到層層上級與各級民意機關的干預。就民意機關而言，各縣市議會、省議會乃至於立法院都對臺汽公司的營運有著不同程度的影響。根據〈公路法〉規定縣、鄉道由縣主管機關（縣市政府）管理，而縣市議會對縣市政府有監督與預算審核權，因此，縣市議會要求臺汽公司將其營運路線或停靠站變更以符合當地客運業者的利益，或要求臺汽公司讓出黃金路線改走低乘載率的路線。〔註56〕

　　省議會為各級民意機關對臺汽公司有最大影響者，臺汽公司每年的預算審核權掌握在省議會手裡，高階主管必須出席省議會接受省議員的質詢，並做報告。這也往往造成臺汽公司無法拒絕省議員對臺汽公司營運有負面影響

〔註55〕臺灣省議會祕書處，《臺灣省議會公報》，第 53 卷第 19 期（臺中縣霧峰鄉：臺灣省議會祕書處，1983 年），頁 1916。
〔註56〕葉匡時等，《駛向未來——臺汽的危機與變革》（臺北：生智，2000 年），頁 111。

的要求，例如省議員陳金德（1944～）經營新店客運，其要求臺汽公司租用新店客運大客車行駛新店至淡水 100 班次，臺汽公司在其車輛充裕的情況下，被迫屈服，最後甚至讓出新店至淡水的黃金路線給新店客運行駛。〔註 57〕民意代表在議會中公然為了自己的事業爭取利益，此類狀況從公路局經營客運時代即常常發生，但公路局因身兼公路主管機關往往態度比較強硬，不太讓步；而臺汽公司碰到類似的情況，在不能與民爭利的情況下，往往都會選擇讓步，造成自己本身的客源流失。

臺汽公司將營運主力轉移至高速公路長途運輸上，而高速公路屬於國道，國道客運運輸的票價屬於交通部規範，而交通部的政策制訂又必須受到立法院監督，因此，立法院對臺汽公司營運有間接地影響，〔註 58〕臺汽公司好幾次要求調整高速公路票價調整，交通部雖同意但遭到立法院杯葛，而無法實施，〔註 59〕票價無法反映臺汽公司的經營成本當然會造成虧損的現象。

除了各級民營機關的干涉外，臺汽公司還背負了不少政策性使命，例如國家經濟發展需求、社會公平正義、照顧弱勢、充實公庫等，這些政策性的使命往往與營利的目標相衝突。例如前述的租用租斷野雞遊覽車、以及政策性的採購車輛，華同汽車與飛鷹國光號都造成臺汽公司不少的損失；而長期以來，臺汽公司提供軍公教、學生、老弱殘障等優惠票，自民國 69 年至 89 年，20 年中減收超過 67 億元，〔註 60〕這些減收的金額由臺汽公司自行吸收，國家並沒有分文的補助。而運行偏遠地區低乘載率路線更是各級政府、民意機關及社會大眾對臺汽公司的期待與要求，在為民服務的公司設立宗旨下，臺汽公司經營這些虧損路線似乎顯得理所當然，因此，民營客運拋出來的虧損路線，臺汽公司一概承受。

間接性政策亦會造成營運環境變遷使臺汽公司陷入經營困境，第三章已提及民國 60 年代因政府幹線公營支線民營的政策失敗，造成自用小客車快速增加，高速公路通車後，自用小客車進口關稅降低，更是造成自用小客車短期間內暴增，如表 5-3-2 顯示自民國 70 年的 43 萬輛增至民國 80 年的 244 萬

〔註 57〕〈黃金路線開放民營　服務品質不能忽略〉，《聯合報》，1985 年 2 月 13 日，版 7。
〔註 58〕葉匡時等，《駛向未來——臺汽的危機與變革》，頁 112。
〔註 59〕立法院公報處，《立法院公報》，第 83 卷第 22 期（臺北：立法院公報處，1994 年），頁 23～36。
〔註 60〕臺汽公司，《民國 89 年臺汽統計年報》，第 13 期，頁 268～269。

輛，10 年增加 5.5 倍，至民國 89 年增至 460 萬輛，增加 10.5 倍。

表 5-3-2　民國 70 年至 89 年臺灣地區自用小客車登記數

年代	70	75	80	81	82	83
輛數	438,052	956,625	2,440,685	2,799,519	3,139,876	3,469,378
年代	84	85	86	87	88	89
輛數	3,771,662	4,039,649	4,295,332	4433195	4,401,730	4,608,960

單位：輛

來源：交通部統計處，《民國 89 年統計要覽》（臺北：交通部統計處，2002 年），頁
　　　274～275。

　　自用小客車遽增，除了減少乘坐公路客運的人數之外，過多的車輛造成
高速公路及省道系統雍塞情況嚴重，在經濟高度發展的情況之下，時間就是
金錢，與其在車陣當中不知何年何月才能到達目的地，不如選擇其他的交通
方式，民國 76 年政府宣布開放天空，〔註61〕國內的民航業蓬勃發展，鐵路
客運的旅客自民國 70 年後如表 5-3-3 大致上成增加的趨勢，反觀汽車客運人
數逐年減少，從民國 70 年每年 20 億人次的載客量，下降到民國 89 年 11 億
人次，降幅驚人。因此，不只臺汽公司受影響，整個公路客運產業都陷入了
困境。

表 5-3-3　臺灣地區民國 60 年至 89 年交通運輸客運量

年　別	公路（含市區）	鐵　路	航　空
60	1,350,732	141,524	2,065
65	2,107,198	143,326	4,761
70	2,029,775	131,666	5,639
75	1,960,576	132,345	5,303
80	1,481,439	137,785	11,210
81	1,480,962	149,874	14,875
82	1,413,955	158,034	18,441
83	1,289,213	160,992	23,299
84	1,203,451	160,925	28,773
85	1,167,171	171,263	35,902
86	1,162,821	197,111	37,400

〔註61〕〈開放天空任翱翔〉，《聯合報》，1987 年 11 月 9 日，版 5。

87	1,154,823	233,339	33,294
88	1,149,146	309,815	32,534
89	1,103,822	460,311	26,650

單位：千人次

資料來源：整理自交通部統計處，《民國93年統計要覽》（臺北，交通部統計處，2005年），表3-3、表4-4、表7-7。http://www.motc.gov.tw/ch/home.jsp？id=59&parentpath=0%2C6&mcustomize=statistics501.jsp 2017年6月9日下載。

　　再者，臺汽公司租斷遊覽車隨著車齡逐漸到達8年，遊覽車牌照陸續發還給原車主，眼見新一波野雞遊覽車風潮又將再起，交通部開放第二家行駛高速公路客運公司經營權，由全省客運業與遊覽車業各出資金一半，客運業以現金投資，遊覽車業則以車輛抵價合組統聯客運公司，以500輛大客車行駛20多條路線，並於民國79年3月份開始營運。當時的交通處長林思聰對於交通部以開放高速公路路權的做法來解決野雞遊覽車的問題感到懷疑，且因為此政策犧牲了臺汽公司，而替臺汽公司喊冤。〔註62〕但中央政府開放的腳步愈來愈快，民國84年國道又對5家民營公司開放，民國85年開放10條國道路線，交給民間業者經營，〔註63〕臺汽公司前面的道路更加艱辛難行了。

三、臺汽公司急速變革

　　臺汽公司成立初期略有盈餘，但自民國77年起由盈轉虧，當年虧損高達8億3千多萬，而隨後數年虧損越來越多，參見表5-3-4，負債高達466億。臺汽公司對此也有所警覺，開始進行改善營運計畫，開源方面，臺汽公司開始多角化經營，車廂外廣告招標，出租出售閒置土地。節流方面，降低營業車輛數、人事方面採取遇缺不補的方式，設法降低人事成本，但效果相當有限。改善營運計畫的重點為精簡人力，第一期以優惠方式鼓勵員工離職精簡人力措施是民國77年至78年間，預計減少3,127人，實際上只減少1,383人。〔註64〕第二期的時間為民國80年至83年，預計減少4,578人，實際減

〔註62〕〈給新聞界的公開信　省交通處抨擊交通部及運輸研究所　指開放統聯營運爲：決策閉門造車　製造特權〉，《聯合報》，1990年3月17日，版6。

〔註63〕〈國道路權將開放　商機誘人　大客車業加足馬力爭先〉，《經濟日報》，1995年12月10日，版18。

〔註64〕「經濟建設動員委員會簽陳對臺灣汽車客運公司革新方案辦理情形檢討報告案」，〈委員會議〉，《省府委員會議檔案》，國史館臺灣文獻館藏，典藏號：

少 4,019 人，民國 83 年底臺汽公司員工數為 8,327 人。臺汽公司的改善營運計畫，重節流輕開源，但顯得不夠積極之外，開始變賣家當與生財器具－土地與車輛，隨著車輛的減少駕駛員亦由民國 74 年 5471 人降至民國 83 年底 3904 人，由此不難看出臺汽公司高層對加強營運已不抱任何希望，一心想縮小營運規模，甚至在一個月中發生董事長、總經理、主任秘書及業務處經理等高層紛紛離職或申請退休，當時轉任省政府副秘書長的臺汽公司前董事長江清釅（1942～）曾自嘲是脫離苦海，〔註65〕高層無心於經營與減員措施亦造成臺汽公司員工士氣低落，對未來感到茫然。

表 5-3-4　民國 70 年至 89 年臺汽公司收支盈餘及資產負債表

年　別	收　入	支　出	盈餘虧損	資　產	負　債	業主權益
70	6,367	5,650	717	6,976	4,153	2,823
71	9,372	8,821	551	7,740	4,847	2,893
72	9,080	8,562	518	8,682	5,752	2,930
73	9,247	8,986	261	10,515	6,173	4,342
74	10,181	9,827	354	11,759	6,755	5,004
75	9,814	9,792	22	11,021	5,602	5,419
76	8,998	8,971	27	10,974	5,493	5,481
77	8,064	8,896	-832	11,393	6,094	5,299
78	7,602	9,024	-1,422	13,245	6,874	6,371
79	7,255	10,198	-2,943	15,980	12,567	3,413
80	14,397	11,176	3,221	23,933	15,809	8,124
81	7,459	11,370	-3,911	18,556	14,512	4,044
82	7,152	12,580	-5,428	20,115	18,546	1,569
83	6,949	11,310	-4,361	21,277	18,035	3,242
84	9,921	13,068	-3,147	30,093	29,224	869
85	10,112	11,296	-1,184	37,027	36,999	28
86	8,596	8,874	-278	37,600	36,413	1,187
87	8,505	10,085	-1,580	40,393	38,590	1,803
88	4,070	11,642	-7,572	37,846	42,684	-4,838
89	4,755	12,131	-7,376	35,478	46,678	-11,200

單位：百萬元

資料來源：《民國 89 年臺汽統計年報》，第 13 期，頁 326～329。
說明：民國 80 年因出售中崙保養廠土地淨收入 67 億。

00501189604，1988 年。
〔註65〕〈人與事　臺汽首長位子　真難坐〉，《民生報》，1993 年 7 月 31 日，版 15。

　　繼江清馦之後，原省府人事處副處長陳武雄接任臺汽公司董事長，陳武雄一上任所面臨的是臺汽公司的財務，已經到了岌岌可危的地步，民國 82 年 6 月底結算時發現，臺汽公司的資產總值為 206 億 1 千 2 百 30 萬元，其中負債 191 億 7 百 68 萬元，業主權益僅餘 15 億元左右。如果以臺汽公司每個月虧損 4 億 5 千萬元的速度計算，大約到 9 月中旬時，臺汽公司會宣告破產。陳武雄一面請求省府以股東的名義增資 90 億元，一面加緊變賣土地。省主席宋楚瑜（1942～）同意增資 90 億元，並指示臺汽公司應逐步開放民營，必須在民國 83 年 6 月前研擬分區開放民營方案，使省府的投資不致有去無回。〔註 66〕

　　省議會在要求臺汽公司進行組織整頓的前提之下，將增資 90 億元打了個折，同意省政府增資臺汽公司 50 億元。但由於此時臺汽公司每月仍以 4 至 5 億元的速度虧損，且房地產不景氣公司出售的土地乏人問津，公司資金周轉仍十分困難，往往需要省屬行庫融資或省府救援才能暫時紓困。〔註 67〕由於再多資金援助對臺汽公司都只是杯水車薪，臺汽公司的負債未曾減少，每天睜開眼睛就損失 1,500 萬元，社會各界對臺汽公司的指責越來越多，政府亦想將這個燙手山芋盡早處理。民國 85 年 8 月陳武雄向省府提出組織急速變革方案，內容有：（一）釋出營運績效 25% 以下路線 206 條。（二）精簡組織及站場。（三）減員 4345 人。（四）減車 831 輛。（五）處理土地 10 萬 6 千坪。〔註 68〕

　　民國 85 年 10 月起臺汽公司開始執行急速變革方案，裁撤機料廠及 5 個運輸處，將 50 個車站歸併為 18 個車站利潤中心；14 個保養場及 39 個檢修組縮減為 18 個檢修組，併入車站管理，其組織圖如 5-3-1。此次臺汽公司組織變革是省營客運歷年之最，主要是將原先的三級制變為二級制，將各車站利潤中心直接隸屬於總公司管轄，使決策更為快速地到達基層單位。而各車站利潤中心必須肩負起營運責任。

〔註 66〕　臺灣省議會祕書處，《臺灣省議會公報》，第 74 卷第 2 期（臺中縣霧峰鄉：臺灣省議會祕書處，1993 年），頁 84。

〔註 67〕　臺灣省議會祕書處，《臺灣省議會公報》，第 79 卷第 6 期（臺中縣霧峰鄉：臺灣省議會祕書處，1995 年），頁 795～796。

〔註 68〕　「臺汽公司急速變革簡報資料」，〈省政會議〉，《省府委員會議檔案》，國史館臺灣文獻館藏，典藏號：00503008115，1996 年。

圖 5-3-1　民國 86 年臺汽公司組織圖

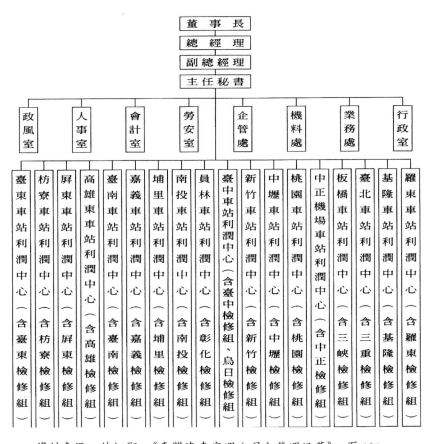

資料來源：林栯顯，《臺灣汽車客運公司之營運沿革》，頁 121。

　　除了組織扁平化外，臺汽公司釋出 158 條營運不佳路線給民營客運接手，其餘無法釋出的低乘載路線由政府承諾補貼；員工精簡 4,019 人，達成率高達 92.5%；車輛持有 1,500 輛，達成率 100%；惟有土地處理不如預期，只售出木柵檢修組一筆，淨售 6 億 8 千萬元。陳武雄很努力的達成省府的要求，希望縮小營運規模，能夠轉虧為盈，他最終的期望是省府能夠將臺汽公司收歸為公務單位，因此，陳武雄在為急速變革做報告時，屢次提議將臺汽公司改制為非公司型態之大眾公用事業機構，但省府的答覆均為完成急速變革後再議。〔註69〕事實上，省政府本身的債務高達 6 千億（民國 86 年度），

〔註69〕「臺汽公司『急速變革措施』執行情形暨急待解決問題協調辦理情形，報請公鑒。」，〈省政會議〉，《省府委員會議檔案》，國史館臺灣文獻館藏，典藏號：00503010108，1997 年。

不可能再接受臺汽公司 360 多億的債務，省政府及省議會都希望中央政府能夠接收臺汽公司，使其成為正式的公務單位或是國營，但交通部從未接受此一建議，反而贊成臺汽公司早日宣布破產，以解決其財務問題。〔註 70〕但讓臺汽公司破產可行嗎？假使臺汽公司破產，政府首先就要面對偏遠地區民眾的抗議，偏遠地區的民眾不是人人都擁有自用汽車，臺汽公司提供偏遠地區民眾不可或缺的交通工具，許多中下階層、老弱、婦女、學生等最需要臺汽公司的服務，而為民服務不正是臺汽公司創立的使命嗎？但當社會各界認為不賺錢的公司就是罪過的氛圍下，臺汽公司破產並非不可能。

四、臺汽公司民營化

　　民國 60 年代中期，面對國際經濟不景氣，各國公營事業的經營未能依照市場的變動做出適應的調整，導致整體經濟復甦緩慢。民國 69 年英國首相柴契爾夫人（Margaret Hilda Thatcher；1925～2013）開始進行公營事業民營化政策之後，越來越多國家先後仿效英國的政策，公營事業民營化一時之間在國際蔚為潮流。〔註 71〕而臺灣自從解除戒嚴之後，政府政治理念與意識形態都有相當的轉變，民國 78 年，當時行政院長李煥（1917～2010）宣布推動公營事業民營化，並成立「公營事業民營化推動專案小組」，揭示民營化目的為：
　　（一）增進事業經營自主權，提高營運績效。（二）籌措公共建設財源，加速公共投資。（三）吸收社會游資，紓解通貨膨脹壓力。（四）增加資本市場籌碼，健全資本市場發展。〔註 72〕
　　民國 78 年 9 月行政院將臺汽公司列為第一波移轉民營的公營事業名單，第一波公營事業民營化的方式，以股票上市為主，至於營運績效太差而無法達到上市標準者，則採取標售的方式。〔註 73〕但隨著臺汽公司虧損與負債日益龐大，根本無法達到上市的標準，想要標售，龐大的債務與人事使得民間業者卻步。政府認為臺汽公司民營化最大的包袱在於其財務及人事，臺汽公司必須要精簡員工，以及降低虧損與負債，才能談民營化。〔註 74〕臺汽公司

〔註 70〕〈營業收入連人事費用都不夠付　眼見虧損快超過總資產　交部贊成臺汽儘早宣告破產〉，《聯合報》，1993 年 12 月 17 日，版 19。
〔註 71〕葉匡時等，《駛向未來——臺汽的危機與變革》，頁 174～175。
〔註 72〕立法院公報處，《立法院公報》，第 79 卷第 64 期（臺北：立法院公報處，1989 年），頁 11。
〔註 73〕立法院公報處，《立法院公報》，第 79 卷第 64 期，頁 17～27。。
〔註 74〕〈移轉民營臺汽必先裁員交通處：人事包袱是轉為民營最大困難〉，《經濟日

本想藉以改善營運方案中的人力精簡案，來精簡人力，卻一再被工會杯葛，造成公司僅能消極的以遇缺不補的方式靜待員工人數自然減少，臺汽公司民營化也只能牛步化。

隨著陳武雄積極的執行急速變革方案，才一年多的時間，臺汽公司就塑身成功，省府滿意，臺汽公司也樂意再加把勁，繼續縮小經營規模，預定民國 87 年 6 月底前將現有員額 4,744 人再精簡剩 3,000 人，路線由現行 177 條保留到剩 123 條。這使得臺灣省政府決定以股票上櫃方式釋出 51% 股權，將民營化時程定為 90 年 6 月完成。〔註 75〕

民國 88 年 7 月 1 日由於精省的緣故，臺汽公司由臺灣省政府改隸為交通部，由省營變為國營，不過交通部強調臺汽公司預計 90 年 6 月完成民營化的計畫不變。〔註 76〕民國 89 年 5 月臺汽公司的業主權益已呈負數，隨時可以宣布破產，交通部要求臺汽公司提出自救方案，臺汽公司自擬民營化規劃，計畫採站車分離、營利、服務路線分離模式，將臺汽公司分為三個單元完成民營化；（一）將臺汽 107 條營利路線與 964 輛車輛維持單一客運公司模式，公開徵求民間投資人以競標方式民營化，員工願移轉至民營公司者，隨同移轉，以保障員工工作權，此一民營公司並享有優先承租臺汽公司車站櫃臺、月臺與所需檢修場地的權利。（二）現有臺汽公司，未來將繼續維持具法人資格的公營公司性質，留用部分人員，維持宜蘭、臺東等 38 條服務路線的營運，照顧弱勢族群，穩定公路客運服務品質，同時分 5 年處理臺汽公司留存的土地資產、清償留存的債務等工作。（三）至於車站部分，臺汽公司規劃，希望由交通部公路局價購，負責車站經營管理，開放公路客運業者租用，發展為類似航空站的旅客轉運中心，以獎勵民間投資方式開發。臺汽公司當時共有車站 54 處，面積達 5 萬 4 千 8 百 40 坪，公告現值為 97 億 4 千萬元；臺汽希望公路局以公告現值加四成價購經營。臺汽公司 3,200 多位員工，臺汽公司擬以留用、隨同移轉民營公司、調公路局管理車站、具公務員資格者專案轉介至交通部所屬機構以優惠方案鼓勵提早退休等方式處理，

報》，1990 年 12 月 16 日，版 4。

〔註 75〕「交通處簽為『臺汽公司急速變革成果暨繼續縮小營業規模』案，提請討論。」〈省政會議〉，《省府委員會議檔案》，國史館臺灣文獻館藏，典藏號：00503014507，1997 年。

〔註 76〕立法院公報處，《立法院公報》，第 89 卷第 68 期（臺北：立法院公報處，2000 年），頁 211。

至於不願隨同移轉離職者，除將發給年資結算金、權益補償金外，並擬施以第二專長轉業訓練。預定90年6月民營化時所需資金高達459億元。〔註77〕

　　臺汽公司對公司近3,200位員工進行「臺汽公司民營化方案員工集資籌組公司投資意願調查」，問卷回收率為85%；調查結果顯示，臺汽公司46%的員工願意共同出資成立新公司、承續臺汽公司業務，35%的員工希望優惠資退，另外4%的員工既不願意資退也不願意出資、而是希望隨同移轉至新公司。臺汽公司將此結果呈報交通部，交通部部會立即通過由臺汽公司員工集資成立的新公司，臺汽公司當時3,141多名員工中，有1,007名員工同意投資30萬元籌組新公司；不願意投資且優惠退離後不到新公司服務者，計有1,096人；不願意投資但要到新公司服務者有17人；其餘1,021人未繳回調查表或表示無法選擇者，將比照優離、優退辦理。〔註78〕

　　臺汽公司民營化後新公司以「國光客運公司」命名，員工集資額度3億餘元，將承接臺汽現有94條黃金路線，並以一次價購方式，承購高速公路用大宇新車200輛，約9.5億元，以及租用高速公路用國光號200輛、一般公路用中興號70輛，價值約5億元。〔註79〕民國90年6月30日23時40分，臺汽車公司準時發出搭載著22名乘客從臺北西站開往臺中的國光號，這是臺汽公司營運的最後一班車。7月1日凌晨零時，接續臺汽公司94條路線的國光汽車客運公司也同時開出臺北——高雄、臺北——屏東兩班首班車全部客滿，車輛前頭「臺汽」兩字換成「國光」上路。曾經縱貫全臺的臺汽公司在此寫下了終章，但國內公路客運開啟了一個新的競爭局面。

〔註77〕〈臺汽民營化　公司將一分為三　站車分離、營利服務路線分離〉，《聯合報》，2000年5月30日，版8。

〔註78〕〈臺汽員工自救　擬成立新公司　近四成願每人出資30萬元　承接現有車輛及路線〉，《經濟日報》，2000年9月19日，版38。

〔註79〕〈臺汽6月底民營　不延後員工籌組公司　擬租購470輛營業車及58條路線〉，《經濟日報》，2001年3月9日，版4。

第六章　結　論

　　自從大正元年第一輛汽車引進臺灣後，20 年間汽車客運業發展迅速，至昭和 6 年已達到 168 家汽車客運企業。之所以能夠發展迅速是因為多數汽車客運業為小型企業，資本額要求不高，且官方對於汽車運輸業並沒有合理的規劃與限制。但小型企業的財務並不健全，在如此激烈的競爭之下，多數的汽車客運業處於虧損狀態、且經營壽命短暫。在陸上運輸已趨於飽和的情況下，過多的運輸供給，不僅使汽車客運業者陷入經營困境，亦使得原有的陸上交通運輸受到嚴重的衝擊，尤其是國營鐵道的營運業績有漸少的趨勢。

　　昭和 6 年日本政府公布〈自動車交通事業法〉，明定公路運輸一路線一經營之原則，此時，臺灣總督府除了緊縮業者對路權的申請之外，一方面鼓勵各運輸業彼此相互兼併，一方面成立交通局營巴士，經營方針為輔助鐵路事業，避免資源浪費。為了增進鐵路與公路間的配合，交通局鐵道部設自動車課管理局營巴士業務，希望能夠以公路客運營收彌補鐵道營運上的損失。因此，局營巴士收購與國有鐵路平行的汽車客運經營路權並展開營運。

　　進入戰爭時期後，臺灣總督府為達到交通統治的目的更加緊進行運輸業者間彼此兼併，此時，由官方主導以州為單位讓民營汽車業者相互兼併，以便臺灣總督府能夠為戰爭而全面掌控臺灣的交通，至戰爭結束時，臺灣民營客貨運業僅剩 27 家。而局營巴士亦展開擴張，除了之前已收購與國有鐵路平行路線的汽車客運經營路線，戰時進而收購國有鐵路輔助路線與計畫路線，目的是建構鐵路汽車環島陸上交通網，以利戰時物資與人員運輸。

　　局營巴士歸鐵道部管轄使得局營巴士的行車班次與路線均配合國營鐵路，與鐵路平行線之局營巴士補充火車車班不足與滿足短程旅客的需求，行

駛鐵路輔助線與計畫路線的巴士車班能與火車車班相銜接，使局營巴士能夠完全達到輔助鐵路而不與鐵路競爭。而民營客運的經營路線經過局營巴士收購後，其營業路線大多僅剩下與鐵路垂直路線，自然可以達到輔助鐵路的功能。因此，臺灣總督府在臺灣的交通政策很顯然是以鐵路為主，局營巴士為輔，民營客運配合偏鄉運輸，進而達到一個環島交通網絡。但是，太平洋戰爭後期，臺灣受到海空的封鎖，無論是油料、輪胎、車材等物資嚴重缺乏，且受美軍轟炸，不僅鐵路、道路、橋梁有所毀損，公民營汽車也被炸毀多輛，造成交通嚴重癱瘓。

日本投降後，由臺灣行政長官公署接收臺灣，建立與臺灣總督府對等的機構來進行，交通處接收交通局、鐵路管理委員會接收鐵道部、汽車處接收自動車課。就交通方面而言，戰後初期可說是日治時期的延伸，不僅政府組織架構有很高的相似度，連法規亦沿用日治時期的〈自動車交通事業法〉等9種法規，所以日治時期公民營公路運輸業的路權概念也就延伸到戰後。很快的交通處發現僅憑汽車處的編制無法管理臺灣高達 1 萬 7 千餘公里的各級道路，以及完成戰後復原的公路運輸任務，因此，依照大陸各省編制設立公路局。

公路局成立的兩大方針為加強公路運輸與統一公路行政，加強公路運輸方面，第一任公路局長華壽嵩為車材專家，公路局接收公營客運發現車輛多為殘骸，而撥發新車亦不足供全臺使用，在物資缺乏、運用外匯困難的情況下，努力修復車輛才能夠加強運輸。幸而臺灣公路橋樑戰時受損不大嚴重，至民國 35 年底已大致修復，公路局營運里程亦於此時超越日治全盛時期，對戰後復原工作做出重大貢獻。統一公路行政方面，公路局將各縣市政府代辦之汽車及駕駛人管理業務收回，建立臺灣省公路監理制度的基礎，亦即廢除日治時期各地方政府掌握監理權。

初期的公路局掌管公路運輸與公路監理兩項業務，雖與大陸各省公路局編制略有不同，但亦逐漸脫離日治時期的制度，算是因時制宜的折衷方式。而陳誠任省主席時，將其於湖北省施政的經驗運用在臺灣，[註1]另一方面也為了使公路建設與公路運輸、公路行政等更加緊密配合，將公共工程局裁撤，公路工程業務移歸公路局管理，公路局成為掌管公路運輸、公路監理及公路

〔註 1〕 林伯瀚，〈陳誠主政湖北之研究（1938～1944）〉，桃園：國立中央大學碩士論文，2010 年，頁 155。

工程的龐大機構，也使得臺灣推行路政更有效率，幾乎能夠做到路通車就通的境界。

　　戰後初期，民營客運業接收原則爲全係民股者使其改組爲公司制度後完全民營，全係日股者由公路局接收，日臺合股者採取公民合營辦法。但隨著公路局客運規模越來越大，公路局計畫打通環島幹線，卻與地方民營客運業者起了路權的爭執。路權的概念源自於日治時期一路線一經營之原則，因日治時期的交通法規沿用，民營客運業者的路權也就受到了法規的保障。其後，公路局趁 228 事件後政府取消公民合營事業，訂定了清算原則，一舉兼併 20 家民營客運中的 6 家，剩下的 14 家民營客運其經營的幹線道路路權亦被公路局收回。公路局成爲全臺最大的公路客運業者，而全臺無論地方政府經營的市區公共汽車或是民營的地方公路客運均須接受公路局的許可與管理。民國 84 年交通部出版《運輸政策白皮書》中，提到對於臺灣的城際運輸，並無法定之整體規劃單位，各運輸部門均可視其需要來進行局部性、有預設立場性之規劃工作。〔註 2〕臺灣公路主管機關爲公路局，而公路局的公路運輸政策爲以公路局班車經營的幹線道路路線爲主軸，民營客運經營的鄉縣道路爲支線，節節相連，建構臺灣的公路運輸網，進而促進臺灣地區的交通便利與發展。公路局的政策可說是戰後唯一代表臺灣政府的公路運輸政策。

　　公路局客運業務逐漸擴張，內部組織也日益龐雜，尤其交通與國防有著密切的相關，臺灣的交通部門亦有濃厚的軍方色彩。公路局內部除人事大量由軍方退除役人員轉任之外，組織與運作亦與軍方雷同，第三章討論公路局的維修體系即是依照軍隊的模式，在臺灣汽車工業不甚發達之時，此種與客運業務相關上下游一手包辦的情形，可以使維修擁有一定的品質。然而，隨著省營客運的營業車輛越來越複雜，需要更多的維修人力與各式機料儲備，當民間有能力處理大型車輛的維修時，便將車輛維修外包給民間保養廠以降低人事與機料成本。但公路局爲公家單位，其組織、員額與制度愈見僵化，而臺汽公司成立之後，雖然各界期望臺汽公司能夠有企業化的經營，但其僅是將整個公路局的運務處與各區運輸處直接移植，沒有趁此劃分機會做大刀闊斧的改革，殊爲可惜。

　　從省營客運車種方面來看，省營客運營業車輛種類之多，國內外的汽車客運公司鮮少有之，公路局在爲民服務的前提下，推出金馬號、金龍號、中

〔註 2〕交通部，《運輸政策白皮書》（臺北：交通部，1995 年），頁 45。

興號及國光號等車種，在提升服務品質做出了努力。而在購車方面，雖然受到政策影響，必須顧及到外交與貿易逆差，被限制開歐美標，有時得購買當時品質不佳的裕隆或華同等國產車。但公路局有時也能堅持己見，說服議會購得理想的車輛。再者，以租用「路福公司」的車輛的方式，費盡心思地將好車用在民眾身上。

在與鐵路競爭方面，戰後初期政府的政策與日治時期一樣，是鐵路為主，公路為輔。鐵路局與公路局屬平行單位，無相互隸屬的關係，彼此的協調配合自然十分有限，在省道縱貫線與鐵路幾乎平行的情況下，出現了各級機關都無法阻止的競爭情況。政府由於財政困難對鐵路的投資極其有限，造成鐵路長期以來運量的不足，不僅班次較少且車廂老舊，在與公路客運競爭中屢居下風，公路局的客運超越鐵路客運成為縱貫線客運的霸主。政府高層為扶持鐵路以限制購車及限制票價來打壓省營公路客運的發展，而民國 46 年譚嶽泉擔任交通處長後政府的陸上運輸政策有了轉折，鐵公路除票價外，可在合理範圍內自由競爭發展。但是，譚氏雖對省營公路客運取消購車限制，但在資金不足的情況下，歷年購入的車輛除供汰換老舊車輛外，運輸量增加有限，造成省營客運長期運量無法滿足臺灣經濟發展所帶來的交通需求。

在與地方客運業者的關係方面，欲完成臺灣公路運輸網需要民營客運業者的配合，照理說政府應當扶持民營客運業，民國 84 年行政院公布「促進大眾運輸發展方案」，明列臺灣運輸發展史上首次之大眾運輸補貼政策，〔註 3〕但在此之前，政府都沒有制定一套合理的扶持民營客運業的相關辦法與措施。長期以來，無論公營或民營客運業一向都是以賺錢路線貼補虧損的路線、以全票貼補軍警學生優待票，這種內部交叉貼補的方式來維持營運。因此，能賺錢的黃金路線對民營客運十分的重要，而公路局利用自己本身為公路主管機關而處處與民爭利，屢屢遭人詬病，有球員兼裁判的嫌疑，為自己經營的客運事業爭取黃金路線，甚至將民營路線占為己有。民營客運業以營利為目的，經營重點自然是在能賺錢的黃金路線上，對於低乘載的路線大多不願意經營甚至被忽略。而公路局又來掠奪民營客運業者的黃金路線，甚至民營業者在外匯管制時代無論是購買車輛、車材、輪胎等進口物資都需要仰賴公路局調配，面對公路局的蠻橫侵略，民營業者往往無力抵抗，更加造成民營

〔註 3〕王穆衡等，《公路汽車客運業營運虧損補貼計畫之效益分析》（臺北：交通部運輸研究所，2003 年），頁 8。

業者無法發展，僅經營點對點的有利潤路線，整體的交通網絡當然無法建立。

　　在鐵路運輸量不足、省營公路客運不足、地方民營客運無法發展、整體大眾運輸系統不敷使用的情況下，民眾被迫購買私人載具，以及野雞車的趁虛而入，使得西部主要幾條省道交通壅塞不已，進而有中山高速公路的興建。公路局將客運營運主力放在高速公路的獨家經營上，因而陸陸續續的將原有的省道及縣道路權釋放給的民營客運業，並將有限的資源用來購買豪華的國光號及中興號。高速公路完工後，公路局客運的收益也確實因高速公路通車而日益增加。但公路局僅有 50 輛國光號用來跑臺北至高雄間的班車，又碰上鐵路電氣化帶來的臺鐵黑暗期，無論是鐵路或公路往往一票難求，在這種情況下，野雞車加入了高速公路營運，而政府機關無法做有效的管制，一則因業者施予的壓力，另一則因民眾實際上的需要。

　　野雞車的猖獗，不僅使省營公路客運受到了影響，載客量下跌，而且也造成了某些社會治安的隱憂。因此，政府決心要處理野雞車的問題，實施步驟為租用野雞遊覽車，成立臺汽公司，最後嚴加禁止。公路局經營公路客運業務本身即不合〈公路法〉之規定，若貿然嚴禁野雞車，公路局亦站不住腳，臺汽公司因而在這個背景之下誕生。

　　野雞車受到大眾的歡迎，除了低廉的票價、豪華的車廂、周到的服務之外，最重要的一點是能夠深入鄉鎮直達旅客的目的地，不必中途換車。由於受制於路權，這點在當時沒有任何一家合法的公路運輸業者可以做到，而公路局自戰後以來幹線連結支線的公路運輸網概念從來就是轉車再轉車，在經濟尚在起步的階段或許民眾還可接受，但臺灣已進入工業化社會，時間就是金錢，分秒必爭，民眾當然選擇便捷的交通運輸工具。所以，公路局在租用野雞遊覽車時，也希望能夠讓旅客一票一車直達目的地。由於先前公路局開放次要路線民營，使得公路局要取得各鄉鎮到高速公路交流道的路權必須以交換的方式，民營客運業者趁此機會瓜分了公路局高速公路以外的黃金路線。省營公路客運進入臺汽公司時代，在獨佔高速公路路權的優勢之下，民國 74 年度是臺汽公司的鼎盛時代，營業收入高達 102 億。但是，內外部的危機，早已浮現。無論公路局或是臺汽公司都必須負擔一些政策賦予的任務，例如第三章討論的購車，公家機關購車不似民營單位來的有彈性且迅速，繁複的預算案及公文作業使得購車往往得耗上兩三年，亦不能隨心所欲的購買合適的車輛，往往得配合政府的財經及外交需要，才會有華同汽車與飛鷹國

光號這種讓臺汽公司蒙受巨大損失的情事。反觀遊覽車業者，將老舊車輛租斷給臺汽公司，再將租金拿去購買更新穎的豪華遊覽車來違規跑高速公路路線，政府的租用及租斷野雞遊覽車未能從根本解決野雞車的問題，可說是失敗的政策。

再者，省營公路客運為公營事業，在設立之初為求政策的達成之外，亦有追求社會公平的使命，偏遠地區的交通運輸工作，省營公路客運當然義不容辭。然而，臺汽公司畢竟不是公路局，由第五章可看出各級民意機構對臺汽公司種種不合理的要求，包括民營客運拿走臺汽公司的黃金路線，卻將原有的低乘載路線要求臺汽公司收回，臺汽公司只能概括承受。

一般公路路線營運處於低乘載的狀態，臺汽公司只能靠高速公路的獨佔路權來交叉補貼，但公司高層無視於旅客人數年年下降，而對高速公路客運過分樂觀，不僅屢屢擴張營業規模，且將其資源幾乎盡數投入。在租用及租斷野雞遊覽車的期間，臺汽公司對車輛及人員的管控不良，使得形象大為受創，民眾對臺汽公司漸失信心，轉向搭火車或野雞車。此外，當時在經濟力提升的狀況下，許多民眾選擇購買自用小客車，造成整個運輸環境產生了改變。及至政府開放高速公路路權，臺汽公司的獨佔優勢不再，平日高速公路載不到乘客，假日旅客又視高速公路壅塞的交通為畏途，使得整個公營客運業務面臨崩盤。

當臺汽公司開始虧損時，各級政府袖手旁觀，公司雖提出幾個緩不濟急的計畫，對局勢的惡化沒有幫助。下一步臺汽公司開始變賣房地產及生財器具，也減少當時十分搶手的駕駛員人數，公司高層已經無心經營客運。〈公路法〉本來規定中央或地方經營的汽車運輸業應依法辦理公司登記，但民國 73 年時立法院修法時將法條刪除了，換句話說，公營運輸事業沒有限制一定要是公司制度的形式，因此，臺汽公司員工還希望可以回歸公務機關，直接隸屬於省或中央。但是，中央政府卻把臺汽公司視為燙手山芋，認為臺汽公司是可被替代的，其路權均可開放給民營。在舉國上下幾乎一致認為臺汽公司虧損不賺錢是項罪過的氛圍下，民營化已確定是臺汽公司的終點站。事實上，當時臺汽公司在急速變革下已縮小了規模，員工提出改為公務機構後只經營偏鄉路線，可服務偏鄉民眾，至於位於各地市區的土地可用來還債，亦不失為一個解決臺汽公司困境的方法，也可回到省營公路客運為民服務的初衷。然而，政府完全不考慮員工的提案，臺汽公司背負著追求社會公平的使命，

服務偏鄉民眾的功能被巨大的負債給掩蓋，臺汽公司民營化後一定會損害偏鄉民眾的交通權益，因搭乘臺汽公司客運的旅客，大多是無法擁有自小客車的學生及老人等弱勢民眾，國家為了止住虧損，放棄了偏遠地區的弱勢民眾，證明國家的利益並不等於民眾的利益。

　　省營公路客運雖然在臺灣交通運輸史上有著不可抹滅的汗馬功勞，其幹線公營、支線民營的交通運輸網絡在戰後的時空背景裡也是合情合理，唯其不扶持民營客運，造成民營客運無法發展，而省營公路客運的運量長期不足，路權又不開放，使臺灣公路雖又多又長，但陸上交通運輸卻是十分不便。在50年代後工業化興起，大量鄉村人口湧入都市，民眾對交通需求量越來越大，造成野雞車興起，自用小客車迅速增加，政府在臺灣西部修築或拓寬了一條又一條的公路，卻一條又一條的壅塞，興建了中山高速公路，沒多久就發生塞車的情況，於是，政府又興建了第二條高速公路，每逢上下班時間或假日仍然擺脫不了塞車的夢魘。車輛的增加固然代表民眾經濟力到達一定的水準，不也是代表大眾運輸系統的不發達，而臺灣大眾運輸系統之所以不發達的原因正是省營公路客運控制路權的緣故。

　　本文釐清了戰後省營公路客運的接收過程，以及公路局成立的背景及其發展。也探究省營公路客運與鐵路及民營客運業的競爭過程，對於戰後臺灣的公路運輸政策本文亦作了初步的討論。然而在本文研究過程中，注意到了國民政府遷臺之時，大批大陸人士來臺設法依其專長轉任職於臺灣各級政府與單位。也由軍方退役人員轉職交通部門注意到軍方與臺灣交通部門之間密切的關係。另外，筆者發現公路黨部經常在公營公路客運與外界扮演一個居中協調的角色，惜其檔案在國民黨黨史會中，尚未對外界開放，希望有朝一日檔案能整理開放，俾使公路黨部這段歷史得以釐清不致蒙塵。

徵引書目

(依日期排列)

一、檔　案

(一) 行政長官公署檔案

1. 「鐵路管理委員會組織規程公布案」,〈交通處鐵路委員會組織規程〉,《行政長官公署檔案》,國史館臺灣文獻館藏,典藏號：00301240070001,1946年。

2. 「交通處公路局成立案一」,〈公路局組織規程〉,《行政長官公署檔案》,國史館臺灣文獻館藏,典藏號：00301240108001,1946年。

3. 「交通處公路局組織規程等審核案」,〈公路局組織規程〉,《行政長官公署檔案》,國史館臺灣文獻館藏,典藏號：00301240108012,1946年。

4. 「臺灣汽車客(貨)運股份公司章程」,〈臺灣汽車客(貨)運股份公司章程及董事名額〉,《行政長官公署檔案》,國史館臺灣文獻館藏,典藏號：0030128007001,1946年。

5. 「新港自動車商會等接收呈報案」,〈接收新港自動會社及花蓮港乘合會社〉,《行政長官公署檔案》,國史館臺灣文獻館藏,典藏號：00326620213001,1946年。

6. 「公路局卅五年九至十二月營業計劃表送核案」,〈各公營機關卅五年度營業計劃及預算報告〉,《行政長官公署檔案》,國史館臺灣文獻館藏,典藏號：029300350217,1946年。

7. 「公路交通業務劃歸公路局案」,〈臺灣省接收日人財產處理辦法〉,《行政長官公署檔案》,國史館臺灣文獻館藏,典藏號：00307470002042,1946年。

8. 「敵偽車輛不得私自收購」,〈中央法令〉,《臺灣省行政長官公署檔案》,國史館臺灣文獻館藏,典藏號：00301100012016,1946年。

9. 「各公營機關卅五年度營業計劃及預算報告」,〈營業概算預小節〉,《行政長

官公署檔案》，國史館臺灣文獻館藏，典藏號：00328316015029，1947 年。

10. 「公路局 36 年度 1 至 3 月政績比較表」，〈經建計畫報告總節〉，《行政長官公署檔案》，國史館臺灣文獻館藏，典藏號：00302500011052，1947 年。

11. 「運通公司接收案」，〈公路局接收案〉，《行政長官公署檔案》，國史館臺灣文獻館藏，典藏號：00326600020004，1947 年。

12. 「爲奉警備總部電令接管各縣市境內公共汽車經擬訂接收原則」，〈公路局接收案〉，《行政長官公署檔案》，國家發展委員會檔案管理局藏，典藏號：A375000100E/0036/266/21/1/035，1947 年。

13. 「所報接收臺灣交通株式會社及合併改組豐原乘合株式會社之實施辦法准予照辦等」，〈公路局接收案〉，《行政長官公署檔案》，國家發展委員會檔案管理局藏，典藏號：A375000100E/0036/266/21/1/027，1947 年。

14. 「公路局接收臺北等市區公共汽車案」，〈公路局人員任免〉，《行政長官公署檔案》，國史館臺灣文獻館藏，典藏號：00303234038139，1947 年。

（二）臺灣省級機關檔案

1. 「臺灣交通株式會社前經理廖學泉往臺中段搗亂情形呈報案」，〈劃歸合併機關〉，《臺灣省級機關檔案》，國史館臺灣文獻館藏，典藏號：04012000001203，1947 年。

2. 「臺灣省政府交通處公路局組織規程報核案」，〈公路局組織〉，《臺灣省級機關檔案》，國史館臺灣文獻館藏，典藏號：0040124000107001，1947 年。

3. 「公共工程局公路工程業務擬增設工務處及各區工程處核復案」，〈公路局組織〉，《臺灣省級機關檔案》，國史館臺灣文獻館藏，典藏號：0040124004704011，1949 年。

4. 「新竹汽車客運公司取銷原設立登記應准批復案」，〈公司登記〉，《臺灣省級機關檔案》，國史館臺灣文獻館藏，典藏號：0044820008524012，1949 年。

5. 「嘉義市公共汽車管理處組織規程核訂本電發案」，〈縣市政府編制〉，《臺灣省級機關檔案》，國史館臺灣文獻館藏，典藏號：0040121008719001，1950 年。

6. 「據請設立該市公共汽車管理所電復知照由」，〈臺中市創設公共汽車管理所〉，《臺灣省級機關檔案》，國史館臺灣文獻館藏，典藏號：0040121013214002，1951 年。

7. 「請核定澎湖縣公共汽車管理處組織規程一案核復遵照由」，〈澎湖縣公共汽車管理處組織規程〉，《臺灣省級機關檔案》，國史館臺灣文獻館藏，典藏號：0040121013200801，1951 年。

8. 「檢送嘉義縣公共汽車管理處組織規程一案令仰遵照由」，〈公共汽車管理處組織規程〉，《臺灣省級機關檔案》，國史館臺灣文獻館藏，典藏號：0040121016829002，1952 年。

9. 「電爲嘉義縣議會通過收回民營汽車一案理合報請鑒核賜予保障業者之已得合法權益」,〈嘉義縣府將民營客運交通事業收歸縣營〉,《臺灣省級機關檔案》,國史館臺灣文獻館藏,典藏號:0044144019364001,1952年。

10. 「爲請准予換發營業許可證以利業務進行由」,〈嘉義縣府將民營客運交通事業收歸縣營〉,《臺灣省級機關檔案》,國史館臺灣文獻館藏,典藏號:0044144019364021,1952年。

11. 「爲嘉義縣辦理交通事業列有變更資本額一百五十萬之核有不符應即查明具報至所擬行駛各線仍應遵照省府前電辦理轉電遵照」,〈嘉義縣府將民營客運交通事業收歸縣營〉,《臺灣省級機關檔案》,國史館臺灣文獻館藏,典藏號:0044144019364004,1952年。

12. 「嘉義縣政府擬設立公共汽車管理處所申請營運路線係屬民營路線應如何處理呈請」,〈嘉義縣府將民營客運交通事業收歸縣營〉,《臺灣省級機關檔案》,國史館臺灣文獻館藏,典藏號:0044144019364022,1952年。

13. 「關於嘉義縣府申請經營嘉義朴子等線客運案之決議請審議見復」,〈嘉義縣府將民營客運交通事業收歸縣營〉,《臺灣省級機關檔案》,國史館臺灣文獻館藏,典藏號:0044144019364012,1952年。

14. 「臺灣省省道公路設定原則及省道公路路線表送審案」,〈省道公路設定原則〉,《臺灣省級機關檔案》,國史館臺灣文獻館藏,典藏號:0044120016205004,1952年。

15. 「嘉義縣政府收購嘉合汽車公司股份案函請查照」,〈嘉義縣府將民營客運交通事業收歸縣營〉,《臺灣省級機關檔案》,國史館臺灣文獻館藏,典藏號:0044144019364015,1953年。

(三)省府委員會議檔案

1. 「發展臺灣省觀光事業三年計畫案。」,〈委員會議〉,《省府委員會議檔案》,國史館臺灣文獻館藏,典藏號:00501049405,1957年。

2. 「黃杰主席:據行政院秘書長謝耿如民告知:臺北市改制案經呈報總統後已奉批示。1.實施時間:自民國五十六年七月一日開始實施。2.行政區域:照乙案辦理。」,〈首長會議〉,《省府委員會議檔案》,國史館臺灣文獻館藏,典藏號:00502007822,1967年。

3. 「交通處提爲公路夜快車案協調情形與處理意見,恭請核示。」,〈首長會議〉,《省府委員會議檔案》,國史館臺灣文獻館藏,典藏號:00502030701,1972年。

4. 「楊肇嘉委員簽報謹將奉交審查交通處簽爲公路法施行後公路局現營業務保留省營抑開放民營問題案之審查結果提請核議案」,〈委員會議〉,《省府委員會議檔案》,國史館臺灣文獻館藏,典藏號:00501063105,1960年。

5. 「交通處提為公路局應如何依法劃分改組，擬議甲、乙兩案，提請公決」，〈首長會議〉，《省府委員會議檔案》，國史館臺灣文獻館藏，典藏號：00502037512，1974 年。

6. 「交通處簽為檢陳『臺灣汽車客運股份有限公司章程』草案」，〈委員會議〉，《省府委員會議檔案》，國史館臺灣文獻館藏，典藏號：00501144104，1978 年。

7. 「交通處簽為公路局將運輸部門劃出，依法成立公司一案，經報奉行政院暫緩辦理，茲為因應實際需要，擬恢復辦理籌組工作，提請討論案」，〈委員會議〉，《省府委員會議檔案》，國史館臺灣文獻館藏，典藏號：00501150115，1979 年。

8. 「交通處報告公路局租用大客車出租業過剩車輛輔導案初期實施情形」，〈委員會議〉，《省府委員會議檔案》，國史館臺灣文獻館藏，典藏號：00501153212，1980 年。

9. 「臺灣省交通處公路局租用出租大客車實施要點」，〈委員會議〉，《省府委員會議檔案》，國史館臺灣文獻館藏，典藏號：00501152813，1980 年。

10. 「交通處簽為『臺灣汽車客運公司租用遊覽車改以租斷方式辦理』處理情形。」，〈委員會議〉，《省府委員會議檔案》，國史館臺灣文獻館藏，典藏號：00502059805，1982 年。

11. 「經濟建設動員委員會簽陳對臺灣汽車客運公司革新方案辦理情形檢討報告案」，〈委員會議〉，《省府委員會議檔案》，國史館臺灣文獻館藏，典藏號：00501189604，1988 年。

12. 「臺汽公司急速變革簡報資料」，〈省政會議〉，《省府委員會議檔案》，國史館臺灣文獻館藏，典藏號：00503008115，1996 年。

13. 「臺汽公司『急速變革措施』執行情形暨急待解決問題協調辦理情形，報請公鑒。」，〈省政會議〉，《省府委員會議檔案》，國史館臺灣文獻館藏，典藏號：00503010108，1997 年。

14. 「交通處簽為『臺汽公司急速變革成果暨繼續縮小營業規模』案，提請討論。」，〈省政會議〉，《省府委員會議檔案》，國史館臺灣文獻館藏，典藏號：00503014507，1997 年。

（四）臺灣省議會檔案

1. 「交通處兩子艷交路字第 09124 號電」，〈檔案－經建／交通／公路／運務〉，《臺灣省議會史料總庫》，典藏號：0014420535001，1946 年。

2. 「臺灣省參議會第一屆第二次定期大會」，〈臺灣省參議會議事錄〉，《臺灣省議會史料總庫》，臺灣省諮議會藏，典藏號：001-01-02OA-00-6-7-0-00339，1946 年。

3. 「國防部宣字第一號布告」，〈民政／總綱／自治／選舉〉，《臺灣省參議會

檔案》，臺灣省諮議會藏，典藏號：0011120536005，1947 年。

4. 「臺灣交通股份公司總經理廖○○請願拯救該公司股東及員工俾免虧本暨失業並呈請標售與舊緣故者經營」，〈檔案－財政／公賣公產／公產／總節〉，《臺灣省議會史料總庫》，臺灣省諮議會藏，典藏號：0012230036007，1947 年。

5. 「臺灣省政府交通處答覆臺灣省參議會第一屆第十一次大會參議員梁道質詢」，〈檔案－質詢／交通〉，《臺灣省議會史料總庫》，臺灣省諮議會藏，典藏號：0017170140002，1951 年。

6. 「雲林縣臺西汽車客運公司為經營廿餘年悠久歷史路線斗南至西螺線（經莿桐）公路局將欲收回自營請求恢復行駛陳情案」，〈檔案－經建／交通／公路／運務〉，《臺灣省議會史料總庫》，臺灣省諮議會藏，典藏號：0014420540001，1951 年。

（五）國家發展委員會檔案管理局檔案

1. 「本公司因租斷遊覽車案，所增加鉅量之修護及保養工作，實迫切需要并在極力緊縮下，仍請賜准在廿人以內先引約僱監工員，以利工作任務之完成。」，〈任免綱總目〉，《臺灣汽車客運股份有限公司》，國家發展委員會檔案管理局藏，典藏號：A315810000M/0072/V2-02-07-10/9/0001/005，1983 年。

（六）史料彙編

1. 陳雲林總主編，《館藏民國臺灣檔案匯編》，北京：九州出版社，2007 年。（第 12、64、222、234、249 冊）

二、公　報

（一）國民政府公報

1. 「修正民營公用事業監督條例」，《國民政府公報》，民國 22 年 1277 號。

（二）行政長官公署公報

1. 「電知豐原乘合自動車株式會社已由鐵管會派員監理希查照」，《臺灣省行政長官公署公報》，民國 35 年秋字 23 期。

2. 「為整飭公路運輸業務與秩序指示三項希在總檢驗期結束前辦理竟功並據報」，《臺灣省行政長官公署公報》，民國 36 年春字 35 期。

3. 「臺灣省交通處公路局管理野車營運暫行辦法」，《臺灣省行政長官公署公報》，民國 36 年春字 56 期。

4. 「公路局公告本省野車營運實施管理原則」，《臺灣省行政長官公署公報》，民國 36 年夏字 4 期。

5. 「臺灣省私有客貨汽車營運管理辦法」,《臺灣省行政長官公署公報》,民國 36 年夏字 28 期。

（三）臺灣省政府公報

1. 「魏主席對於本省經濟問題廣播詞」,《臺灣省政府公報》,民國 36 年夏字 54 期。

2. 「臺灣省汽車運輸業管理規則」,《臺灣省政府公報》,民國 36 年冬字 42 期。

3. 「爲規定在『臺灣省汽車運輸業管理規則』頒行前已設立之汽車運輸業補辦登記事項暨審核各汽車運輸業申請設立之原則仰轉飭遵照」,《臺灣省政府公報》,民國 36 年冬字 51 期。

4. 「臺灣省各縣市實施地方自治綱要」,《臺灣省政府公報》,民國 39 年夏字 20 期。

5. 「爲各縣市創辦縣營汽車客運應依照本省汽車運輸業管理規則之規定先向公路局申請許可後方可辦理不得任便籌劃經營希遵照」,《臺灣省政府公報》,民國 40 年秋字 22 期。

6. 「據呈本省省道公路設定原則及省道公路路線表兩種,准予照辦,悉知照」,《臺灣省政府公報》,民國 41 年秋字 67 期。

7. 「據解釋臺灣省汽車運輸業管理規則有無牴觸憲法一案復希查照」,《臺灣省政府公報》,民國 41 年秋字 75 期。

8. 「公路法」,《臺灣省政府公報》,民國 48 年秋字 35 期。

（四）立法院公報

1. 立法院公報處,《立法院公報》,第 79 卷第 64 期,臺北：立法院公報處,1989 年。

2. 立法院公報處,《立法院公報》,第 83 卷第 22 期,臺北：立法院公報處,1994 年。

3. 立法院公報處,《立法院公報》,第 89 卷第 68 期,臺北：立法院公報處,2000 年。

（五）監察院公報

1. 監察院綜合規劃室,《監察院公報》,第 1620 期,臺北：監察院綜合規劃室,1987 年。

2. 監察院綜合規劃室,《監察院公報》,第 2278 期,臺北：監察院綜合規劃室,2000 年。

（六）勞委會公報

1. 行政院勞工委員會，《行政院勞工委員會公報》，第 3 卷第 11 期，臺北：行政院勞工委員會，2003 年 10 月。

（七）、省議會公報

1. 臺灣省議會秘書處，《臺灣省臨時省議會公報》，第 1～10 卷，臺中縣霧峰鄉：臺灣省議會秘書處，1953～1957 年。

2. 臺灣省議會秘書處，《臺灣省議會公報》，第 2～79 卷 16 期，臺中縣霧峰鄉：臺灣省議會秘書處，1959～1995 年。

三、議事錄

1. 臺灣省議會秘書處，《臺灣省參議會議事錄第一屆第 5～11 次定期大會議事錄》，臺中縣霧峰鄉：臺灣省議會秘書處，1948～1951 年。

2. 臺灣省議會秘書處，《臺灣省臨時省議會第 1～3 屆議事錄》，臺中縣霧峰鄉：臺灣省議會秘書處，1951～1957 年。

3. 臺灣省議會秘書處，《臺灣省議會第 2～6 屆議事錄》，臺中縣霧峰鄉：臺灣省議會秘書處，1960～1980 年。

四、統計資料

1. 公路局，《民國 69 年公路統計年報》，臺北：公路局 1981 年。

2. 交通部統計處，《民國 69、89、90 年交通統計要覽》，臺北：交通部統計處，1981、2001、2002 年。

3. 臺灣汽車客運股份有限公司，《民國 77 年臺汽統計年報》，第 1 期，臺北：臺汽公司，1989 年。

4. 臺灣汽車客運股份有限公司，《89 年臺汽客運統計年報》，第 13 期，臺北：臺汽公司，2001 年。

五、報　紙

1. 〈要強制接收汽車公司　郭市長濫用職權〉，《民報》第 285 號，1946 年 6 月 29 日，版 2。

2. 〈省署記者招待例會〉，《民報》，第 395 號，1946 年 8 月 8 日，版 3。

3. 〈野雞車太多　交通處將嚴行取締〉，《民報》，581 號，1947 年 2 月 11 日，版 3。

4. 〈省市簡訊〉，《聯合報》，1951 年 10 月 02 日，版 3。

5. 〈為鐵路調漲票價，向當局進一言〉，《聯合報》，1951 年 10 月 11 日，版 7。

6. 〈運價調整與物價變動情形鐵路局報告全文〉，《聯合報》，1951 年 10 月 27 日，版 7。

7. 〈機械公司的克難成就　自造鋼骨汽車體〉，《聯合報》，1952 年 2 月 18 日，版 3。

8. 〈嘉義縣客運汽車　部份路線收歸縣營〉，《聯合報》，1952 年 5 月 9 日，版 6。

9. 王彥彭，〈我交通建設史輝煌的一頁西螺大橋今通車陳揆剪綵吳主席主持盛典彰化豐原間高級路面同舉行通車禮〉，《聯合報》，1953 年 1 月 28 日，版 1。

10. 〈建西螺橋有功人員政府頒授勛章，與省府月會合併舉行，侯家源報告交通工作〉，《聯合報》，1953 年 6 月 9 日，版 3。

11. 〈嘉義縣縣營汽車　千呼萬喚終出來〉，《聯合報》，1953 年 10 月 12 日，版 4。

12. 〈林則彬繼長公路局　莫衡專任鐵路局長〉，《聯合報》，1957 年 11 月 21 日，版 3。

13. 〈尖豐公路昨日破土興工　衛院新廈落成十班坑公路通車〉，《聯合報》，1959 年 4 月 12 日，版 3。

14. 〈公車小姐常微笑　乘客永遠是對的〉，《聯合報》，1960 年 1 月 25 日，版 2。

15. 〈公路局長林則彬興建公路有功將獲景星勳章〉，《民聲日報》，1960 年 11 月 20 日，版 3。

16. 〈十五家遊覽汽車業定明年元旦起聯營　南北夜間遊覽班車〉，《聯合報》，1960 年 12 月 12 日，版 6。

17. 〈胼手胝足・斬荊披棘　北部橫貫公路通車〉，《聯合報》，1966 年 5 月 28 日，版 2。

18. 〈公路局長　明日交接〉，《聯合報》，1966 年 6 月 29 日，版 2。

19. 〈六鄉鎮明年劃入北市　公車處擴大營運　增闢十八條路線〉，《聯合報》，1967 年 9 月 13 日，版 4。

20. 〈擴大公車營運計畫　恐難全面實施〉，《聯合報》，1967 年 10 月 7 日，版 4。

21. 〈公共汽車開放民營　路線問題原則擬定〉，《聯合報》，1968 年 2 月 8 日，版 4。

22. 〈行政院院會昨決定　北市公車開放民營〉，《聯合報》，1968 年 4 月 5 日，版 2。

23. 〈臺省公路局長　由李錫煜接任〉,《聯合報》,1969 年 3 月 9 日,版 2。

24. 〈公路營運將改善　很可能開放民營〉,《聯合報》,1969 年 7 月 6 日,版 2。

25. 〈公民營汽車客運聯營　北高公路夜快車　今起對開七班次〉,《聯合報》,1970 年 9 月 1 日,版 2。

26. 核准民營客運業　聯合開駛夜快車　公路局自毀立場　監察院要查眞相〉,《聯合報》,1970 年 9 月 11 日,版 2。

27. 鍾榮吉,〈是非非夜快車　行行業業有隱衷　臺北高雄‧條條大道通南北　開放民營‧路局難爲左右袒〉,《聯合報》,1970 年 9 月 12 日,版 3。

28. 〈省公路局訂定計畫整體改善東部交通〉,《聯合報》,1970 年 11 月 2 日,版 1。

29. 〈遊覽車違規攬客　決嚴予取締處罰〉,《聯合報》,1971 年 6 月 12 日,版 3。

30. 胡泉寅,〈南橫公路通車〉,《經濟日報》,1972 年 11 月 1 日,版 2。

31. 〈部份公路線開放民營　交長説:可以〉,《經濟日報》,1973 年 3 月 18 日,版 2。

32. 〈常撫生接任　省公路局長〉,《聯合報》,1974 年 4 月 30 日,版 2。

33. 〈公路運輸進入新里程　三重中壢高速公路　今天凌晨開放通車〉,《聯合報》,1974 年 7 月 29 日,版 2。

34. 〈歸心似箭‧車票難買　運輸問題‧何時解決〉,《聯合報》,1975 年 2 月 8 日,版 2。

35. 〈高速公路營運方案政院昨天核定〉,《聯合報》,1977 年 4 月 22 日,版 2。

36. 〈高速公路三處路段昨天分別通車〉,《聯合報》,1978 年 1 月 1 日,版 2。

37. 〈新任公路局長　胡美璜就職〉,《經濟日報》,1978 年 1 月 9 日,版 2。

38. 〈由灰狗公司得標〉,《經濟日報》,1978 年 2 月 25 日,版 3。

39. 〈高速公路國光號客車中信局宣布決標〉,《經濟日報》,1978 年 2 月 26 日,版 2。

40. 〈高速公路嘉義至臺南段決定九月一日通車〉,《經濟日報》,1978 年 8 月 22 日,版 2。

41. 〈臺北至桃園機場用客車　決向朋馳公司議價採購〉,《經濟日報》,1978 年 6 月 22 日,版 3。

42. 王遠弘,〈高速公路通車後野雞車進入黃金時代〉,《民生報》,1978 年 7 月 31 日,版 6。

43. 〈南北高速公路　今全線通車〉,《民生報》,1978 年 10 月 31 日,版 6。

44. 〈高速公路全線通車　鐵路營運壓力增〉,《聯合報》,1978 年 11 月 24 日,版 3。

45. 楊芳芷，〈營收銳減外債要還　鐵路局窮上加窮〉，《民生報》，1978年12月4日，版6。

46. 楊芳芷，〈最初非法　後來合法　最後淘汰　公路夜快車　快收班了！〉，《民生報》，1978年12月13日，版6。

47. 〈臺北車站停車場・成爲四不管地區　自用汽車常遭修理　旅客生命受到威脅〉，《民生報》，1979年2月5日，版1。

48. 〈取締野雞車　警力受考驗　他們配有反雷達裝置〉，《民生報》，1979年2月6日，版6。

49. 〈取締出租大客車違規營業　省府決成立監警聯合小組〉，《聯合報》，1979年3月17日，版3。

50. 〈南北高速公路全線通車後　肥了非法營業遊覽車公司〉，《民生報》，1979年4月10日，版6。

51. 敎智寧，〈大小野雞車聯營　拉客黃牛還有預備隊　難道眞是魔高一丈〉，《民生報》，1979年6月26日，版6。

52. 〈租用遊覽車　公路局不接受〉，《民生報》，1979年7月16日，版6。

53. 成中賢，〈社會寫眞　冷氣　電視　高速公路　大臺北的「遊覽車西站」〉，《聯合報》，1979年8月13日，版12。

54. 〈遊覽車非法營運問題嚴重　交通部研採徹底解決措施豪華・親切票價低・難怪野雞車大行其道　國光・中興走下坡・公路局面臨惡性競爭〉，《聯合報》，1979年10月18日，版3。

55. 〈違規營業遊覽車　搶走了大部分旅客　高速公路爭奪戰　國光號居劣勢〉，《民生報》，1979年10月24日，版6。

56. 〈高速公路爭奪戰　愈演愈烈〉，《民生報》，1979年11月12日，版6。

57. 〈希望鐵公路改善服務使旅客樂於乘坐　公路局長表示決以良好服務爭取顧客〉，《聯合報》，1979年11月15日，版3。

58. 〈遊覽車違規營業　交部決從嚴取締〉，《聯合報》，1979年12月25日，版3。

59. 〈崔苔菁兼營副業　投資經營野雞車〉，《民生報》，1979年12月28日，版9。

60. 〈禁止大巴士進口　貿局不以爲然　交部飭不發牌照　此結看誰能解〉，《經濟日報》，1980年1月25日，版3。

61. 〈林金生乘野雞車瞭解情況　能徹底解決違規營運嗎？〉，《民生報》，1980年1月8日，版6。

62. 〈遊覽大客車業者　提出連串要求　陳樹曦說　於理於法　不能考慮〉，《民生報》，1980年1月11日，版6。

63. 〈臺灣客運定七一成立　遊覽車業者不願加入〉,《聯合報》,1980 年 4 月
　　29 日,版 3。

64. 〈大客車違規營運　下月起嚴格取締　交通部決定七點取締原則〉,《經濟
　　日報》,1980 年 5 月 7 日,版 2。

65. 〈只要有決心一定辦得通　取締違規營業　遊覽車業者態度軟化〉,《民生
　　報》,1980 年 5 月 8 日,版 6。

66. 〈取締遊覽車違規營業　延至七月一日起實施〉,《民生報》,1980 年 5 月
　　10 日,版 6。

67. 〈公路局與民營客運公司聯營　並非開放高速公路路權　公路局出於「無
　　奈」‧省議會指為「暗盤」〉,《民生報》,1980 年 6 月 14 日,版 6。

68. 〈十一家客運公司　盼與公路局聯營〉,《經濟日報》,1980 年 7 月 16 日,
　　版 2。

69. 〈違規遊覽車曲終人未散〉,《民生報》,1980 年 7 月 1 日,版 6。

70. 〈交換行車里程‧行駛民營路線　中南部十一家客運業者與交通處達成初
　　步協議〉,《聯合報》,1980 年 8 月 13 日,版 3。

71. 〈臺灣客運公司　今正式成立〉,《經濟日報》,1980 年 10 月 1 日,版 2。

72. 〈華通公司下月成立　造重型車輛及柴油引擎〉,《經濟日報》,1981 年 5
　　月 18 日,版 2。

73. 〈日製貨卡車近來大量申請進口華同汽車籲採對策防止惡性推銷〉,《經濟
　　日報》,1981 年 10 月 10 日,版 3。

74. 〈華同重車上市‧任重道遠　身價不凡‧拓銷有番苦戰〉,《經濟日報》,
　　1982 年 2 月 2 日,版 3。

75. 徐榮華,〈華同案給了我們什麼教訓〉,《聯合報》,1982 年 7 月 29 日,
　　版 2。

76. 〈大批租車癱瘓　發生調度困難　旅客要求退票　中崙車站難堪〉,《民生
　　報》,1983 年 7 月 5 日,版 1。

77. 〈蘇花公路行車管制七十七年全面解除〉,《聯合報》,1984 年 3 月 4 日,
　　版 5。

78. 〈黃金路線開放民營　服務品質不能忽略〉,《聯合報》,1985 年 2 月 13
　　日,版 7。

79. 〈開放天空任翱翔〉,《聯合報》,1987 年 11 月 9 日,版 5。

80. 〈誰來救救臺汽〉,《經濟日報》,1988 年 9 月 25 日,版 12。

81. 〈省府附屬單位預算延後審議　議會裁定補救措施〉,《聯合報》,1989 年
　　6 月 1 日,版 15。

82. 〈給新聞界的公開信　省交通處抨擊交通部及運輸研究所　指開放統聯營

運為：決策閉門造車　製造特權〉，《聯合報》，1990 年 3 月 17 日，版 6。

83. 〈移轉民營臺汽必先裁員交通處：人事包袱是轉為民營最大困難〉，《經濟日報》，1990 年 12 月 16 日，版 4。

84. 〈三十年前領風騷，永不退色的回憶〉，《民生報》，1991 年 1 月 3 日，版 22。

85. 〈人與事　臺汽首長位子　真難坐〉，《民生報》，1993 年 7 月 31 日，版 15。

86. 〈營業收入連人事費用都不夠付　眼見虧損快超過總資產　交部贊成臺汽儘早宣告破產〉，《聯合報》，1993 年 12 月 17 日，版 19。

87. 〈煞車傳動都有瑕疵　飛鷹國光號　老是拋錨〉，《聯合晚報》，1994 年 4 月 12 日，版 4。

88. 〈國道路權將開放　商機誘人　大客車業加足馬力爭先〉，《經濟日報》，1995 年 12 月 10 日，版 18。

89. 〈臺汽民營化　公司將一分為三　站車分離、營利服務路線分離〉，《聯合報》，2000 年 5 月 30 日，版 8。

90. 〈離別飯　怎吞嚥　臺汽人　心苦楚〉，《民生報》，2000 年 8 月 15 日，版 A3。

91. 〈臺汽員工自救　擬成立新公司　近四成願每人出資 30 萬元　承接現有車輛及路線〉，《經濟日報》，2000 年 9 月 19 日，版 38。

92. 〈臺汽 6 月底民營　不延後員工籌組公司　擬租購 470 輛營業車及 58 條路線〉，《經濟日報》，2001 年 3 月 9 日，版 4。

93. 〈因戰備引入國光號？專家：有可能〉，《聯合報》，2015 年 12 月 7 日，版 B1。

94. 〈限量紀念車票即起發售 28 日，來跟灰狗巴士說再見五輛巴士當天載公車迷做最後巡禮　當年的國光小姐也會同行〉，《聯合晚報》，2016 年 1 月 21 日，版 A8。

六、中文專書

1. 臺灣省公路局編，《一年來之臺灣公路交通》，臺北：臺灣省公路局，1947 年。

2. 臺灣省工業研究所技術室編，《臺灣省經濟調查初稿》，臺北：臺灣省工業研究所，1946 年。

3. 曾汪洋，《臺灣交通史》，臺灣研究叢刊第 37 種，臺北：臺灣銀行經濟研究室，1955 年。

4. 臺灣銀行經濟研究室，《臺灣之交通》，臺北：臺銀經濟研究室，1958 年。

5. 李汝和，《臺灣省通志》，臺中：臺灣省文獻委員會，1970 年。

6. 胡美璜等編，《中華公路史》，上部，臺北：臺灣商務印書館，1984 年。

7. 胡美璜等編，《中華公路史》，下部，臺北：臺灣商務印書館，1984 年。

8. 臺灣省政府交通處，《臺灣省交通建設紀要》，南投：臺灣省政府交通處，1984 年。

9. 臺灣省公路局，《公路局四十年》，臺中縣霧峰鄉：臺灣省公路局，1986 年。

10. 陳俊，《臺灣道路發展史》，臺北：交通部運輸研究所，1987 年。

11. 臺灣省交通處，《臺灣省交通建設》，南投中興新村：臺灣省交通處，1987 年。

12. 張典婉，《福爾摩沙的女兒》，臺北：張老師出版社，1993 年。

13. 王昭明，《王昭明回憶錄》，臺北：時報出版社，1995 年。

14. 交通部，《運輸政策白皮書》，臺北：交通部，1995 年。

15. 林繼文，《日本據臺末期（1930～1945）戰爭動員體系之研究》，臺北：稻鄉出版社，1996 年。

16. 陳武正，《臺灣汽車客運公司有效經營研究》，南投：臺灣省政府研究發展考核委員會，1996 年。

17. 臺灣省交通處，《臺灣交通回顧與展望》，南投中興新村：臺灣省政府交通處，1998 年。

18. 林栭顯，《臺灣汽車客運公司之營運沿革》，南投：臺灣省文獻會，1999 年。

19. 葉匡時等，《駛向未來—臺汽的危機與變革》，臺北：生智，2000 年。

20. 錢大群編，《臺灣公路巴士之沿革（1945～2000）》，臺北：錢大群，2001 年。

21. 黃玉齋，《臺灣年鑑》，臺北市：海峽學術出版社，2001 年。

22. 王穆衡等，《公路汽車客運業營運虧損補貼計畫之效益分析》，臺北：交通部運輸研究所，2003 年。

23. 蔡龍保，《殖民統治之基礎工程：日治時期臺灣道路事業之研究（1895～1945）》，臺北：國立臺灣師範大學，2008 年。

24. 龍文出版社編輯，《臺灣時人誌》，下冊，板橋：龍文出版社，2009 年。

七、日文專書

1. 臺灣總督府交通局道路港灣課編，《臺灣の道路》，臺北：臺灣總督府交通局道路港灣課，1930 年。

2. 臺灣總督府：《臨時產業調查會答申書　臺灣產業計畫要項》，臺北：松浦屋印刷部，1930 年 11 月。

3. 臺灣總督府交通局總務課，《自動車に關する調查》，臺北：臺灣總督府交通局總務課，1932 年。

4. 森重秋陽，《臺灣交通小史》，臺北：臺灣交通協會，1943 年。

5. 臺灣總督府防衛本部防空部，《臺灣空襲被害概況》，臺北：臺灣總督府防衛本部防空部，1945 年。

6. 尾崎正久，《自動車日本史下卷》，東京：株式會社自研社，1955 年。

八、期　刊

1. 許雪姬，〈臺灣華僑投資福州復興汽車公司始末〉，《臺灣史研究》，第 2 卷第 1 期，1995 年 6 月。

2. 譚嶽泉，〈從事公路交通工作的回憶〉，《湖南文獻》，第 10 卷第 3 期，臺北：湖南同鄉會，1992 年 8 月。

九、學位論文

1. 張振邦，〈臺灣汽車工業發展的政治經濟分析：一個歷史結構的觀點〉，高雄：國立中山大學政治學研究所碩士論文，1999 年。

2. 陳秀曼，〈移動與束縛——臺汽客運車掌小姐的勞動過程〉，臺北：國立臺灣大學建築與城鄉研究所碩士論文，2001 年。

3. 沈方茹，〈臺北市公共巴士之發展（1914～1945）〉，桃園：國立中央大學歷史研究所碩士論文，2003 年 5 月。

4. 林文龍，〈臺灣日治時期陸路交通建設之研究〉，桃園：國立中央大學歷史研究所碩士論文，2005 年 7 月。

5. 林伯瀚，〈陳誠主政湖北之研究（1938～1944）〉，桃園：國立中央大學歷史所碩士論文，2010 年。

6. 陳家豪，〈近代臺灣人資本與企業經營：以交通業為探討中心（1895～1954）〉，臺北：國立政治大學博士論文，2013 年。

十、訪談紀錄

1. 金馬號隨車服務員游雅婷訪談提供。訪談時間：2017 年 5 月 30 日。

十一、網路資料

1. 臺灣臨時省議會歷屆議員資料庫—林全祿
http://www.tpa.gov.tw/opencms/digital/area/past/past02/member0085.html
2017 年 4 月 8 日。

2. 省議會歷屆省議員—林福地
   http://www.tpa.gov.tw/opencms/digital/area/past/past01/member0318.html
   2017 年 5 月 29 日。

3. 公路總局檔案展 http://history.thb.gov.tw/index.html　2017 年 5 月 30 日。

4. 蘭文里,〈西螺大橋的故事中央研究院〉　數位典藏計畫
   http://digiarch.sinica.edu.tw/content/subject/resource_content.jsp?oid=16777581
   2017 年 4 月 10 日。

5. 〈臺 8 線中橫公路簡介〉公路總局第四區養護工程處網站
   http://thbu4.thb.gov.tw/tour_w/main_03_10.htm　2017 年 4 月 10 日。

6. 運輸檔案五十鈴木造客車
   http://atc.archives.gov.tw/transportation/images/3-23/B03.jpg.html　2017 年
   4 月 28 日。

7. 臺灣汽車客運公司—福特烏心石木造客車
   http://www.tmtc.gov.tw：80/car/car1.htm　2017 年 4 月 28 日。

8. 省政府公路局歷年採用大客車資料照片雪弗蘭客車
   http://www.7car.tw/articles/read/3410　2017 年 4 月 28 日。

9. 臺灣汽車客運公司—全金屬車身客車
   http://www.tmtc.gov.tw：80/car/car2.htm　2017 年 4 月 28 日。

10. 臺灣汽車客運公司—朋馳 OP-311 客車
    http://www.tmtc.gov.tw：80/car/car4.htm　2017 年 4 月 28 日。

11. 聯合報—金龍號
    http://a.udn.com/focus/2015/10/25/13720/index.html#img3　2017 年 4 月 28 日。

12. 臺灣汽車客運公司—朋馳 OF-1417 中興號
    http://www.tmtc.gov.tw：80/car/car8.htm　2017 年 4 月 28 日。

13. 汽車頻道—灰狗 MC-8 國光號
    http://www.channel-auto.com/ai_17_10184.html　2017 年 4 月 28 日。

14. 省政府公路局歷年採用大客車資料照片—華同大客車
    http://www.7car.tw/articles/read/3410　2017 年 4 月 28 日。

15. 交通部公路總局—臺灣地區公路網圖
    https://www.thb.gov.tw/file.ashx？id=d917b19a-5067-420e-a9c3-6bdbb67
    be4a9　2017 年 6 月 20 日。

附錄一　游雅婷女士訪談錄

訪談人：吳宗憲
訪談時間：民國 106 年 5 月 30 日

　　游雅婷，宜蘭市人，羅東高商畢業。曾擔任公路局金馬號隨車服務員，後因結婚離職。

一、進入公路局

　　我是民國 37 年出生，高中畢業後考進公路局在宜蘭站當隨車售票員（車掌）。後來公路局有在招考金馬號小姐，我想說去考考看，那時候是民國 56 年，第六期招考。金馬號小姐的資格比售票員來的高，年齡 18 到 23 歲，未婚，要高中學歷，身高要 160 公分以上。因為金馬號小姐的待遇很高，形象很好，女孩子都想當金馬號小姐，所以每次報考都很多人。

二、金馬號小姐考試內容

　　當時考試在臺北考，公路局提供免費的車票，我記得要在一個禮堂的講臺上繞場一周，然後自我介紹，國語演講題目跟交通有關，臺下大概有十幾個評審，會問問題，看看你說話流不流暢，口試考英文跟臺語不難。筆試是考作文，題目不太記得了，好像是愛國之類的，還有考智力測驗，就是有很多形狀讓你配對那種。

三、受訓狀況

　　錄取之後受訓大概一個月，集訓的時候在布置成車廂的教室上課，課程很多，有走路跟坐姿儀態，頭頂著書走不可以駝背，連回頭的姿勢都要優美，請中國小姐來教儀態跟化妝，上班一定要化妝，不化妝會被站長罵，我常常愛東摸西摸，摸到快遲到，只好搭三輪車，但是不能在三輪車上化妝，會破壞形象。還有請廣播電臺的人來教用麥克風介紹風景，講話要清楚，語調要平穩。連拿報紙跟雜誌都有規定的姿勢，倒水給旅客也要學。還有舞蹈課，因為有時會請金馬號小姐去勞軍。當時的制服料子很好是進口的，還要穿玻璃絲襪，不是褲襪，是吊帶那種的，很貴所以還找人來教怎麼穿。結訓後會去臺灣繞一圈，看看各地的景點，算是實習吧。

四、工作情形

　　金馬號跑的路線很多，長途的有臺北到臺中、臺中到高雄、高雄到臺東、臺中到花蓮、宜蘭到花蓮、臺北到花蓮等，還有例假日有遊覽專車，到石門水庫、日月潭、天祥太魯閣、野柳、陽明山等。我是服務宜蘭到花蓮的金馬號，那時候一趟要五、六個小時左右，一天有兩班車，所以有時候上早班，有時候上午班。公路局有提供宿舍但不供餐，我住宜蘭所以不用住宿舍，但是到花蓮就要住宿舍，在宿舍大家就一起聊天或去逛逛花蓮，蘇花公路常常坍方，在花蓮的話就可以到處去觀光。

　　金馬號當時是最高級的車子，有坐臥兩用座椅，沒冷氣但有電風扇、冰箱、收音機、播音機等等，在車上的工作，一上車要先說：「各位旅客歡迎您搭乘金馬號班車」，再作自我介紹，講一下沿途停那些站。然後送毛巾、茶水、發報紙，看看旅客有什麼需要，大部分的時候就坐在司機旁邊的位子，打瞌睡不能被旅客發現，要用手撐著下巴，其實很累。遇到平交道要下車看看有沒有火車經過，到站時要協助駕駛倒車等。那時蘇花公路是碎石子路，又窄，路況很不好，窗戶看下去就是懸崖，很可怕，有時感覺車子的輪胎轉個彎好像懸空一樣。有一次遇到下雨過後，路面不見一大塊，工人用幾根木頭架在缺口上，先讓乘客下車步行通過，金馬號再空車通行，很驚險。那時，蘇花公路是單向通車，有時間管制，大家都會在入口排隊，金馬號好幾部排成一排，後面是直達車，再後面是其他車輛，車陣很長。

五、感　想

　　金馬號小姐制服也很漂亮，穿著三吋高跟鞋加上玻璃絲襪，頭頂著小帽子，肩背的皮包在當時真是時髦又神氣，穿上制服走在街上，路人都會行注目禮，很驕傲。也有很多旅客送情書、送花，可是那時候比較保守嘛，不敢亂接受。

　　金馬號小姐的薪水真的很多，每月固定底薪 1,400 元，加上各類獎金常常叫我們去領甚麼里程獎金、績效獎金、福利獎金，搞不清楚，加上底薪大概會有 2 千元，反正比售票員多兩三倍喔。可是，那時候我們是簽約的，一次兩年，兩年之內不可以結婚、當然也不可以懷孕。

附錄二　參議會與省議會議員質詢鐵公路業務競爭議題一覽表

時間 民國	質詢者	質　詢　內　容	答詢者	答　詢　內　容
40 年	梁道	鐵公路業務爭應以鐵路為主，公路為輔。	交通處長 侯家源	贊成鐵路為主公路為輔的原則，力避競爭。
41 年	呂世明	鐵路與公路業務競甚烈爭，不甚合理，若一惡化，將影響臺灣整個的交通。	交通處長 侯家源	鐵路旅客人數下降，受鐵路局漲價之影響，……本處已擬幾個原則加強監督，希望勿作惡性競爭。
42 年	黃堯	過去鐵路公路在客運方面競爭甚烈，近況如何？有無改善計畫？	交通處長 侯家源	今後鐵路、公路應在為旅客服務方面，互求競爭，做平衡發展，不應在運費方面做惡性競爭。
42 年	呂世明	鐵路與公路同屬交通處主管，更各站立場相互競爭，公路局汽車現在不斷增班，且尚有繼續發展之勢。而鐵路局的火車及車廂均失修，且局長官僚氣息重，部屬多效仿，以致運輸業務均為公路局所奪，若此風氣不予糾正，我敢斷言，鐵路局終無成功之日。	交通處長 侯家源	鐵路為交通運輸主幹，在任何情形下政府將予維持……運價大致相等，30公里以下乘坐汽車較為便宜，30公里以上乘坐火車較為便宜亦舒適。其實兩交通機構在服務上做競爭，勢所難免，……鐵路局……服務方面，當飭其加強注意。

42 年	王開運	本省鐵路公路路線相同處甚多，因此發生相互競爭的現象，……按日治時期，交通政策以鐵路為主，公路為輔，無論路線方面以及行車時間方面，務使雙方配合適當，……未知主席對於此點，有無考慮價值？	省主席俞鴻鈞	照目前客運情形，與日據時代增加甚多，非鐵路或公路可單獨負擔。故交通處現正督促鐵路速將服務方面改善，並使雙方行車時間配合，做合理的競爭，而制止不合理的競爭。
43 年	許金德	如何確立交通政策，加強鐵路與公路之配合？	省主席嚴家淦	日據時代鐵路跟公路是在一起的，戰後依照中央的法令及全國一般情形畫分開了，分開以後有許多優點，如其競爭在合理範圍內是健全的，現這種競爭下，可使交通事業上軌道，增加它的效能。鐵公路平行的地方，彼此協調，在業務上作合理的分配；在鐵公路不平行的地方即應彼此銜接，作合理的聯運，逐漸調整。
44 年	許金德	現在鐵公路之爭，仍然存在。現在鐵路平行線公路局班次甚多，鄉村方面，卻都沒有考慮到。希望主席令飭公路局減少平行線的班次，把剩餘力量轉向鄉村發展。	省主席嚴家淦	許議員的意見值得注意，在原則上平行線要減少，增加鄉間運輸，這是很正確的。然技術上還要招集有關機關商討研議如何才能有效推行。
46 年	李建和	目前公路與鐵路有惡性競爭的事情，有鐵路的地方也有公路，競爭劇烈，終非善策。宜蘭線因無公路出競爭，鐵路即少開車。政府不可忽視宜蘭面方的鐵路交通，本省鐵路交通，政府比較注重縱貫線，而對於宜蘭方面的鐵路則比較忽視，車箱較小，不注意衛生，班次稀少。	交通處長莫衡	政府對宜蘭方面的鐵路運輸並不忽視，目前只因為車廂比較少，一俟客車增加，並可隨時改善，至於衛生問題，當飭注意改善。
49 年	徐灶生	希望鐵公路不要競爭，避免資本重複投資，近來鐵公路對於設備方面似乎有不計成本，大肆豪奢之感，為此造	交通處長譚嶽泉	今天鐵公路車輛之改良完全是適合社會之要求與時俱進。鐵路運輸量少於公路，似乎存在競爭之意味

		成了階級的差別，處此克難時代，大家經濟困難，冷氣、暖氣車之設備大可不必。		在內，但我報告各位，是沒有競爭，發展得很平均，鐵路班班壅擠，買柴油電機車票都有點困難。鐵路是長途運輸，但今天許多短途運輸還是靠鐵路。公路不但南北幹線是分段運輸，即使臺北至高雄，公路還沒有直達車，班次也很少，因為可以補鐵路之空段，這是我們之政策，公路不但南北幹線分段，它最重要的任務是在鄉鎮，所以支線特別多，經濟之繁榮，農村之發達，行之要求特別需要公路客運，因此每日載客上升到 35 萬多人，以後還會再增加，因此，我們並沒有競爭，雙方都配合的很好。
51 年	徐灶生	鐵路公路必須密切聯繫，合理規劃，以策共存共榮。	交通處長陳聲簧	關於鐵公路競爭，應由交通處統籌規劃，樽節開支，減低成本，相輔相成，這一點站在交通處的立場，非常同意徐議員的看法。但是目前鐵公路方面，並沒有發生惡性競爭的情形，今後交通處當隨時注意鐵公路運輸量之配合與正常的發展。
66 年	藍榮祥	公路局要行駛國光號，臺北到高雄是四個半小時，鐵路怎麼樣跟公路局競爭？	鐵路局長范銳	我們電化工程全部完工還要兩年多的時間。完成後，電車組臺北到臺中直達兩個小時，臺北到高雄四個小時，當然講密度，無法跟公路局五分鐘一班車比，我們利用大量運輸的優勢，大量運輸可掛 15 輛，一個車坐 50 人，差不多 780 個客人。

| 67 年 | 林耿清 | 自高速公路通車，公路局派國光號南北對開後，很明顯，鐵路業務已占於劣勢，其原因就是到達時間，臺北到臺中三個小時內那是沒有會車，所以山線海線單軌的問題應盡快解決。 | 鐵路局長范銳 | 山線海線雙軌的確很重要，關鍵在於錢的問題，我們已經列入中長程計畫裡。我感覺到有競爭才有進步，可是我們要求的是公平的競爭，所謂公平競爭就是營運條件要相同，我們鐵路可說是跟別人賽跑，揹著很重的負擔，因為我們所有客運貨運一半以上都是減價運輸，我們不論是客運貨運都是不夠成本，在此情況下，如果所有高級的有錢賺的生意都落在公路，而剩下來的賠錢的，義務負擔卻由鐵路承擔，其結果不用預估就曉得失敗的一定是鐵路。 |

資料來源：「臺灣省政府交通處答覆臺灣省參議會第一屆第十一次大會參議員梁道質詢」，〈檔案－質詢／交通〉，《臺灣省議會史料總庫》，臺灣省諮議會藏，典藏號：0017170140002，1951 年；臺灣省議會祕書處，《臺灣臨時省議會議事錄第一屆第二次定期大會議事錄》（臺中縣霧峰鄉：臺灣省議會祕書處，1952 年），頁 832；臺灣省議會祕書處，《臺灣省臨時省議會公報》，第 1 卷 3 期（臺中縣霧峰鄉：臺灣省議會祕書處，1953 年），頁 150；臺灣省議會祕書處，《臺灣省臨時省議會公報》，第 2 卷 4、5 期（臺中縣霧峰鄉：臺灣省議會祕書處，1953 年），頁 797～798；臺灣省議會祕書處，《臺灣省臨時省議會公報》，第 4 卷 6 期（臺中縣霧峰鄉：臺灣省議會祕書處，1954 年），頁 2345～2346；臺灣省議會祕書處，《臺灣省臨時省議會公報》，第 5 卷 11 期（臺中縣霧峰鄉：臺灣省議會祕書處，1955 年），頁 2345～2346；臺灣省議會祕書處，《臺灣省臨時省議會公報》，第 10 卷 11 期（臺中縣霧峰鄉：臺灣省議會祕書處，1957 年），頁 9904～9905；臺灣省議會祕書處，《臺灣省議會公報》，第 3 卷 17 期（臺中縣霧峰鄉：臺灣省議會祕書處，1960 年），頁 596～597；臺灣省議會祕書處，《臺灣省議會公報》，第 8 卷 22 期（臺中縣霧峰鄉：臺灣省議會祕書處，1962 年），頁 682～683；臺灣省議會祕書處，《臺灣省議會公報》，第 36 卷 11 期（臺中縣霧峰鄉：臺灣省議會祕書處，1977 年），頁 1049；臺灣省議會祕書處，《臺灣省議會公報》，第 40 卷 15 期（臺中縣霧峰鄉：臺灣省議會祕書處，1978 年），頁 1593～1594。